高职高专土建类专业“十三五”规划教材

建筑工程安全技术与管理

（第2版）

主　编　许志中

副主编　夏占国　林雅莲

孙荣荣　朱红兵

武汉理工大学出版社

·武　汉·

内 容 提 要

本书共七章，根据《建筑施工安全检查标准》(JGJ 59—2011)的要求，有针对性地讲解了建筑工程安全生产管理中的土方工程、脚手架工程、高处作业、施工用电、起重吊装、垂直运输机械、建筑机械、拆除工程、建筑施工现场防火、建筑职业卫生和建筑工程安全生产管理等涉及建筑工程安全技术与管理的知识。精选了多个安全事故案例进行详细剖析，另外还编入了多个建筑安全专项方案，有很强的实践性和实用性。

本书适合作为高职高专土建类各专业的教学用书，也可供从事建筑施工安全与管理的技术人员参考。

图书在版编目(CIP)数据

建筑工程安全技术与管理/许志中主编. —2 版. —武汉：武汉理工大学出版社，2017. 1 (2021. 7 重印)

ISBN 978-7-5629-5277-0

Ⅰ. ①建… Ⅱ. ①许… Ⅲ. ①建筑工程-工程施工-安全技术 ②建筑工程-工程施工-安全管理 Ⅳ. ①TU714

中国版本图书馆 CIP 数据核字(2016)第 258541 号

项目负责人：戴皓华
责 任 编 辑：戴皓华
责 任 校 对：汪浪涛
封 面 设 计：芳华时代
出 版 发 行：武汉理工大学出版社有限责任公司
社　　　址：武汉市洪山区珞狮路 122 号
邮　　　编：430070
网　　　址：http://www.wutp.com.cn
经　　　销：各地新华书店
印　　　刷：武汉市天星美润设计印务有限公司
开　　　本：787×1092　1/16
印　　　张：15
字　　　数：374 千字
版　　　次：2017 年 1 月第 2 版
印　　　次：2021 年 7 月第 3 次印刷
印　　　数：2601—3600 册
定　　　价：32.00 元

凡购本书，如有缺页、倒页、脱页等印装质量问题，请向出版社发行部调换。
本社购书热线电话：027-87523148　87664138　87165708(传真)

前　言

（第2版）

抓生产必须抓安全。任何企业都要努力提高经济效益，但必须服从安全第一的原则。近年来，随着国民经济的飞速发展，工程建设规模迅速扩大，急剧膨胀的施工队伍和尚不成熟的市场经济使得工程施工安全形势十分严峻。

本书根据国务院、教育部《大力发展职业教育决定》、《关于加强高职高专人才培养工作意见》和《面向21世纪教育振兴行动计划》等文件精神，以培养高质量的高等工程技术应用型人才为目标，以国家现行建筑工程标准、规范、规程为依据，根据编者多年工作经验和教学实践，在自编教材基础上修改、补充编写而成。

建筑工程安全技术与管理是一门实践性很强的课程。本书在编写中注意了理论与实际的结合，并结合了高职高专的教学特点。本书共七章，依据我国安全生产方面的法律、法规、技术标准，由浅入深，介绍了有关安全生产的方针政策、管理制度和安全事故的调查处理方法，并从实践出发，有针对性地讲解了建筑工程安全生产管理中的土方工程、脚手架工程、高处作业、施工用电、起重吊装、垂直运输机械、建筑机械、拆除工程、建筑施工现场防火、建筑职业卫生和建筑工程安全生产管理等涉及建筑工程安全技术与管理的知识。并针对建筑施工中不同分部分项工程安全要求精选多个安全事故案例进行详细剖析，不但能引起我们对建筑安全的高度重视，同时也有积极的警示意义。另外还编入了多个建筑安全专项方案，有很强的实践性和实用性。因此，内容全面，具有实践性、针对性和实用性是本书的一大特色。

本次改版由河南工业职业技术学院许志中任主编，河南质量工程职业学院夏占国、泉州华光职业学院林雅莲、河南工业职业技术学院孙荣荣、上海同济城市规划设计研究院朱红兵任副主编。

本书依据安全生产领域现行的国家法律法规，在立足于建筑施工企业安全生产的基础上，较全面地介绍了相关专业的安全生产技术与管理的知识，以满足高职高专土建类专业毕业生掌握建筑安全技术基本知识的要求。建议安排40～50课时进行教学，具体可根据各院校各专业情况灵活安排。

本书大量引用了有关专业文献和资料，未在书中一一注明出处，在此对有关文献作者表示感谢。由于编者水平有限，加之时间仓促，难免存在不足之处，诚请读者批评指正。

编　者

2016年9月

目　　录

1　建筑工程安全概述

本 章 提 要

本章重点介绍安全与安全生产、劳动保护的基本概念，建筑工程安全生产的意义；建筑工程安全生产的特点；安全生产的方针；建筑安全生产管理体制及机构的设置和职能分配；安全教育的内容、形式和方法。通过对本章学习可以使我们了解建筑工程安全管理的基本知识和安全教育的内容及要求。

1.1　建筑安全生产的概念和意义

1.1.1　安全与安全生产的概念

(1) 安全

安全是指不发生财产损失、人身伤害，对健康及环境不造成危害的一种形态。安全的实质是防止事故发生，消除导致各种伤害、财产损失、职业病和环境危害发生的条件。

与安全相对应的是“危险”。所谓危险，是指人和物易受到伤害或损害的一种状态。能导致危险发生的原因是危险因素。危险未得到控制而造成的人员伤害和死亡、职业病危害、财产损失或其他损失的意外后果就是安全事故。

(2) 安全生产

在《辞海》中将安全生产定义为预防生产过程中发生人身、设备事故，形成良好劳动环境和工作秩序而采取的一系列措施和活动；在《中国大百科全书》中将安全生产定义为保障劳动者在生产过程中的安全的一项方针，也是企业管理必须遵循的一项原则，要求最大限度地减少劳动者的工伤和职业病，保障劳动者在生产过程中的生命安全和身体健康；在《安全科学技术词典》中将安全生产定义为企(事)业单位劳动生产过程中人身安全、设备安全和产品安全，以及交通运输安全等。

一般意义上讲，安全生产是指在社会生产活动中，通过人、物、机、环境的和谐运作，使生产过程中各种潜在的伤害因素和事故风险始终处于有效的控制状态，切实保护劳动者的生命安全和身体健康以及避免财产损失和环境危害的一项活动。安全生产有两方面的含义：一是在生产过程中保护职工的安全和健康，防止工伤事故和职业病危害；二是在生产过程中防止其他各类事故的发生，确保生产设备的连续、稳定、安全运转，保护国家财产不受损失。安全生产有狭义和广义之分。狭义的安全生产是指消除或控制生产过程中的危险和有害因素，保障人身安全健康，做到设备完好无损，避免财产损失，并使生产顺利进行的生产活动。而广义的安全生产是指除对直接生产过程中的危险因素进行控制外，还包括职业健康、劳动保护和环境保护等方面的控制。

由此可知，安全生产工作就是为了达到安全生产目标而进行的系统性管理活动，它由源头管理、过程控制、应急救援、安全教育和事故查处五个部分构成，既包括了生产主体（建筑施工企业）对事故风险和伤害因素所进行的识别、评价和控制，也包括了政府相关部门的监督管理、事故处理以及安全生产法制建设、科学研究、宣传教育培训、工伤保险等方面的活动。

1.1.2 安全与安全生产的关系

在生产过程中，安全和生产既有矛盾性，又有统一性。所谓矛盾性，是生产过程中不安全因素与生产的矛盾，要对不安全因素采取措施就要增加支出，或影响生产进度。所谓统一性，对不安全因素采取措施后，改善了劳动条件，职工就有良好的精神状态和劳动热情，劳动生产率就会提高。没有生产活动，安全工作就不会存在；反之，没有安全工作，生产就不能顺利进行，这就是安全与生产互为条件、互相依存的体现，也就是安全与生产的统一性。

在生产建设中，必须用辩证统一的观点去处理好安全与生产的关系，也就是说，管理者必须善于安排安全和生产，否则，就会招致工伤事故，既妨碍生产，又影响安全。

1.1.3 安全生产管理的概念

安全生产管理是指建设行政主管部门、建设工程安全监督机构、建筑施工企业、监理单位及相关单位，对建设工程生产经营过程中的安全进行计划、组织、指挥、控制、协调等一系列的管理活动。

安全生产管理有宏观安全生产管理和微观安全生产管理。宏观安全生产管理是大安全概念，即能体现安全管理的一切管理措施和活动都属于安全生产管理的范畴；微观安全生产管理是小安全的概念，主要指生产管理部门以及企（事）业单位所进行的具体安全管理活动。

1.1.4 建筑工程安全生产的特点

（1）工程建设产品具有产品固定、体积大、生产周期长的特点。无论是房屋建筑、市政工程，还是公路工程、铁路工程、水利工程等，只要工程项目选址确定后，就在这个地点施工作业，而且要集中大量的机械、设备、材料、人员，连续几个月或者几年才能完成建设任务，以致发生安全事故的可能性会增加。

（2）工程建设活动大部分是在露天空旷的场地上完成的，严寒酷暑都要作业，劳动强度大，工人体力消耗大，尤其是高空作业，如果工人的安全意识不强，在体力消耗大的情况下，经常会造成安全事故。

（3）施工队伍流动性大。建设施工队伍大多由外来务工人员组成，因此管理难度较大。很多建筑工人来自于农村，文化水平不高，自我保护能力和安全意识较弱，如果施工承包单位不重视岗前培训，往往会安全事故频发。

（4）建筑产品的多样性决定了施工过程变化大。一个单位工程有许多道工序，每道工序施工方法不同，人员不同，相关的机械设备不同，作业场地不同，工作时间不同，各工序交叉作业频繁等都加大了管理难度，如果管理稍有疏忽，就可能造成安全事故。

1.1.5 建筑工程安全生产的意义

我国是社会主义国家，安全生产是党和国家的一项重要政策，是保护劳动者安全健康和发展生产力的重要工作，是维护社会安定，促进国民经济稳定、持续、健康发展的基本条件，是实现建筑施工企业可持续、健康、稳定发展的前提条件，是政治稳定、构建和谐社会和维护广大行业职工家庭幸福安康的必要保证，是社会文明程度的重要标志；安全生产也是社会主义企业管理的一项重要原则，这是由社会主义制度性质所决定的。

生产过程中的安全是生产发展的客观需要，特别是现代化生产，更不允许有所忽视。必须强化安全生产，在生产活动中把安全工作放在第一位，当生产与安全发生矛盾时，生产要服从安全。国家“十一五”发展规划首次提出了“安全发展”的理念，第一次把加强公共安全建设、提高安全生产水平设立为单独的章节，进一步明确了安全生产必须贯彻“安全第一、预防为主、综合治理”方针及治理隐患、防范事故、标本兼治、重在治本的安全生产工作原则，这是一个重大的突破，说明安全生产越来越受到党和国家的重视。

1.2 安全生产方针和指导思想

1.2.1 安全生产方针的产生

1983 年《国务院批转劳动人事部、国家经委、全国总工会〈关于加强安全生产和劳动安全监察工作的报告的通知〉》中指出：在“安全第一，预防为主”的指导思想下搞好安全生产，是经济管理、生产管理部门和企业领导的本职工作，也是不可推卸的责任。第一次明确提出我国的安全生产方针是“预防为主，安全第一”。2002 年，《中华人民共和国安全生产法》在总结我国安全生产管理实践经验的基础上，再次明确了我国安全生产的基本方针是“预防为主，安全第一”。经过这几年的贯彻实施，目前又提出了“安全第一、预防为主、综合治理”是我国安全生产管理的基本方针。

1.2.2 安全生产方针的内涵

安全生产方针，又称劳动保护安全方针，是我国对安全生产工作所提出的一个总的要求和指导原则，它为安全生产指明了方向。“安全第一、预防为主、综合治理”是我国安全生产管理的基本方针。

1.2.2.1 安全第一、预防为主

所谓坚持安全第一、预防为主的方针，是指在建筑生产活动中，应当把生产安全放到第一位，在管理、技术等方面采取能够确保生产安全的预防性措施，防止建筑工程事故发生。安全第一、预防为主的方针是建筑工程安全生产管理工作的经验总结，只有认真贯彻执行这一方针，加强建筑安全教育和管理，不断改善建筑工程安全生产条件，才能减少建筑工程事故的发生，提高劳动生产效率。企业只有实现安全生产，才能减少发生事故带来的信誉损失、经济损失和由此产生的负面效应，只有实现安全生产，广大员工才有安全感，才能增强企业凝聚力，提高企业的信誉，才可以最终获取良好的经济效益和社会效益。安全已经成为涉及国家形象、民族形象以及企业形象的重要因素。

从实践中看，坚持安全第一、预防为主的方针，应当做到以下几点：

(1) 从事建筑活动的单位的各级管理人员和全体职工，尤其是单位负责人，一定要树立安全第一的意识，正确处理安全生产与工程进度、效益等方面的关系，把安全生产放在首位。

(2) 要加强劳动安全生产工作的组织领导和计划性，在建筑活动中加强对安全生产的统筹规划和各方面的通力协作。

(3) 要建立健全安全生产的责任制度和群防群治制度。

(4) 要对有关管理人员及职工进行安全教育培训，未经安全教育培训的，不得从事安全管理工作或者上岗作业。

(5) 建筑施工企业必须为职工发放保障安全生产的劳动保护用品。

(6) 使用的设备、器材、仪器和建筑材料必须符合生产安全的国家标准和行业标准。

1.2.2.2 综合治理

把“综合治理”充实到安全生产方针当中，始于党的十六届五中全会上的《中共中央关于制定国民经济和社会发展第十一个五年规划的建议》，并在胡锦涛总书记、温家宝总理的讲话中得到了进一步明确。这一完善和发展，更好地反映了安全生产工作的规律和特点。综合运用经济手段、法律手段和必要的行政手段，从发展规划、行业管理、安全投入、科技进步、经济政策、教育培训、安全立法、激励约束、企业管理、监管体制、社会监督以及追究事故责任、查处违法违纪等方面着手，解决影响制约安全生产的历史性、深层次问题，建立安全生产的长效机制。“综合治理”应当包括以下方面内容：

(1) 政府监管与指导。国家安全生产综合监管和专项监察相结合，各级安全监督职能部门合理分工、相互协调，实施“监管—协调—服务”三位一体的行政执法系统。

(2) 企业负责与保障。企业全面落实生产过程安全保障的事故防范机制，严格遵守《中华人民共和国安全生产法》(以下简称《安全生产法》)等安全生产法律法规要求，切实落实安全生产保障制度。

(3) 员工权益与自律。从业人员依法获得安全与健康的权益保障，同时实现生产过程安全作业的自我约束机制。所谓“劳动者遵规守纪”，即要求劳动者在劳动过程中必须严格遵守安全操作规程，珍惜生命，勿忘安全，广泛深入地开展不伤害自己、不伤害他人、不被他人伤害的“三不伤害”活动，自觉做到遵规守纪，确保安全。

(4) 社会监督与参与。形成工会、媒体、社区和公民广泛参与安全生产监督的社会监督机制，把安全生产放在社会的各个部门和全体人员的监管之下，形成安全生产人人有责的社会局面。

(5) 中介支持与服务。与市场经济体制相适应，建立国家认证、社会咨询、第三方审核、技术服务、安全评价等功能的中介支持与服务机制，使安全生产获得强有力的技术和信息支撑。

1.2.3 我国安全生产的指导思想、发展思路和奋斗目标

国家安全生产监督管理总局按照安全生产和科技发展的客观规律，对安全生产科技发展作出了战略性的部署，并组织编制了《安全生产科技“十二五”规划》。该规划作为安全生产科技工作的指导性文件，主要包括现状与需求、指导思想、发展思路和工作目标、主要任务、重点项目保障措施等五个部分。在客观分析了我国安全生产面临的形势，安全生产科技现状及安全科技存在的问题的基础上，明确了安全生产科技的需求，提出了“十二五”安全生产科技发展的指导思想、发展思路和工作目标。

1.2.3.1 指导思想

高举中国特色社会主义伟大旗帜，以邓小平理论和“三个代表”重要思想为指导，深入贯彻

落实科学发展观，坚持“安全第一、预防为主、综合治理”安全生产方针和“自主创新、重点跨越、支撑发展、引领未来”科技工作方针。坚持以科学发展为主题，以加快转变经济发展方式为主线，大力实施“科技兴安”战略，强化以人为本、珍爱生命、科技支撑、安全发展理念，完善安全生产科技工作体制机制，培养和创建企业为主体、市场为导向、政产学研用相结合的安全技术创新体系，着力提升安全生产控制力和事故防范能力，为遏制重特大事故、降低事故总量，促进经济社会全面协调可持续发展，提供强有力支撑。

1.2.3.2　发展思路

紧密结合安全生产工作实际，坚持安全生产长效机制建设方向，构建“政府组织领导、部门依法推动、科研院所和高校技术引领、企业自主发展”安全生产科技工作新格局，坚持把事故预防作为促进安全生产主攻方向，把科技进步作为促进安全生产重要支撑。大力整合安全生产科技优势资源，推动企业、科研院所和高校组建安全科技创新战略联盟，加快科技研发、成果转化和企业安全技术装备升级，不断推进安全科学技术进步。强化基础性、前沿性和共性技术研究平台建设，增强自主创新、集成创新和引进消化吸收再创新能力，力争在安全生产基础理论和重大关键技术研究、大型装置研发、技术支撑平台和示范工程建设、科技成果转化、安全产业化建设及完善安全生产标准等方面有新发展，在提升安全生产保障能力方面有新建树。

1.2.3.3　工作目标

(1)围绕安全生产长效机制、事故致因、危险辨识与评价、灾害预防与控制、应急管理、行为科学、社会科学、安全经济、安全文化理论研究，力争取得新突破。

(2)以煤矿、非煤矿山、危险化学品、烟花爆竹、职业健康、应急救援等行业领域为重点，开展重大事故与灾害防治、职业危害预防、安全监测监控技术等研究，力争取得100项创新性成果。

(3)建立20大类100个专业门类相对齐全、独具特色的安全技术示范工程。

(4)建立9大类100个安全生产科技支撑平台，建立30个安全工程专业技术研发中心和50个安全技术创新中心，培育发展和规范建设5个国家安全监管总局安全生产重点实验室。

(5)稳步推进大型企业安全科学技术进步，积极培育100家安全生产科技创新型中小示范企业。

(6)加快科技成果转化和企业安全装备升级换代，开展安全生产100项先进适用技术和1000项新型实用产品的遴选工程，创建5个安全产业示范园。

(7)加大安全生产技术标准体系建设，在科技项目研究中制订安全生产技术标准不少于200个。

(8)依靠科技进步提升安全监管监察和企业安全生产管理水平，力争使安全监管监察和企业安全管理方法更加科学、手段更加完备。

1.2.4　建筑工程安全生产的任务

建筑工程安全生产的任务是贯彻落实国家有关安全生产的方针、政策，督促施工单位按照建筑安全生产的法规和标准组织施工，落实各项安全生产的技术措施，消除施工中的冒险性、盲目性和随意性，减少不安全的隐患，杜绝各类伤亡事故的发生，实现安全生产。

1.3 安全生产与劳动保护

1.3.1 劳动保护的概念

劳动者在生产、建设、运输、服务、勘探中，由于作业环境条件异常而超过人体的耐受力，防护装备缺乏或损坏，以及其他突发因素，往往容易造成尘、毒、噪声、强磁、辐射、触电、静电感应、爆炸、烧烫、冻伤、淹溺、腐蚀、打击、坠落、挤碾刺割等急慢性伤害或工伤事故，严重的甚至危及生命。为了预防上述伤害的发生，保证社会生产的顺利进行，国家建立了劳动保护法规，并采取各种劳动卫生和安全技术措施来改善劳动条件，防止伤亡事故，预防职业病和职业中毒的发生。

劳动保护是指国家采用立法、技术和管理等一系列综合措施，消除生产过程中的不安全、不卫生因素，保护劳动者在生产过程中的健康和安全，保护、发展生产力。从这个定义中可以看出，劳动保护的对象很明确，即保护从事劳动生产的劳动者。劳动保护的另一个含义是依靠技术进步和科学管理，采取技术措施和组织措施，来消除劳动过程中危及人身健康和安全的不良条件和行为，防止伤亡事故的发生和职业病的危害，保障劳动者在劳动过程中的安全和健康。

1.3.2 安全生产与劳动保护的区别

安全生产的提出源于产业部门，广泛用于生产、经营活动的各个领域。劳动保护这种提法源于20世纪50年代的苏联，是从工会的角度出发，主要体现社会主义国家保护劳动者的切身利益；安全生产偏重于安全，不但要使人安全，而且要使国家财产安全，劳动保护则偏重对人的保护；劳动保护很突出的一点是卫生的内容，同时也包括个体防护、未成年工保护、女工保护、工时休假等内容，安全生产则在交通运输、公共设施等方面有所侧重。

1.3.3 劳动防护用品的分类

劳动防护用品的品种很多，目前分类方法并不统一，大体有按防护用途分类、按防护部位分类和按使用原料分类等三种，也有混合分类的。从劳动卫生学角度考虑，常采用防护部位分类法，分为头、面、眼睛、呼吸道、耳、手、脚、身躯等八类；生产防护用品的工厂和商业采购部门，则常按原料分类法，以利安排生产，组织进货；而基层劳动保护用品商店和使用的单位为便于经营和选购，大多按防护用途分类法。

按防护用途分类法，可分为防尘用品、防毒用品、防噪声用品、防电用品、防高温辐射用品（包括防烧灼、防红外线和紫外线辐射）、防微波和激光辐射用品、防放射性用品、防酸碱用品（俗称耐酸碱用品）、防油用品（又称耐油用品）、防水用品、水上救生用品、防冲击用品、防坠落用品、防机械外伤和胶污用品（主要是防挤碾刺割、磨损及肮脏）、防寒用品等15类。随着生产、科学技术发展，以后还需要陆续增加防护项目和防护用品的种类。根据国外经营习惯，商业部门为了便于用户选购与防护用品有关的集体防护装备、检测作业环境用品以及防护用品附带的简易工具，如安全网、绝缘地毯、测毒试管、工具套等，一般将其纳入有关防护用品类内。

1.3.4 劳动防护用品的特点

(1) 特殊性

防护用品是一种是由用人单位购买,按防护要求免费提供给劳动者使用的特殊商品。其每年销售额在百亿元以上,全国经营劳动防护用品的商店数以千计,有的生产厂则兼营销业务。为确保劳动防护用品的质量,应从两方面入手:一方面使防护用品在进入流通领域之前,确保其产品质量合格;另一方面加强对流通领域的监督抽查,减少和杜绝伪劣产品的销售。

(2) 适用性

劳动防护用品使用一定的屏蔽体或系带、浮体,采取阻隔、封闭、吸收、分散、悬、浮等手段,保护机体的局部或全身免受外来的伤害。防护用品须在进入工作岗位时使用,这不仅要求产品的防护性能可靠,能确保使用者的安全与健康,而且还要求产品适用性能好、方便、灵活,使用者乐于应用。因此,结构较复杂的防护用品需经过一定时间试用,对其适用性及推广应用价值作出科学评价后才能投产和销售。

(3) 时效性

由于各种防护用品本身所具有的防护作用是有一定限度的,而有些作业环境条件复杂多变,加之劳动者机体对外来伤害的耐受程度往往因人而异,一旦超过允许的防护范围,防护用品将不再起作用。如橡胶、塑料等制品,时间久后,受紫外线及冷热温度影响会逐渐老化而易折断。有些护目镜和面罩受光线照射和擦拭,或者受到空气中的酸碱蒸汽的腐蚀,镜片的透光率会逐渐下降而失去使用价值;绝缘鞋(靴)、防静电鞋和导电鞋等随着鞋底的磨损,将会改变其防电性能;一些防护用品的零件长期使用会磨损,影响其机械性能。

1.3.5 劳动防护用品的使用

使用劳动防护用品的单位应为劳动者免费提供符合国家规定的劳动防护用品;使用单位不得以货币或其他物品替代应当配备的劳动防护用品;使用单位应教育本单位劳动者按照劳动防护用品使用规则和防护要求正确使用劳动防护用品。

(1) 正确选用和采购劳动防护用品。用人单位应依据劳动防护用品发放标准,根据劳动者的防护要求,到劳动防护用品定点经营单位或劳动防护用品定点生产厂家购买劳动防护用品。为保证劳动防护用品质量,购买的劳动防护用品须经本单位的安全技术部门验收。

(2) 正确使用劳动防护用品。所有劳动防护用品都在产品包装中附有安全使用说明书,用人单位应教育劳动者正确使用。如安全带应高挂低用,每次使用前应做外观检查,一旦发现绳无保护套或磨损断股等情况应停止使用;防毒面具应严格遵守使用规则,使用前要确认使用范围,检查面具的质量,并正确佩戴;防静电鞋在穿用过程中,底部不得粘有绝缘性的物质,避免同时穿用绝缘性强的袜子和绝缘性鞋垫。

(3) 及时更换报废的劳动防护用品。用人单位应按照产品说明书要求,及时更换报废过期和失效的劳动防护用品。如防尘口罩有效期为 3 年,超过 3 年贮存期应进行复验,不合格应及时报废。安全带使用 2 年后,应按批次购入情况抽验一次,若无破断则可继续使用。安全绳应经常做外观检查,发现异常时应立即更换。

1.4 建筑安全生产管理体制及机构

1.4.1 建筑安全生产管理体制

安全生产管理体制问题涉及今后的社会主义市场经济的建立和经济体制改革方向，实行“企业负责，行业管理，国家监察，群众监督”的安全生产管理体制，是市场经济国家的普遍做法，是符合国际惯例的。

(1) 企业负责

企业负责就是企业在其经营活动中必须对本企业安全生产负全面责任，企业法定代表人应是安全生产的第一责任人。各企业应建立安全生产责任制，在抓生产的同时，必须搞好安全工作。这样才能达到责、权、利的相互统一。安全生产作为企业经营管理的重要组成部分，发挥着极大的保障作用。不能将安全生产与企业效益对立起来，片面理解扩大企业经营自主权。具体来说，企业应自觉贯彻“安全第一、预防为主、综合治理”的方针，必须遵守安全生产的法律、法规和标准，根据国家有关规定，制定本企业安全生产规章制度；必须设置安全机构，配备安全管理人员对安全工作进行有效管理；必须提供符合国家安全生产要求的工作场所、生产设施，加强对有毒有害、易燃易爆等危险品的管理；必须对特种作业进行安全资格考核，持证上岗等。

(2) 行业管理

政府在管理安全生产工作时，要实行政企分开，精简、统一、效能的原则，配备精干人员，进行有效的管理。行业管理职能主要体现在行业主管部门根据国家有关的方针政策、法规和标准，对行业的安全工作进行管理和检查，通过计划、组织、协调、指导和监督检查，加强对行业所属企业以及归口管理的企业安全工作的管理，控制和防止伤亡事故和职业病。行业的安全管理不能放松。

(3) 国家监察

安全监察部门对企业履行安全生产职责和执行安全生产法律、法规、政策情况依法进行监督检查，对不遵守国家安全生产法律、法规、标准的企业，要下达监察通知书，作出限期整改和停产整顿的决定，必要时，可提请当地人民政府或主管部门关闭企业。劳动行政主管部门配有安全监察员，要经常深入企业检查其对国家安全法律法规的执行落实情况；检查事故隐患；检查劳动条件和安全状况；检查企业职工安全教育、培训工作；参加事故调查和处理；帮助和指导企业做好安全生产。

(4) 群众监督

群众监督不仅各级工会，而且社会团体、新闻单位等也应对安全生产起监督作用，这才能保障职工的合法权益，保障职工生命安全和健康与国家财产不受损失。群众监督是安全生产工作不可缺少的重要环节，要加大群众监督检查的力度，全心全意依靠群众搞好安全生产，依法维护工人的安全与健康，维护工人的合法权益。工会应充分发挥自身优势，履行群众监督职能，发动职工群众查事故隐患、保安全；教育职工遵章守纪，使党和国家的安全生产方针、政策、法律法规落实到企业，落实到每一个职工。

安全生产管理体制中，企业负责是管理体制的基础，也是安全生产管理工作的出发点和落脚点。企业负责是对其本身的安全负责，是一种自我约束。企业内部自我管理机制，主要由企业法定代表人，企业安全管理机构，企业生产、经营机构，企业职工代表大会或工会以及职工组成。企业内部本身形成了一个自我约束的闭环反馈系统，但企业法定代表人在企业经营管理中起着决定性的作用。企业内部安全生产管理是内因，行业管理、国家监察、群众监督是外因，也就是说，企业建立内部安全生产管理规章制度并定期进行检查，还要接受主管部门的行业管理，劳动部门的国家监察，工会及其他组织的群众监督，形成一个互相作用、互为补充的有机整体。

1.4.2 建筑安全生产管理机构

企业安全经理对安全生产统一领导，企业安全科负责日常业务，安全科在安全经理的领导下开展工作，各项目部应当成立由项目经理负责的安全生产管理组织（图 1.1），并确定其职能（表 1.1）。安全生产管理组织由安全员、安全监管员、施工员、质检员、材料员、机管员等组成，具体负责本项目部和项目工程的安全生产工作。项目部必须配备责任心强、专业素质过硬的专职安全人员，所有生产班组均设兼职安全员，各级安全领导机构要建立例会制度，定期召开安全会议，分析安全生产情况，掌握安全生产动态，研究解决安全生产的突出问题，企业对所属项目部的安全生产采取定期或不定期的安全检查活动。

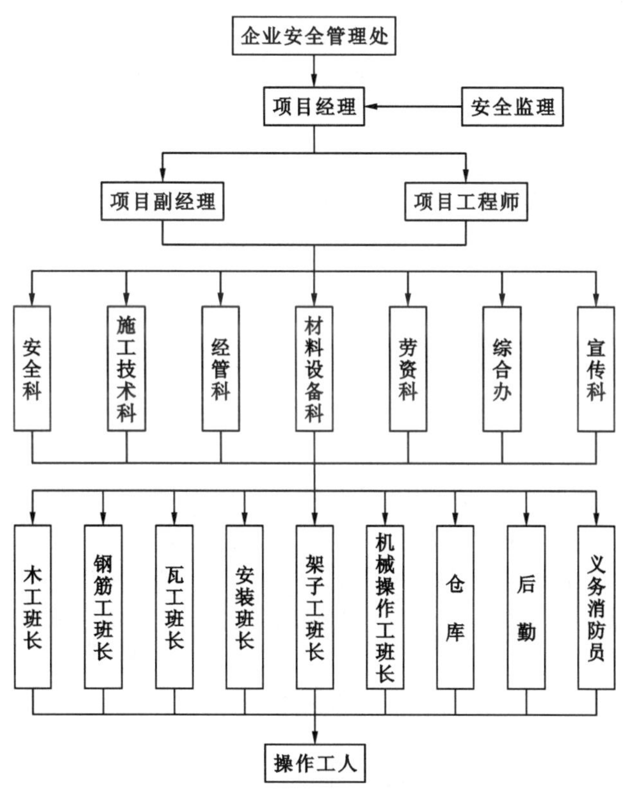

图 1.1 工程项目部安全生产管理组织机构图

表 1.1 安全生产职能分配表

编号	安全生产保证体系要素	项目经理	生产副经理	职能部门					
				技术科	施工科	安全科	材料设备科	经营科	综合科
1	管理职责	★	●	●	▲	▲	▲	▲	▲
2	安全生产保证体系	★	●	●	▲	●	▲	▲	▲
3	采购	★	●	●	▲	●	●	▲	
4	分包方控制	●	●	★	▲	●	▲	●	▲
5	施工现场安全控制	★	●	●	●	●	▲	▲	▲
6	检查、检验和标识	★	●	▲	●	●	●	▲	▲
7	事故隐患控制	●	★	▲	●	●	●	▲	▲
8	纠正与预防措施	●	★	▲	●	●	▲	▲	▲
9	教育与培训	●	●	★	▲	●	▲	▲	●
10	安全记录	●	★	▲	▲	●	▲		●
11	内部安全体系审核	★	▲	●	▲	●	▲	▲	▲

注：★—主管领导；●—主管负责人；▲—相关负责人。

专职安全生产管理人员的配置如下：

(1) 建筑工程、装修工程按照建筑面积配置：1 万平方米及以下的工程至少 1 人；1 万～5 万平方米的工程至少 2 人；5 万平方米以上的工程至少 3 人，并应当设置安全主管，按土建、机电设备等专业设置专职安全生产管理人员。

(2) 土木工程工程、线路管道工程、设备工程按照安装总造价配置：5000 万元以下的工程至少 1 人；5000 万～1 亿元的工程至少 2 人；1 亿元以上的工程至少 3 人，并应当设置安全主管，按土建、机电设备等专业设置专职安全生产管理人员。

1.4.3 建筑安全生产目标管理

1.4.3.1 安全生产目标管理的含义

安全生产目标管理是指企业根据自己的整体目标，在分析外部环境和内部条件的基础上，确定安全生产所要达到的目标，并采取措施去努力实现目标的活动过程。推行安全生产、目标管理，体现"安全生产、人人有责"的原则，使安全生产工作实现全员管理，有利于提高企业职工的安全素质。安全生产目标管理的特点是：强调安全生产管理的结果，一切决策以实现目标为准绳，依据相互衔接、相互制约的目标体系有组织地开展全体员工都参加的安全生产管理活动，并随生产经营活动持久地进行下去，以此激发各级目标责任者为实现安全生产目标而自觉采取措施。

1.4.3.2 安全生产目标管理的任务和内容

(1) 安全生产目标管理的任务

安全生产目标管理的任务是制定目标，明确责任，落实措施，实行严格的考核奖惩，以激励全体职工参与全面、全员、全过程的安全生产管理，主动按照安全生产的目标和安全生产责任制的要求，落实安全措施，消除人的不安全行为和物的不安全状态。

企业和企业主管部门要制订安全生产目标管理计划，经主管部门审查同意，由主管部门与企业签订责任书，将安全生产目标管理计划纳入各企业的目标管理计划，企业法人代表应对安全生产目标管理计划的制订与实施负第一责任。

(2) 安全生产目标管理的内容

安全生产目标管理的基本内容包括目标体系的确立、目标的实施及目标成果的检查与考核，具体有以下方面：

① 确定切实可行的目标值。采用科学的目标预测法，根据企业的需要和可能，采取系统分析方法，确定合适的目标值，并研究为此而应采取的措施和手段。

② 根据安全决策和目标的要求，制订实施办法，做到有具体的保证措施，包括组织技术措施，明确完成程序、时间，承担责任的具体负责人，并签订有关合同，措施力求定量化，以便实施和考核。

③ 规定具体考核标准和奖惩办法。企业要认真贯彻执行《安全生产目标管理考核标准》。考核标准不仅要规定目标值，而且要把目标值分解为若干个具体要求加以考核。

④ 安全生产目标管理必须与安全生产责任制挂钩，层层负责。

⑤ 安全生产目标管理必须与企业经营承包责任制挂钩，作为整个企业目标管理的一个重要组成部分。实行厂长(经理)任期目标责任制、租赁制和各种经营承包制的单位负责人，应把安全生产目标管理的实现与所受到的奖惩挂钩，完成则增加奖励，未完成则依据具体情况给予处罚。

⑥ 企业与主管部门对安全生产目标管理计划的执行要定期进行检查与考核(表1.2～表1.4)。对于弄虚作假者，要严肃处理。

表1.2 工程项目安全目标管理表

工程名称		施工单位	
伤亡事故控制目标			
安全达标目标			
文明施工实现目标			
项目经理		安全员	

注：此表由项目专职安全员负责填写；由项目经理及各部门负责人共同制定本项目安全管理目标。安全管理目标主要包括：① 伤亡事故控制目标：杜绝死亡、避免重伤，一般事故应有控制指标(年工伤率应控制在36‰以内)。② 安全达标目标：按照国家标准，根据工程特点，制定安全达标的具体目标。③ 文明施工实现目标：按照国家标准，根据作业条件的要求，制定文明施工的具体方案和实现文明工地的目标。

表1.3 工程项目安全目标管理分解表

工程名称		施工单位	
责任部门		责任人	
伤亡事故控制目标			
安全达标目标			
文明施工实现目标			
责任部门		责任人	
伤亡事故控制目标			
安全达标目标			
文明施工实现目标			

注：此表由项目专职安全员负责填写；由项目经理及各部门负责人根据项目安全责任目标的要求，按专业管理将目标分解到各部门、各班组和责任人。

表 1.4　工程项目安全目标管理考核记录表

工程名称			施工单位	
考核单位或部门			考核时间	
责任部门			责任人	
考核人				
职务				
考　核	内　容		存　在　问　题	
伤亡事故控制目标				
安全达标目标				
文明施工实现目标				
结论				

注：安全责任目标考核按考核规定实施，考核规定由项目经理组织有关部门和人员制定，包括考核组织、时间、内容、手段、方法、奖惩等；由项目安全责任目标考核小组，按分解的责任目标对各责任部门各班（组）及责任人进行考核；安全责任目标考核应每月至少进行一次，由项目经理组织有关人员进行，并做好记录；按项目制定的安全责任目标考核规定，对分解的责任目标及责任人的执行情况与经济挂钩，安全管理目标执行得如何，按责任分析和考核规定，每月随考核结果兑现。

1.5　建筑安全教育的内容、形式和方法

1.5.1　安全教育的内容

安全教育是指对职工进行安全生产法律、法规及安全专业知识等方面的教育。安全生产教育是提高企业职工安全生产素质的重要手段，是企业安全生产工作的一项重要内容。通过安全教育，使职工熟悉安全生产法规，掌握安全生产方面的技术知识，树立安全生产的思想。安全教育的内容包括：

（1）安全生产的思想教育

安全生产思想教育的目的是提高职工安全生产的自觉性、责任心和积极性。其主要包括安全生产方针、政策、法规教育，劳动纪律和制度教育，经常性思想工作。

（2）安全生产技术知识教育

安全生产技术知识教育包括：基本安全技术知识教育和专业安全技术知识教育。

（3）工业卫生技术知识教育

工业卫生技术是防止环境中生产性的有毒、有害因素引起劳动者的机体病变，导致职业病而采取的技术措施。工业卫生技术知识是从事有害健康作业的人员应知应会的内容。工业卫生技术知识教育的目的，是使广大职工熟知生产劳动过程和生产环境中对人体健康有害的因素，并积极采取防治措施，保护职工的身体健康。

（4）安全管理知识教育

安全管理知识教育的目的是使企业各级管理人员熟知、掌握、运用安全管理的理论、手段、方法，不断提高安全管理的及时性、准确性和有效性。

(5) 安全生产经验教训教育

上述安全教育的内容可以根据施工现场的具体情况单项进行，也可几项同时进行。安全知识教育的主要内容有：本企业生产经营的基本情况；施工操作工艺；施工中的主要危险源的识别及其安全防护的基本知识；施工设施、设备、机械的有关安全操作要求；电气设备安全使用常识；车辆运输的安全常识；高处作业的安全要求；防火安全的一般要求及常用消防器材的正确使用方法；特殊类专业(如桥梁、隧道、深基础、异型建筑等)施工的安全防护基本知识；工伤事故的简易施救方法和事故报告程序及保护事故现场等规定；个人劳动防护用品的正确佩戴和使用常识等。

1.5.2 安全教育的时间

根据《建筑业企业职工安全培训教育暂行规定》，建筑业企业职工每年必须接受一次专门的安全培训，具体要求如下：

(1) 企业法定代表人、项目经理每年接受安全培训的时间不得少于30学时；

(2) 企业专职安全管理人员除按照《建设企事业单位关键岗位持证上岗管理规定》的要求，取得岗位合格证书并持证上岗外，每年还必须接受安全专业技术业务培训，时间不得少于40学时；

(3) 企业其他管理人员和技术人员每年接受安全培训的时间不得少于20学时；

(4) 企业特殊工种(包括电工、焊工、架子工、司炉工、爆破工、机械操作工、起重工、塔吊司机及指挥人员、人货两用电梯司机等)在通过专业技术培训并取得岗位操作证后，每年仍须接受有针对性的安全培训，时间不得少于20学时；

(5) 企业其他职工每年接受安全培训的时间不得少于15学时；

(6) 企业待岗、转岗、换岗的职工，在重新上岗前，必须接受一次安全培训，时间不得少于20学时；

(7) 建筑业企业新进场的工人，必须接受公司、项目部(或工区、工程处、施工队)、班组的三级安全培训教育，培训时间分别不得少于15学时、15学时和20学时，并经考核合格后，方能上岗。

1.5.3 安全教育的对象

按照教育对象，可以将安全教育分为对干部和对工人两大类型。

1.5.3.1 干部的安全教育

(1) 对领导干部的教育

对领导干部的教育主要应进行安全生产方针、政策、法规、安全规章制度、基本安全技术知识和基本安全管理知识的教育。

其目的是：提高他们对安全生产方针的认识，增强其责任感和自觉性；使他们懂得并掌握基本的安全技术和安全管理方法。

(2) 对技术干部的教育

① 安全生产方针、政策和法纪教育。

② 本职安全生产责任制，主要是对“三同时”实现安全技术措施，以及“五新”工作中他们应承担的责任。

③ 典型事故案例剖析。

④ 系统安全工程知识。

⑤ 基本的安全技术知识。

(3) 对各职能部门的行政管理干部的教育

对各职能部门的行政管理干部教育的主要内容包括安全生产方针政策和法纪教育、基本安全技术知识以及他们本职的安全生产责任制,在他们的职责范围内对安全生产负责,使他们提高责任感和自觉性,主动做好安全工作。

1.5.3.2 职工的安全教育

(1)"三级教育"。企业新职工上岗前必须进行厂级、车间级、班组级的安全教育,即"三级教育"。时间不得少于40学时。

① 厂级安全教育是对新入厂的工人(包括到工厂参观、生产实习的人员和参加劳动的学生,以及外单位调来的工人)进行的厂一级的安全教育。

② 车间级安全教育是新工人或调动工作的工人被分配到车间后所进行的车间一级的安全教育,由车间负责人组织实施。

③ 班组级安全教育是新工人或调动工作的人到达生产班组前的安全教育,由班组长组织实施。

(2) 对特种作业人员的教育。特种作业是指在劳动过程中容易发生伤亡事故、对操作者本人及其周围人员和设施的安全有重大威胁的作业。

(3) 经常性安全教育。

(4)"四新"、"复工"、"调岗"的安全教育。其中包括:"四新"安全教育,"复工"安全教育,"调岗"安全教育。

1.5.4 安全教育的形式和方法

企业安全教育的方式方法多种多样。例如,宣传挂图、观看安全科教电影、电视以及幻灯片,听取报告、讲课以及座谈,开展安全竞赛及安全日活动、安全教育展览等,另外还有实地参观、现场教育、介绍事故案例、安全会议、班前班后会、黑板报、简报等。一般可根据职工文化程度的不同,采用不同的方式方法,力求做到切实有效,使职工受到较好的安全教育。

复习思考题

1. 安全与安全生产的关系如何?
2. 什么叫安全生产管理?
3. 怎样理解"安全第一、预防为主、综合治理"的安全生产方针?
4. 建设工程安全生产的特点有哪些?
5. 安全生产与劳动保护有何区别?
6. 劳动防护用品有何特点?
7. 什么叫劳动保护?
8. 我国当前的安全生产管理体制是什么?
9. 建设安全生产管理体制的内容有哪些?
10. 简述安全教育的内容及形式。

2 建筑安全形势

本章提要

本章重点介绍建筑安全事故对社会和经济的影响;建筑工程安全管理存在的重要隐患及安全施工的一般要求。通过对本章的学习,可以使我们了解我国建筑工程安全生产的现状、严峻形势和加强安全生产的措施。

2.1 我国建筑业安全管理现状

2.1.1 我国建筑工程安全生产的现状

我国现有建筑职工人数四千万左右,约占全世界建筑业从业人数的25%,是世界上最大的行业劳动群体,但他们的劳动环境和安全状况存在较严重的问题。由于行业特点、工人素质、管理难度、文化观念、社会发展水平等社会现实的影响,建筑工程安全形势依然严峻,建筑业已成为我国所有行业中仅次于采矿业的最危险行业之一。

目前,我国建筑工程安全生产存在的问题有:企业没有制定年度安全管理目标,没有将目标分解到企业各部门,尤其是项目经理部、班组,也没有分解到人。目标管理无整体性、系统性,更无安全管理目标执行情况的考核措施;单位工程施工组织设计中,安全措施不全面、无针对性,虽写了几条原则措施,施工安全管理过程中却未具体落实;即使有书面交底资料,但也不全面、针对性不强,未履行签字手续,有的根本未进行分部(分项)工程安全技术交底;项目经理部一般无定期自查制度,未认真进行自查,往往经上级主管部门进行抽查或企业定期检查发现安全隐患之后,经督促才进行整改;有些企业未制定安全教育制度,且无具体安全教育内容。建设企业对季节性或临时性的农民劳务工的安全教育很不重视;很多建设企业未制定班前安全活动制度,项目经理部未重视班前活动,没有意识到这是预防安全事故的一项很有必要的措施;少数建设企业的个别特种作业工人未持证上岗;存在个别工地发生工伤事故后,项目经理部和建设企业怕影响企业资格审核和工程项目投标,而与受伤者或死亡者家属私了,隐瞒不报,大多数建设企业未建立工伤事故档案;施工现场无安全标志布置总平面图,安全标志的布置不能形成总的体系,位置也不适当,等等。

2.1.2 我国建设工程安全生产形势严峻的原因

(1) 法律、法规方面

安全生产必须依法管理,这是不争的事实。据统计,自中华人民共和国成立以来,颁布并实施的有关安全生产、劳动保护等方面的主要法规约280余项,内容包括综合类、安全生产卫生类、伤亡事故类、职业培训考核类、特种设备类、防护用品类及检测检验类等。其中以法规的形式出现、对建设工程安全生产和劳动保护具有十分重要作用的有《中华人民共和国劳动法》(1994 年实施)、《中华人民共和国建筑法》(1998 年实施)、《中华人民共和国安全生产法》(2002 年实施)以及 2004 年施行的《建设工程安全生产管理条例》等,这些法规无疑对规范我国建筑市场,加强我国建设工程安全生产起到积极的作用。

但必须承认的是,随着社会的发展,这些法规已暴露出不少缺陷和问题。与发达国家相比,主要存在的问题有:建筑安全的法律法规可操作性差,法律法规体系不健全,部分法律法规之间还存在着重复和交叉等。

(2) 政府监管方面

政府对目前建筑业安全生产的监督管理基本上还停留在突击性的安全生产大检查和事后的安全事故处理的监管上,缺少日常具体而有针对性的监督管理制度和措施,监管体系不够完善,资源投入缺口较大,监督力度不够,且手段落后,不能适应目前市场经济的发展需求。

(3) 人员素质方面

建筑业是劳动密集型产业,它吸纳大量的农村劳动力。目前建筑业吸纳农村富余劳动力已超过 3000 万人,占行业总人数的 80%以上,占农村富余劳动力进城务工人数的近 1/3。建设行业人员整体素质低下主要体现在:一是这些农民工安全防护意识和操作技能低下,且职业技能培训远远不够。据有关方面统计,整个行业的农民工中初中以下文化水平的占 70%以上,农民工经过培训取得职业技能岗位证书的仅有 70 余万人。二是全行业技术人员、管理人员偏少。技术和管理人员占行业人数的 10%左右,远远满足不了建筑施工管理的要求。三是专职安全管理人员更少,且素质较低,远达不到现代建筑工程安全管理的需求。

(4) 安全技术方面

我国建筑业安全生产技术相对落后。近年来,科学技术含量高、施工难度大和危险性大的工程逐渐增多,这无疑给建筑施工安全生产的技术和管理提出了新的课题和新的挑战。如国家大剧院、中央电视台新址、奥运会场馆等工程,都对安全生产提出了更高的要求。但整个行业的安全技术水平还相对较低,缺乏科学而又先进的安全机具和设施,远远满足不了当今建筑工程安全生产的需要。

(5) 企业安全管理方面

改革开放以来,随着城市化建设规模的加大以及新农村建设的深入,各类非国有建筑企业大量增加,企业总量、就业量、各类机具以及农民工等大量增加,而这其中大部分建筑企业安全生产管理水平较低,在安全管理方面存在相当大的缺陷,加之施工企业安全投入的严重不足,安全文化基础薄弱,企业违背客观规律,一味强调施工进度和经济效益,轻视安全生产,蛮干、乱干、赶进度,在侥幸中求安全等现象普遍存在,甚至一些施工企业的员工把安全事故的发生归咎于神、鬼等所谓的天命,靠鬼神保佑安全生产。此外,市场经济的冲击,一些企业过分注重经济利益,忽视自身安全,对企业的安全管理有章不循、违章指挥、违章操作、管理不严,给安全生产带来更大的隐患。

(6) 安全教育方面

在目前我国中职和高职的建设类院校中,与建筑安全生产有关的技术教育和安全管理的学科很少,课时也极少,且师资缺乏。建筑企业的三级安全教育执行情况较差,广大行业员工受到的安全培训和教育非常少,加之社会的安全教育培训力度不够,安全生产还未落到实处。虽然人人都知道安全生产的重要性,也想搞好安全生产,但安全生产技术和管理的教育跟不上，安全生产就必然缺乏根本的保障。没有安全保障的质量、没有安全为前提的进度和效益，都不是我们所要的。

(7) 个人防护方面

目前，建筑业的个人安全防护装备比较落后，质量低劣，且配备严重不足。几乎很少有工地配备安全鞋、安全眼镜、防震手套和耳塞等安全防护用品，甚至一些企业的基本安全防护用品，如安全帽、安全带和安全网的质量也达不到安全防护的要求，安全设施形同虚设。

(8) 建筑安全危险预测和评估

预防建筑工程生产中的安全事故，是实现建筑工程安全生产的基本保障。实现安全生产的首要任务是加强防范和控制，即重点是事前控制。目前许多施工企业缺乏安全危险源的识别、预测和安全评估机制。中介机构在这些方面的服务也很不到位。

(9) “诚信制度”和“意外伤害保险制度”建设

按照市场经济的客观规律，运用市场信用杠杆，建立健全完善的保险市场，是安全生产管理的重要手段。目前我国建筑业的“诚信制度”和“意外伤害保险制度”建设与发达国家的差距很大，企业安全生产信誉与市场准入制度严重脱节，意外伤害保险开展缓慢，已纳入保险的工程项目较少，不适应当今市场经济的客观要求。

2.1.3 我国建设工程安全管理存在的主要隐患

伤亡事故类别主要有高处坠落、施工坍塌、物体打击、机械伤害(含机具伤害和起重伤害)和触电等。其中，高处坠落占伤亡事故的44.8%，触电占16.6%，物体打击占12%，机械伤害占7.2%，坍塌事故占6%，这五类安全事故占伤亡事故总数的86.6%，大多是由作业人员未遵守安全规定带来的安全隐患。因此，我们必须认清一些常见的安全隐患，采取必要的安全防护措施，保证建筑工程的顺利进展。

2.1.3.1 脚手架工程安全隐患

脚手架有落地式外脚手架、悬挑式脚手架、门型脚手架、挂脚手架、吊篮脚手架、附着式升降脚手架(整体提升架或爬架)等类型。上述脚手架的搭设(组装)、使用、拆卸存在的安全隐患有：脚手架无搭设方案，尤其是落地式外脚手架；悬、挂、挑、门型等脚手架无设计计算书；脚手架与建设物的拉结不够牢固；杆件间距与剪刀撑的设置不符合规范规定；脚手板、立杆、大横杆、小横杆的材质不符合要求；施工层脚手板未铺满；脚手架搭设前未进行交底，项目经理部施工负责人未组织脚手架分段及搭设完毕后的检查验收，即使组织验收，也无量化验收内容；脚手架上材料堆放不均匀，荷载超过规定；通道及卸料平台的防护栏杆不符合规范规定；落地式和门型脚手架基础不平、不牢，扫地杆不符合要求；挂、吊脚手架制作组装不符合设计要求；附着式升降脚手架的升降装置，防坠落、防倾斜装置等不符合要求；脚手架搭设及操作人员，经过专业培训的未上岗，未经专业培训的却上岗。

2.1.3.2 基坑施工安全隐患

基础施工安全隐患主要有：基础施工无支护方案，有支护方案的，方案却无针对性，不能指导施工；基坑深度超过5 m的，无专项设计；基坑临边防护措施不符合要求；坑槽开挖设置的安全边坡不符合安全坡度要求；基坑施工未设置有效的排水措施；深基础施工采用坑外排水，无防止临近建设物沉降的措施；基坑周边弃土堆料距坑边的距离小于设计和规范的规定；基坑内作业人员上下通道的搭设不符合规定，或陡，或窄，或无扶手，人员上下极不安全；土方开挖时，挖“神仙土”(即从坑槽壁中、下部往内挖凹进去，让中、上部土体自然垮塌)；机械挖土时，挖土机作业位置不牢固。

2.1.3.3 模板工程安全隐患

模板工程安全隐患主要有：无模板工程施工方案；现浇混凝土模板支撑系统无设计计算书，支撑系统不符合规范要求；支撑模板的立柱材质及间距不符合要求；立柱长度不一致，或采用接短柱加长，交接处不牢固，或在立柱下垫几皮砖加高；未按规范要求设置纵横向支撑；木立柱下端未锯平，或下端无垫板；混凝土浇灌运输道不平稳、不牢固；作业面孔洞及临边无防护措施；垂直作业上下无隔离防护措施；2 m以上高处作业无可靠立足点。

2.1.3.4 “三宝”、“四口”防护安全隐患

“三宝”、“四口”安全隐患主要有：部分工人自我防护意识不强，进入施工现场不戴安全帽，或安全帽佩戴不符合规定；安全网的规格和材质不符合要求，未按规定设置平网和立网；悬空作业、高空作业未系安全带，或安全带系挂不符合要求；楼梯口、楼梯踏步悬挑端无防护措施；电梯井口无防护措施，电梯井内壁未设平网，或平网设置不符合要求；预留洞口无防护措施，坑井无防护措施；通道口未设防护棚，或防护棚不牢固；未安装栏杆的阳台周边、无脚手架的屋面周边、井架通道的两侧边、卸料台的外侧边、框架建设的楼层周边等无防护措施，或防护措施不符合要求。

2.1.3.5 施工用电安全隐患

施工用电安全隐患主要有：在建工程外侧与高压线路的距离小于规范规定的安全距离，又无防护措施；接地与接零系统不符合规范规定；未采用TN-S系统；保护零线与工作零线混接；开关箱无漏电保护装置；照明专用回路无漏电保护装置；配电箱和开关箱违反“一机一闸、一漏一箱”的原则；电箱下引出线混乱；电箱无门、无锁、无防雨措施；现场照明潮湿作业时未使用安全电压；电线破皮及电线接头未用绝缘布包扎；用其他金属丝代替熔丝。

2.1.3.6 物料提升机(龙门架与井字架)安全隐患

物料提升机(龙门架与井字架)安全隐患主要有：吊篮无停靠装置；吊篮无超高限位装置；未设置缆风绳；缆风绳未使用钢丝绳，缆风绳的组数、角度、地锚不符合要求；架体与建设结构连墙杆的设置不符合要求；钢丝绳磨损已超过报废标准；钢丝绳无过路保护；钢丝绳拖地；楼层卸料平台的防护不符合要求；地面进料口无防护棚；吊篮无安全门，违章乘坐吊篮上下；架体垂直度偏差超过规定；卷筒上无防止钢丝绳滑脱保险装置；无联络信号；在相邻建筑物防雷保护范围内无避雷装置。

2.1.3.7 塔吊的安全隐患

塔吊的安全隐患主要有：无力矩限制器，或力矩限制器不灵敏；无超高、变幅、行走限位器，或限位器不灵敏；吊钩无保险装置；卷扬机滚筒无保险装置，上人爬梯无护圈或护圈不符合要求；塔吊高度超过规定都未安装附墙装置，附墙装置不符合说明书规定；无夹轨钳或有夹轨钳不用；无安装及拆卸施工方案；司机或指挥人员无证上岗；路基不坚实、不平整，无排水措施；轨道无极限位置阻挡器；行走塔吊无卷线器或卷线器失灵，高塔基础不符合设计要求；塔吊与架空线路小于安全距离又无防护措施；道轨无接地、接零，或接地接零不符合要求。

2.1.3.8 起重吊装安全隐患

起重吊装安全隐患主要有：起重吊装作业无方案，或有作业方案但未经上级审批，方案针对性不强；起重机无超高和力矩限制器；起重机吊钩无保险装置；起重扒杆组装不符合设计要

求；钢丝绳磨损、断丝超标；缆风绳安全系数小于3.5；吊点不符合设计规定位置；司机或指挥人员无证上岗，非本机型司机操作；起重机作业路面地耐力不符合说明书要求；被吊物质量不明就吊装，超载作业；结构吊装未设置防坠落措施；作业人员不系安全带，或安全带无牢靠挂点；人员上下无专用爬梯、斜道；作业平台临边防护不符合要求，作业平台脚手板不满铺；起重吊装作业人员无可靠立足点；物件堆放超高、超载。

2.1.3.9　施工机具安全隐患

施工机具安全隐患主要有：平刨、圆盘锯、钢筋机械、手持电动工具、搅拌机的共同隐患是未做保护接零和无漏电保护器，传动部位无防护罩，护手、手柄等无安全装置，安装后均无验收合格手续；平刨和圆盘锯合用一台电机；使用Ⅰ类手持电动工具不按规定穿戴绝缘用品；电焊机无二次空载降压保护器或无触电保护器，一次线长度超过规定或不穿管保护，电源未使用自动开关，焊把线接头超过3处或绝缘老化，无防雨罩；搅拌机作业台不平整、不安全，无防雨篷，料斗无保险挂钩或有挂钩不使用；气瓶存放不符合要求，气瓶间距以及气瓶与明火间距不符合规定，无防震圈和防护帽；翻斗车自动装置不灵敏，司机无证驾车或违章驾车；潜水泵保护装置不灵敏、使用不合理；打桩机械无超高限位装置，其行走路线地耐力不符合说明书的规定。

2.2　我国对建筑业安全施工的一般要求

2.2.1　安全生产六大纪律

(1) 进入现场必须戴好安全帽，扣好帽带，并正确使用个人劳动防护用品；
(2) 2 m以上的高处作业、悬空作业、临边作业等必须采取相应的安全措施；
(3) 高处作业时，不准往下或向上乱抛材料和物品；
(4) 各种电动机械设备必须有可靠有效的安全接零(地)和防雷装置方可使用；
(5) 不懂电气和机械的人员，严禁使用和摆弄机电设备；
(6) 在吊装区域，非操作人员严禁入内，吊装机械必须完好，吊臂垂直下方严禁站人。

2.2.2　施工现场“五要”

(1) 施工要围挡；
(2) 围挡要美化；
(3) 防护要齐全；
(4) 排水要有序；
(5) 图牌要规范。

2.2.3　施工现场“十不准”

(1) 不准从正在起吊、运吊中的物件下通过；
(2) 不准从高处往下跳或奔跑作业；
(3) 不准在没有防护的外墙和外壁板等建筑物上行走；
(4) 不准站在小推车等不稳定的物体上操作；
(5) 不得攀登起重臂、绳索、脚手架、井字架、龙门架和随同运料的吊盘及吊装物上下；

(6) 不准进入挂有“禁止入内”或设有危险警示标志的区域、场所；

(7) 不准在重要的运输通道或上下行走通道上逗留；

(8) 未经允许不准私自进入非本单位作业或管理区域，尤其是存有易燃易爆物品的场所；

(9) 不准在无照明设施、无足够采光条件的区域、场所内行走、逗留和作业；

(10) 不准无关人员进入施工现场。

2.2.4 安全生产十大禁令

(1) 严禁穿木屐、拖鞋、高跟鞋及不戴安全帽的人员进入施工现场作业；

(2) 严禁一切人员在提升架、提升机的吊篮下或吊物下作业、站立、行走；

(3) 严禁非专业人员私自开动任何施工机械及驳接、拆除电线、电器；

(4) 严禁在操作现场(包括车间、工地)玩耍、吵闹和从高处抛掷材料、工具、砖石等一切物件；

(5) 严禁土方工程的掏空取土及不按规定放坡或不加支撑的深基坑开挖施工；

(6) 严禁在不设栏杆或无其他安全措施的高处作业；

(7) 严禁在未设安全措施的同一部位上同时进行上下交叉作业；

(8) 严禁带小孩进入施工现场(包括车间、工地)；

(9) 严禁在靠近高压电源的危险区域进行冒进作业及不穿绝缘鞋进行水磨石等作业，严禁用手直接提拿灯头；

(10) 严禁在有危险品、易燃易爆品的场所和木工棚、仓库内吸烟、生火。

2.2.5 十项安全技术措施

(1) 按规定使用“三宝”；

(2) 机械、设备安全防护装置一定要齐全、有效；

(3) 塔吊等起重设备必须有符合要求的安全保险装置，严禁带病运转、超载作业和使用中进行维护保养；

(4) 架设用电线路必须符合相关规定，电器设备必须要有安全保护装置(接地、接零和防雷等)；

(5) 电动机械和手动工具必须设置漏电保护装置；

(6) 脚手架的材料及搭设必须符合相关技术规程的要求；

(7) 各种揽风绳及其设施必须符合相关技术规程要求；

(8) 在建工程的桩孔口、楼梯口、电梯口、通道口、预留孔洞口等必须设置安全防护设施；

(9) 严禁赤脚、穿拖鞋或高跟鞋进入施工现场，高处作业不准穿硬底鞋和带钉、易滑的鞋；

(10) 施工现场的危险区域应设安全警示标志，夜间要设红灯警示。

2.2.6 防止违章操作和事故发生的十项操作规定

(1) 新工人未经三级安全教育，复工换岗人员和进入新工地人员未经安全教育，不得上岗操作；

(2) 特殊工种人员和机械操作工等未经专门的安全培训，无有效的安全操作证书，严禁施工操作；

（3）施工环境和专业对象情况不清，施工前无安全措施和安全技术交底，严禁操作；

（4）新技术、新工艺、新设备、新材料、新岗位无安全措施，未进行安全培训教育和交底，严禁操作；

（5）安全帽、安全带等作业所必需的个人防护用品应落实，不盲目操作；

（6）脚手架、吊篮、塔吊、井字架、龙门架、外用电梯、起重机械、电焊机、钢筋机械、木工机械、搅拌机、打桩机等设施设备和现浇混凝土模板支撑，搭设安装后，未经相关人员验收合格并签字认可，严禁操作；

（7）作业场所安全防护措施不落实，安全隐患不排除，威胁到人身和财产安全时，严禁操作；

（8）凡上级或管理干部违章指挥，有冒险作业情况时，不盲目操作；

（9）高处作业、带电作业、禁火区作业、易燃易爆作业、爆破性作业、有中毒或窒息危险的作业和科研实验等危险作业的，均应由上级指派，并经安全交底；未经指派批准、未经安全交底和无安全防护措施时，不盲目操作；

（10）隐患未排除，有伤害自己、他人或被他人伤害的不安全因素存在时，不盲目操作。

2.2.7 防止触电伤害的十项基本安全操作要求

（1）非电工严禁私拆乱接电气线路、插头、插座、电气设备、电灯等；

（2）使用电气设备前必须检查线路、插头、插座、漏电保护装置是否完好；

（3）电气线路或机具发生故障时，应由电工处理，非电工不得自行修理或排除故障；对配电箱、开关箱进行检查、维修时，必须将其前一级相应的电源开关分闸断电，并悬挂停电标志牌，严禁带电作业；

（4）使用振捣器等手持电动机械和其他电动机械从事潮湿作业时，要由电工接好电源，安装漏电保护器，电压应符合要求，安全操作者必须穿戴好绝缘鞋、绝缘手套后再进行作业；

（5）搬迁或移动电气设备必须先切断电源；

（6）搬运钢筋、钢管及其他金属物时，严禁触碰到电线；

（7）禁止在电线上挂晒物料；

（8）禁止使用照明器取暖、烘烤，禁止擅自使用电炉等大功率电器和其他加热器；

（9）在架空输电线路附近施工时，应停止输电；不能停电时，应有隔离措施，并保持安全距离，防止触碰；

（10）电线不得在地面、施工楼面随意拖拉；若必须经过地面、楼面时，应有过路保护，人、车及物料不准踏、碾、磨电线。

2.2.8 起重吊装“十不吊”规定

（1）指挥信号不明或违章指挥不吊；

（2）超载或吊物重量不明不吊；

（3）吊物捆扎不牢或零星物件不用盛器堆放稳妥、叠放不齐，不吊；

（4）吊物上有人或起重臂吊起的重物下面有人停留或行走，不吊；

（5）安全装置不灵不吊；

（6）埋在地下的物件不吊；

(7) 光线阴暗、视线不清不吊；

(8) 棱角物件无防护措施不吊；

(9) 歪拉斜挂物件不吊；

(10) 六级以上强风作业不吊。

2.2.9 防止机械伤害的“一禁、二必须、三定、四不准”

(1) 严禁不懂电器和机械的人员使用和摆弄机电设备；

(2) 机电设备应完好，必须有可靠有效的安全防护装置；

(3) 机电设备停电、停工休息时，必须拉闸关机，开关箱按要求上锁；

(4) 机电设备应做到定人操作、定人保养、定人检查；

(5) 机电设备应做到定机管理、定期保养；

(6) 机电设备应做到定岗位和岗位职责；

(7) 机电设备不准带病运转；

(8) 机电设备不准超负荷运转；

(9) 机电设备不准在运转时维修保养；

(10) 机电设备运行时，不准操作人员将手、头、身体伸入运转的机械行程范围内。

2.2.10 气割、气焊的“十不烧”

(1) 焊工必须持证上岗，无金属焊接、切割特种作业证书的人员，不准进行气割、气焊作业；

(2) 凡属一、二、三级动火范围的气割、气焊，未经办理动火审批手续，不准进行气割、气焊；

(3) 焊工不了解气割、气焊现场周围的情况，不准进行气割、气焊；

(4) 焊工不了解焊件内部是否安全时，不准进行气割、气焊；

(5) 各种装过可燃性气体、易燃易爆液体和有毒物质的容器，未经彻底清洗或采取有效的安全防护措施之前，不准进行气割、气焊；

(6) 用可燃材料作保温层、冷却层、隔热层的部位，或火星能溅到的地方，在未采取切实可靠的安全措施之前，不准气割、气焊；

(7) 气割、气焊部位附近有易燃易爆物品，在未作清理或采取有效的安全措施之前，不准气割、气焊；

(8) 有压力或封闭的管道、容器，不准气割、气焊；

(9) 附近有与明火作业相抵触的工种作业时，不准气割、气焊；

(10) 与外单位相连的部位，在没有弄清险情，或明知存在危险而未采取有效的安全防范措施之前，不准气割、气焊。

2.2.11 防止车辆伤害的十项基本安全操作规定

(1) 未经劳动、公安部门培训合格并持证上岗或不熟悉车辆性能的人员，严禁驾驶车辆；

(2) 应坚持做好车辆的日常保养工作，车辆制动器、喇叭、转向系统、灯光等影响安全的部件如运作不良，不准出车；

(3) 严禁翻斗车、自卸车车厢乘人；严禁人货混装，车辆载货应不超载、超高、超宽，捆扎应牢固可靠，应防止车内物体失稳而跌落伤人；

(4) 乘坐车辆时应坐在安全处，头、手、身不得露出车厢外，要避免车辆启动、制动时跌倒；

(5) 车辆进出施工现场，在场内掉头、倒车，在狭窄场地行驶时应有专人指挥；

(6) 车辆进入施工现场要减速，并做到“四慢”，即：道路情况不明要慢，线路不良要慢，起步、会车、停车要慢，在狭路、桥梁、弯路、坡路、岔道、行人拥挤地点及出入大门时要慢；

(7) 在临近机动车道的作业区和脚手架等设施，以及在道路中的路障应加设安全色标、安全标志和防护措施，并应确保夜间有充足的照明；

(8) 装卸车作业时，若车辆停在坡道上，应在车轮两侧用楔形木块加以固定；

(9) 人员在场内机动车道行走时应避免右侧行走，并做到不平排结队而行；避让车辆时，禁止避让于两车交会之中，不站于旁有堆物和无法退让的死角；

(10) 机动车辆不得牵引无制动装置的车辆，牵引物体时物体上不得有人，人不得进入正在牵引的物与车之间；坡道上牵引时，车和被牵引物下方不得有人停留和作业。

2.3 建筑安全事故对社会和经济的影响

建筑安全事故不仅能够导致人身伤害以及其他一些经济损失，还会造成工人的工作质量和生产率下降以及施工企业的形象损失。据英国健康与安全执行局研究统计，建筑施工现场因安全事故与职业健康损害造成的损失包括工期延误、旷工和保险费用等经济损失，占项目成本的8.5%；美国斯坦福大学土木工程系的研究分析统计，1993年全美建筑安全事故损失为260亿美元，占建筑工程总成本的6.5%；在我国香港地区，建筑安全事故损失约占建筑工程总成本的8.5%。

2.3.1 建筑安全事故的损失

建筑安全事故导致的损失可以分为直接损失和间接损失。

直接损失是指与受伤事故直接相关的费用，比较典型的费用包括救护车服务费用、医疗和辅助费用、药品费用、住院费用和伤残补偿费用以及一定比例的误工工资等。

间接(隐藏)损失是工人受伤事故损失中最隐秘的部分，在某种程度上，间接损失的隐秘性源于对间接损失缺乏明确的界定。间接损失是指那些隐藏的或者在历史资料中没有记录但却实际发生过的损失。

2.3.2 加强建筑业安全生产的对策

(1) 加强安全生产法制建设，实施依法治理安全生产

一是必须严刑峻法，重点治乱；二是必须在法律的贯彻执行上从重从严；三是必须建立联合执法机制，提高执法效率；四是必须健全安全生产法律法规体系，包括安全技术标准体系。

(2) 严格贯彻执行安全生产方针

严格贯彻执行“安全第一、预防为主、综合治理”的方针，治理隐患、防范事故，标本兼治、重在治本。

(3) 切实落实两个主体和两个责任制，并纳入政绩和业绩考核

两个主体是指政府是安全生产的监管主体，企业是安全生产的责任主体。两个责任制是指安全生产工作必须建立、落实政府行政监管负责制和企业法定代表人负责制。

(4) 实施科技兴安战略

用科技创新支撑和引领安全生产发展，一是提高安全生产的技术水平和科技含量，采用先进的安全防护措施；二是提高安全生产的管理水平，强化安全生产的科学管理，加强事前控制，建立完善的安全防范体系。

(5) 强化经济政策导向作用，增加安全生产投入

加大安全生产的人力、物力、资金、技术等方面的投入力度，使安全生产有足够的物质保障，把安全生产落到实处。

(6) 加强安全文化建设，提高行业职工安全素质

教育是实现安全生产的根本保障，只有不断加强全体从业员工的安全教育和培训，提高行业职工的安全技能和自身素质，才是实现安全生产的根本所在。

(7) 加强社会监督

安全生产已经不仅仅是涉及某人或某企业自身的问题，它是关系到整个社会和民族利益的大事。实现建筑行业的安全生产仅依靠政府的监管和企业的自身管理是远远不够的，必须动员社会的所有力量参与其中，形成“安全生产，人人有责”的监督管理局面。

复习思考题

1. 简述我国建筑工程安全生产的现状。
2. 建设工程安全生产形势严峻的原因有哪些？
3. 建设工程安全管理存在的主要隐患有哪些？
4. 建筑安全管理的基本要求是什么？简述十项安全技术措施。
5. 简述加强建筑业安全生产的对策。

3　建筑安全生产政策法律

本 章 提 要

本章重点介绍我国劳动安全立法概况，我国安全生产法规体系与技术标准；工伤保险的概念及基本原则，工伤的认定赔偿及申请程序；安全生产基本法律制度，安全生产监督的基本原则，安全生产监督管理的步骤和顺序；安全生产法规、标准及规程。通过对本章的学习，使我们了解建筑工程安全生产政策法律的基本知识。

3.1　安全生产法规概述

3.1.1　安全生产法规的含义

安全生产法规是指国家关于改善劳动条件，实现安全生产，为保护劳动者在生产过程中的安全和健康而采取的各种措施的总和，是必须执行的法律规范。

安全生产管理的实质就是依法管理，落实安全管理必须有完善的法律、法规体系作为保障，这是科学发展观在安全生产方面的具体体现。

3.1.2　安全生产法规的起源

安全生产立法是为了保护劳动者的安全与健康，保障生产经营人员的利益和应享受的法定权利，保障社会生产资料和国家及人民财富安全的法律。它起源于18世纪工业革命，是工业生产技术发展的需要，是工人运动高涨、推动和斗争的结果。人类的安全生产法规，从无到有，从单一的、零星的、只适用于某一特定范围（行业、地区、工人）的法规到综合的、全面的适用范围更为广泛的基本法，并辅以一系列的从属法规，形成一个较为完整的安全生产法规体系，是经过相当长的历史阶段的。

随着工业社会的不断发展，生产技术规模不断扩大和生产技术速度不断加快，矿山塌陷、瓦斯爆炸、锅炉爆炸、机械伤害等工作事故不断恶化。人类最早的安全生产立法，可追溯到13世纪德国政府颁布的《矿工保护法》，1802年英国政府制定的最初工厂法《保护学徒的身心健康法》。这些法规都是为劳动保护而设，制定了学徒的劳动时间，矿工的劳动保护，工厂的室温、照明、通风换气等工业卫生标准。针对世界范围的安全立法，始于1919年第一届国际劳工大会制定的有关工时、妇女、儿童劳动保护的一系列国际公约。英国、德国、美国等工业发达国家是劳动安全立法最早和最为完善的国度。很多国家的安全立法在20世纪才开始起步，像日本也是1915年才正式实施《工厂法》，比英国晚了近百年。

我国最早的安全生产法规是1922年5月1日在广州召开的第一次劳动大会上提出的《劳动法大纲》，其主要内容是要求资本家合理地规定工人的工时、工资及劳动保护条件等。

3.1.3 我国安全生产法规的发展

(1) 第一阶段:初建时期(1949—1959 年)

新中国成立后,在废除旧的劳动法的同时开始制定新的、真正符合劳动人民利益的安全生产法规。据不完全统计,此阶段仅由中央产业部门和地方人民政府制定和颁布的各种安全生产法规就有 119 种。1956 年 5 月,国务院正式颁布了《工厂安全卫生规程》、《建筑安装工程安全技术规程》和《工人职员伤亡事故报告规程》(即"三大规程"),以及《关于进一步加强安全技术教育的决定》、《关于编制安全技术安全生产措施计划的通知》、《工业企业设计暂行卫生标准》等法规和规章,使对安全生产一些基本问题的处理,有了初步的法律依据。这些法规在新中国成立初期,对我国的安全生产和保证劳动者的安全与健康起到了重要作用。

(2) 第二阶段:调整时期(1958—1966 年)

我国进入国民经济三年恢复调整时期,在这一时期我国先后发布了《工业企业设计卫生标准》、《关于加强企业生产中安全工作的几项规定》、《国营企业职工个人防护用品发放标准》等一系列安全生产法规、规章,使安全生产法制工作得到了进一步加强。随着社会主义改造的不断深入和有计划的经济建设不断展开,全国开展了安全生产大检查、安全生产教育,严肃处理伤亡事故、加强安全生产责任制等工作,形成了广泛的安全生产群众运动,全国职工伤亡事故逐年下降,这是安全生产工作的良好起步阶段。安全生产检查从一般性的检查发展为专业性和季节性的检查,推动了安全生产工作向经常化和制度化的方向发展,机械防护、防尘防毒、锅炉安全、防暑降温、女工保护等劳动保护工作有了显著成效。

(3) 第三阶段:动乱时期(1966—1978 年)

经过三年调整,刚刚好转的局面由于十年动乱又被破坏。在"文化大革命"时期,安全生产工作被认为是"活命哲学"而受到批判,因此,使工业生产秩序混乱,劳动纪律涣散,安全生产工作出现倒退,伤亡事故急剧上升,形成了新中国成立以来的第二个事故高峰,这是安全生产工作遭受破坏和倒退的阶段。

(4) 第四阶段:恢复发展时期(1978—1990 年)

国家和各级政府陆续制定并颁布了一系列安全生产法规,确定了"安全第一,预防为主"的方针,初步建立了安全生产法规体系、安全监察体系和检测检验体系,安全生产责任制得以逐步落实,安全生产的科研、教育工作也得到长足发展。1979 年 4 月,国务院重申要认真贯彻执行《建筑安装工程技术规程》、《工人职员伤亡事故报告规程》和《国务院关于加强企业生产中安全工作的几项规定》。1979 年颁布了《中华人民共和国刑法》,其中明确了对建筑企业因违反规章制度,强令工人违章作业而造成重大事故的责任者的惩办,并规定了量刑标准。1983 年 5 月,国务院又批转了劳动人事部、国家经委、全国总工会《关于加强安全生产和劳动安全监察工作的报告》,对劳动安全监察提出了具体要求。1987 年 1 月,卫生部、劳动人事部、财政部、全国总工会联合发布了《职业病范围和职业病患者处理办法的规定》,规范了对职业病的管理。

(5) 第五阶段:逐步完善时期(1991 年至今)

随着改革的不断深入和社会主义市场经济体制的建立与完善,我国安全生产法制建设也加快了进程。1991 年 3 月,国务院发布了《企业职工伤亡事故报告和处理规程》的第 75 号令,严肃了对各类事故的报告、调查和处理程序。1994 年 7 月 5 日第八届全国人大八次常务会议通过了《中华人民共和国劳动法》,它的颁布和实施标志着我国劳动保护法制建立进入了一个新的发展时期。《中华人民共和国劳动法》以保护劳动者合法权益为立法宗旨，不仅规定了劳动者享有的权利，同时规定用人单位的义务和对劳动者保护的相应措施，为保护劳动者的合法权益提供了有力的法律保障。

3.1.4 安全生产法制建设的发展趋势

(1) 安全生产法规从专门化走向综合化，从分散发展为体系。

(2) 安全生产法规的任务更突出预防性，更强调超前和本质安全化的特点。

(3) 安全生产立法的目标体系更趋明确。立法的目标不但包含防止生产过程的人员伤亡，还包括避免生产过程的危害以及生产资料的安全保障和社会财产损失的控制等方面。

(4) 安全生产立法的层次体系更为全面。国际通用的职业安全卫生法规、各国的国家安全生产法规、地区安全生产法规等得到全面的发展。

(5) 安全生产立法的功能体系更为合理。建议性法规，如 ISO 国际标准；强制性法规，各国制定的国内安全生产法规都属此类；承担不同法律功能的法规，如法律、技术标准、行政法规、管理规章等，各尽其责，发挥各自的功能和作用。

3.2 我国劳动安全立法概况

3.2.1 《中华人民共和国安全生产法》简介

《中华人民共和国安全生产法》(以下简称《安全生产法》)是我国第一部安全生产综合性法律。该法规范了我国生产经营单位的安全生产，强化了安全生产监督执法，立足于事故预防，突出了安全生产基本法律制度的建设，是每个生产经营单位及其从业人员实现安全生产所必须遵循的法律规范，是各级人民政府和各相关部门进行安全监督管理和行政执法的法律依据，是惩治各种安全生产违法犯罪行为的法律武器。

《安全生产法》规定了国家保障安全生产的五种运行机制：政府监管与指导；企业实施与保障；员工权利与义务；社会监督与参与；中介支持与服务。《安全生产法》明确了我国现阶段实行的国家安全生产监督管理体制：国家安全生产综合监督管理与各级政府有关职能部门(包括公安消防、公安交通、煤矿监察、建筑、交通运输、质量技术监督、工商行政管理等)专项监督管理相结合的体制。有关部门合理分工、相互协调，相应地表明了我国安全生产法的执法主体是国家安全生产综合管理部门和相应的专门监督管理部门。

《安全生产法》确定了我国安全生产的六项基本法律制度：安全生产监督管理制度；生产经营单位安全生产保障制度；生产经营单位负责人安全责任制度；安全中介服务制度；安全生产责任追究制度；事故应急救援和处理制度。

《安全生产法》指明了实现我国安全生产的三大对策体系：① 事前预防对策体系，即要求生产经营单位建立安全生产责任制，坚持“三同时”(生产经营单位新建、改建、扩建工程项目的安全设施，必须与主体结构同时设计、同时施工、同时投入生产和使用)，保证安全机构及专业人员落实安全投入、进行安全培训、实行危险源管理、进行项目安全评价、推行安全设备管理、落实现场安全管理、严格交叉作业管理、实施高危作业安全管理、保证承包租赁安全管理、落实工伤保险等，同时，加强政府监管，发动社会监督，推行中介技术支持等都是预防策略。② 事中应急救援体系要求政府建立行政区域内的重大安全事故救援体系，制定社区事故应急救援预案，要求生产经营单位进行危险源的预控，制定事故应急救援预案等。③ 建立事后处理对策系统，包括推行严格的事故处理和事故报告制度，实施事故后的行政责任追究制度，强化事故发生后的经济处罚，明确事故刑事责任追究等。

《安全生产法》对生产经营单位负责人的安全生产责任作了专门的规定：① 建立健全安全生产责任制；② 组织制定安全生产规章制度和操作规程；③ 保证安全生产投入；④ 督促检查安全生产工作，及时消除生产安全事故隐患；⑤ 组织制定并实施生产安全事故应急救援预案；⑥ 及时、如实报告生产安全事故等。

《安全生产法》明确了从业人员在安全生产中的权利和义务。其中权利包括：① 知情权，即有权了解其作业场所和工作岗位存在的危险因素、防范措施和事故应急措施；② 建议权，即有权对本单位的安全生产工作提出建议；③ 批评权和检举、控告权，即有权对本单位安全生产管理工作中存在的问题提出批评、检举、控告；④ 拒绝权，即有权拒绝违章作业指挥和强令冒险作业；⑤ 紧急避险权，即发现直接危及人身安全的紧急情况时，有权停止作业或者在采取可能的应急措施后撤离作业场所；⑥ 依法向本单位提出要求赔偿的权利；⑦ 获得符合国家标准或者行业标准劳动防护用品的权利；⑧获得安全生产教育和培训的权利。从业人员的义务有：① 自律遵规的义务，即从业人员在作业过程中，应当遵守本单位的安全生产规章制度和操作规程，服从管理，正确佩戴和使用劳动防护用品；② 自觉学习安全生产知识的义务，要求掌握本职工作所需的安全生产知识，提高安全生产技能，增强事故预防和应急处理能力；③ 危险报告义务，即发现事故隐患或者其他不安全因素时，应当立即向现场安全生产管理人员或者本单位负责人报告。

《安全生产法》以法定的方式，明确规定了我国安全生产的四种监督方式，分别为：① 工会民主监督，即工会有权对建设项目的“三同时”情况进行监督，提出意见；② 社会舆论监督，即新闻、出版、广播、电影、电视等单位有对违反安全生产法律、法规的行为进行舆论监督的权利；③ 公众举报监督，即任何单位或者个人对事故隐患或者安全生产违法行为，均有权向负有安全生产监督管理职责的部门报告或者举报；④ 社区报告监督，即居（村）民委员会发现其所在区域内的生产经营单位存在事故隐患或者安全生产违法行为时，有权向当地人民政府或者有关部门报告。

《安全生产法》规范了国家安全监督检查人员的职权。国家有关安全生产监管部门的安全监督检查人员具有以下职权：① 现场调查取证权，即安全生产监督检查人员可以进入生产经营单位进行现场调查，任何单位不得拒绝；有权向被检查单位调阅资料，向有关人员（负责人、管理人员、技术人员）了解情况；② 现场处理权，即对安全生产违法作业当场纠正权；对现场检查出的隐患，责令限期改正、停产停业或停止使用的职权，责令紧急避险权和依法行政处罚权；③查封、扣押、行政强制措施权，其对象是安全设施、设备、器材、仪表等，依据是不符合国家或行业安全标准，其条件是按程序办事、有足够证据、经部门负责人批准、通知被查单位负责人到场、登记记录等，并必须在 15 日内作出决定。

《安全生产法》还明确了安全监管部门和监督检查人员的要求和应尽的义务：① 审查、验收禁止收取费用；② 禁止要求被审查、验收的单位购买指定产品；③ 必须遵循忠于职守、坚持原则、秉公执法的执法原则；④ 监督检查时须出示有效的监督执法证件；⑤ 对检查单位的技术秘密、业务秘密尽到保密的义务。

《安全生产法》明确了对相应违法行为采取的处罚方式:对政府监督管理人员有降级、撤职的行政处罚;对政府监督管理部门有责令改正、责令退还违法收取的费用的处罚;对中介机构有罚款、第三方损失连带赔偿、撤销机构资格的处罚;对生产经营单位有责令限期改正、停产停业整顿、经济罚款、责令停止建设、关闭企业、吊销其有关证照、连带赔偿等处罚;对生产经营单位负责人有行政处分、个人经济罚款、限期不得担任生产经营单位的主要负责人、降职、撤职、处 15 日以下拘留等处罚;对从业人员有批评教育、依照有关规章制度给予处分的处罚。无论任何人,造成严重后果构成犯罪的,依照刑法有关规定追究刑事责任。

3.2.2 《建设工程安全生产管理条例》简介

《建设工程安全生产管理条例》是在《中华人民共和国建筑法》、《安全生产法》颁布实施后制定的第一部在建设工程安全生产方面的配套性行政法规,是针对工程建设中存在的建设工程各方主体安全责任不够明确,建设工程安全生产投入不足,监督管理制度和安全生产事故应急救援制度不健全的问题而制定的。《建设工程安全生产管理条例》针对建设工程安全生产中存在的主要问题,确立了建设企业安全生产和政府监督管理的基本制度,规定了参与建设活动各方主体的安全责任,明确了建筑工人安全与健康的合法权益。它是一部全面规范建设工程安全生产的专门法规,对提高工程建设领域安全生产水平、确保人民生命财产安全、促进经济发展、维护社会稳定都具有十分重要的意义。

《建筑工程安全生产管理条例》确定了政府部门的安全生产监管制度,包括依法批准开工报告的建设工程和拆除工程备案制度,三类人员考核任职制度,特种作业人员持证上岗制度,施工起重机械使用登记制度,政府安全监督检查制度,危及施工安全的工艺、设备、材料淘汰制度,生产安全事故报告制度。同时,《建筑工程安全生产管理条例》补充和完善了市场准入制度中施工企业资质和施工许可制度,明确规定安全生产条件作为施工企业资质的必要条件。发放施工许可证时,对建设工程是否有安全施工措施进行审查把关,没有安全施工措施的,不得颁发施工许可证。

《建筑工程安全生产管理条例》进一步明确了《中华人民共和国建筑法》对施工企业的 7 项安全生产管理制度的规定,即安全生产责任制度、群防群治制度、安全生产教育培训制度、安全生产检查制度、意外伤害保险制度、伤亡事故处理报告制度和安全责任追究制度。同时,《建筑工程安全生产管理条例》还增加了专项施工方案专家论证审查制度、施工现场消防安全责任制度、生产安全事故应急救援制度等。

《建筑工程安全生产管理条例》明确规定了建设活动各方主体应当承担的安全生产责任,即建设单位,施工单位,工程监理单位,勘察设计单位,设备材料供应单位,机械设备租赁单位,起重机械和整体提升脚手架、模板的安装、拆卸单位等其他相关单位在建设活动中应当承担的安全责任,以及在建设活动中的违法行为应承担的法律责任。

《建筑工程安全生产管理条例》确定了建设工程安全生产监督管理体制,即国务院负责安全生产监督管理的部门依照《安全生产法》的规定,对全国建设工程安全生产工作实施综合监督管理,对安全生产工作进行指导、协调和监督;国务院建设行政主管部门对全国的建设工程安全生产实施监督管理;国务院有关部门按照国务院规定的职责分工,负责有关专业建设工程安全生产的监督管理,其监督管理主要体现在结合行业特点制定相关的规章制度和标准并实施行政监管上。形成统一管理与分级管理、综合管理与专门管理相结合的管理体制,分工负责、各司其职、相互配合，共同做好安全生产监督管理工作。

《建筑工程安全生产管理条例》明确了建立生产安全事故的应急救援预案制度。建设行政主管部门应根据本级人民政府的要求，制定本行政区域内建设工程特大生产安全事故应急救援预案。施工单位应当制定本单位生产安全事故应急救援预案，建立应急救援组织或者配备应急救援人员，配备必要的应急救援器材、设备，并定期组织演练。同时，施工单位应制定施工现场生产安全事故应急救援预案。实行施工总承包的，由总承包单位统一组织编制建设工程生产安全事故应急救援预案，工程总承包单位和分包单位按照应急救援预案，各自建立应急救援组织或者配备应急救援人员、救援器材和设备，并定期组织演练。

3.3 我国安全生产法规体系与技术标准

3.3.1 安全生产法律体系的特征

(1) 法律规范的调整对象和阶级意志具有统一性

国家所有的安全生产立法，体现了工人阶级领导下的最广大的人民群众的最根本利益。不论安全生产法律规范有何种内容和形式，它们所调整的安全生产领域的社会关系都要统一服从和服务于社会主义的生产关系、阶级关系，紧密围绕着"三个代表"重要思想、执政为民和基本人权保护而进行。

(2) 法律规范的内容和形式具有多样性

安全生产贯穿于生产经营活动的各个行业、领域，各种社会关系非常复杂。这就需要针对不同生产经营单位的不同特点，针对各种突出的安全生产问题，制定各种内容不同、形式各异的安全生产法律规范，调整各级人民政府、各类生产经营单位、公民之间在安全生产领域中产生的社会关系。

(3) 法律规范的相互关系具有系统性

安全生产法律体系是由母系统与若干个子系统共同组成的。从具体法律规范上看，它是单个的；从法律体系上看，各个法律规范又是母体系不可分割的组成部分。安全生产法律规范的层次、内容和形式虽然有所不同，但是它们之间存在着相互依存、相互联系、相互衔接、相互协调的辩证统一关系。

3.3.2 安全生产法律体系

根据我国立法体系的特点，安全生产法律法规体系分成三个层次。第一层是宪法，是由全国人民代表大会通过的主法；第二层是主法下的子法，如劳动法、矿山安全法、环境保护法、刑法等；第三层是国务院颁布的行政法规、部门规章和地方法规规章。

安全生产法律体系是一个包含多种法律形式和法律层次的综合性系统，从法律规范的形式和特点来讲，既包括作为整个安全生产法律法规基础的宪法，也包括行政法规、技术性法规、程序性法规等。按地位及效力同等原则，安全生产法律体系分为以下7个类别。

3.3.2.1 宪法

《中华人民共和国宪法》是由我国最高权力机关——全国人民代表大会制定的法律，是安全生产法律体系中的最高层次，"加强劳动保护，改善劳动条件"是《中华人民共和国宪法》对安全生产方面最高法律效力的规定。

3.3.2.2 安全生产方面的法律

(1) 基础法

我国有关安全生产的基础法律包括《安全生产法》和与其平行的专门法律及相关法律。《安全生产法》是综合规范安全生产法律制度的法律，它适用于我国所有的生产经营单位，是我国安全生产法律体系的核心。

(2) 专门法律

安全生产专门法律是指规范某一专业领域安全生产法律制度的法律。我国在专业领域的安全生产法律有《中华人民共和国矿山安全法》、《中华人民共和国海上交通安全法》、《中华人民共和国消防法》、《中华人民共和国道路交通安全法》等。

(3) 相关法律

与安全生产相关的法律是指安全生产基础法律和专门法律以外的其他法律中涵盖安全生产内容的法律，如《中华人民共和国劳动法》、《中华人民共和国建筑法》、《中华人民共和国煤炭法》、《中华人民共和国铁路法》、《中华人民共和国工会法》、《中华人民共和国全民所有制企业法》、《中华人民共和国乡镇企业法》、《中华人民共和国矿产资源法》等。还有一些与安全生产监督执法工作有关的法律，如《中华人民共和国刑法》、《中华人民共和国刑事诉讼法》、《中华人民共和国行政处罚法》、《中华人民共和国行政复议法》、《中华人民共和国国家赔偿法》和《中华人民共和国标准化法》等。

3.3.2.3 安全生产行政法规

安全生产行政法规是指由国务院组织制定并批准公布的，为实施安全生产法律或规范安全生产监督管理制度而制定并颁布的一系列具体规定，是实施安全生产监督、管理和监察工作的重要依据。我国已经颁布了多部安全生产的行政法规，如《建设工程安全生产管理条例》、《国务院关于特大安全事故行政责任追究的规定》等。

3.3.2.4 地方性安全生产法规

地方性安全生产法规是指由省、自治区、直辖市以及省、自治区人民政府所在地的市和经国务院批准的较大的市的人民代表大会及其常委会，在其法定权限内制定的安全方面的法律规范性文件。如目前我国有 27 个省、自治区和直辖市人民代表大会制定了《劳动保护条例》、《劳动安全卫生条例》等。

3.3.2.5 安全生产行政规章

安全生产行政规章是指由国家行政机关制定的在安全生产方面的法律规范性文件，包括部门规章和地方政府规章。

部门规章是由国务院相关部委制定的安全生产的法律规范性文件。从行业角度可划分为建筑业、交通运输业、化学工业、石油工业、机械工业、建材工业、电子工业、冶金工业、航空航天业、船舶工业、轻纺工业、煤炭工业、地质勘探业、安全评价与竣工验收、劳动保护用品、培训教育、事故调查与处理、职业危害、特种设备、防火防爆和其他部门等。部门安全生产规章和地方性政府安全生产规章作为安全生产法律法规的重要补充，在我国安全生产监督管理工作中起着十分重要的作用。如建设部 2004 年 2 月 3 日发布的《房屋建筑和市政基础设施工程分包管理办法》、2004 年 7 月 5 日发布的《建筑施工企业安全生产许可证管理规定》，以及国家监察部和国家安全生产总局 2006 年 11 月 22 日发布的《安全生产领域违法违纪行为政纪处分暂行规定》等。部门规章的效力低于法律和行政法规。

地方政府规章是由省、自治区、直辖市以及省、自治区人民政府所在地的市和经国务院批准的较大的市的人民政府所制定的安全生产的法律规范性文件。地方政府规章的效力低于法律、行政法规，也低于同级或上级地方性法规。

3.3.2.6 安全生产标准

安全生产标准是安全生产法律体系中的一个重要组成部分，也是安全生产管理的基础和监督执法工作的技术依据。安全生产标准大致分为设计规范类，安全生产设备、工具类，安全健康类，防护用品类等四类标准。

3.3.2.7 已批准的国际劳动安全公约

国际公约是指我国作为国际法主体同外国缔结的双边、多边协议和其他具有条约、协定性质的文件。国际劳工组织自1919年创立以来，一共通过了185个国际公约和为数较多的建议书。这些公约和建议书统称为国际劳工标准，其中70%的国际劳工标准涉及职业健康安全问题。我国政府为国际性安全生产工作已签订了国际性公约，当我国安全生产法规与国际公约有不同时，应优先采用国际公约的规定(保留条件的条款除外)。

3.3.3 安全生产标准体系

安全生产的标准体系与法律体系类似，按照《中华人民共和国标准化法》规定，安全生产标准体系分为国家标准、行业标准及地方标准三个层次。安全生产的标准是强制性标准，企业必须执行。它是安全生产法律法规的补充，是安全生产标准体系的一大特点。按标准化的对象分，安全生产的标准体系可分为基础标准(表3.1)、管理标准(表3.2)、技术标准(表3.3)和其他综合标准。

表3.1 安全生产基础标准

基础标准	标准编写的基本规定
	职业安全卫生标准编写的基本规定
	标准综合体规划编制方法
	企业标准体系表编制指南
	职业安全卫生名词术语
	生产过程危险和有害因素分类代码
	标准体系表编制原则和要求

表3.2 安全生产管理标准

安全生产管理标准					
特种作业人员考核标准	重大事故隐患评价方法及分析标准	事故统计分析标准	职业病统计分析标准	安全系统工程标准	人机工程标准

表 3.3　安全生产技术标准

安全生产技术标准	安全技术及工程标准	机械安全标准
		电气安全标准
		防爆安全标准
		储运安全标准
		爆破安全标准
		燃气安全标准
		建筑安全标准
		焊接与切割安全标准
		涂装作业安全标准
		个人防护用品安全标准
		压力容器与管理安全标准
	职业卫生标准	作业场所有害因素分类分级标准
		作业环境评价及分类标准
		防尘标准
		防毒标准
		噪声与振动控制标准
		电磁辐射防护标准
		其他物理因素分级及控制标准

3.4　安全生产法制规范

3.4.1　安全生产法制的主要特点

(1) 管理理念上由人治向法治的转变

从几千年封建专制到社会主义市场经济体制，历史跨度极大。要适应新情况、新形势，必须实现从人治到法治的思想变革。我们对安全生产监督管理的认识和理念是在法制建设的进程中得以形成和深化的。观念转变的关键在于各级政府、各级领导的治国行政观念的转变。党和国家关于安全生产的主张、方针、政策不仅要依靠行政手段加以贯彻，更要通过既定的法律规范加以固定和推行。只有依法设定公民和社会组织的安全生产的权利、义务和责任，通过政府和社会的力量推动法律的实施，才能逐步建立良好的安全生产秩序。

(2) 管理方式上由直接管理向间接管理的转变

国家行政管理体制进行了多次改革，政府部门不再直接管理企业的安全生产，主要依靠政策、法律法规来规范生产经营活动。国家对安全生产的监督管理方式：一是制定规则规范，二是实施监督执法。政府部门依法实施监督管理，对安全生产违法行为实施法律制裁，这是一种更超脱、更高层次的间接管理方式。

(3) 管理体制上由专项监管向综合监管的转变

《安全生产法》将综合监管部门的地位、职责和监管手段法律化，依法确立综合监管与专项监管相结合的安全生产监督管理体制，体现了政府各部门齐抓共管的原则。国家建立了自上而下的安全生产综合监管体系，强化了对地方人民政府及其有关部门的安全生产监督管理工作的协调、指导和监督。

(4) 管理机制上由短期机制向长效机制的转变

如果说20世纪90年代国家的安全生产立法主要是解决当时安全生产的突出矛盾，不得不采取一些临时的、应急的管理措施，那么21世纪以来国家则以构建法律制度为基础，以完善长效机制为重点。在贯彻实施《安全生产法》的过程中，各级人民政府十分重视探索、建立安全生产长效机制，并且已经建立了企业自我约束机制、事故隐患防范机制、事故应急处理机制、安全监督检查机制、联合督察执法机制、重大事项协调机制、社会舆论监督机制等。

(5) 管理重点上由国有企业向非公有制企业的转变

20世纪90年代以后，非公有制经济成分的比重越来越大。由于多数私营企业、民营企业处于资本原始积累阶段，业主为了追求利润最大化，在企业安全生产方面的投入很少，有的甚至不投入，因而安全生产条件差，管理水平低，事故高发。过去安全生产是法制的薄弱环节，现在国家安全生产立法与时俱进，将安全生产条件差、事故高发的非公有制企业作为监管重点，从而加大了法律规范的力度。

(6) 管理手段上由行政手段向法律手段的转变

随着整个社会主义法制建设不断完善，各级政府和安全生产监管部门依法行政的观念逐渐增强，对实施安全生产监督管理的主要手段，由不认识到认识、由不习惯到习惯、由不自觉到自觉，法律手段已经成为安全生产监督管理的主要手段，这是社会进步的重要标志。

(7) 管理环节上由事后处理向事前预防的转变

以往政府抓安全比较注重事后处理，忽视了事前、事中监管，安全生产监管工作处于被动状态，治标不治本。现在政府已将安全工作的重心转为重视预防为主、事前防范，强调安全生产监管工作重心下移、关口前移，注重抓基层、抓基础，从源头上解决问题，积极、主动、预防性的安全生产监管贯穿于安全生产的各个环节，逐步改变被动应付的局面。

(8) 管理规范上由法律规范向技术规范的转变

实现安全生产，不仅要规范人的不安全行为，也要运用先进的科学技术改善安全装备，创造安全的工作环境。既要有严格的法律规范，又要有科学的技术规范，两者相辅相成。安全技术规范逐步法律化，既是我国安全生产法制的一个显著特点，又是未来发展的一个必然趋势。

3.4.2 安全生产基本法律制度

(1) 安全生产监督管理制度

安全生产监督管理制度主要包括安全生产监督管理体制、各级人民政府和安全生产监督管理部门以及其他有关部门各自的安全监督管理职责、安全监管人员职责、社区基层组织和新闻媒体进行安全生产监督的权利和义务等内容，将政府监管与社会监督、舆论监督有机结合。

(2) 生产经营单位安全保障制度

生产经营单位安全保障制度主要包括生产经营单位的基本安全生产条件、安全投入、安全管理机构及其人员配置、从业人员安全资格、建设工程“三同时”、安全条件论证和安全评价、安全设施的设计审查和竣工验收、安全技术装备管理、重大危险源监控、日常安全管理、工伤保险等内容，从各个方面对保障安全生产的条件和要求作出了法律规定，从根本上提升了企业的安全生产水平。

(3) 高危生产企业安全许可制度

高危生产企业安全许可制度是根据《安全生产法》有关规定而建立的特殊安全准入制度，适用于危险性较大的煤矿企业，非煤矿矿山企业，建筑施工企业和危险化学品、烟花爆竹、民用爆破器材生产等企业。通过对其安全生产条件的审查，从源头上把住市场准入关。

(4) 生产经营单位主要负责人安全责任制度

生产经营单位主要负责人安全责任制度是通过对生产经营单位主要负责人的安全资格的严格管理，明确其在安全生产工作中的法定职责，以增强企业负责人的责任意识，加强安全管理。

(5) 从业人员安全生产权利义务制度

从业人员安全生产权利义务制度主要包括生产经营单位的从业人员在生产经营活动中的基本权利和义务。法律在赋予从业人员求偿权、知情权、监督权、拒绝权和避险权的同时，设定了遵章守规、服从管理，正确佩戴和使用劳动防护用品，接受培训、掌握安全生产技能，报告事故隐患等义务，体现了权利与义务对等的一致性。

(6) 安全中介服务制度

安全中介服务制度主要包括从事安全评价、评估、检测、检验、咨询服务等工作的安全生产中介机构和安全专业技术人员的法律地位、资质、权利和责任等内容，旨在规范中介机构有序参与社会化安全中介服务活动。

(7) 事故应急和处理制度

事故应急和处理制度主要包括事故应急预案的制定、事故应急体系的建立、事故应急救援的实施、事故报告、调查处理的原则和程序、事故责任的追究、事故信息发布等内容，强调了事故防范预警机制的积极作用。

(8) 安全生产违法行为责任追究制度

安全生产违法行为责任追究制度主要包括安全生产的责任主体、安全生产责任的确定、追究责任的机关、依据、程序和法律责任等内容，体现了法律的强制性、惩罚性功能。

3.5 安全生产监督管理

3.5.1 安全生产监督管理的基本原则

(1) 坚持“有法必依，执法必严，违法必究”的原则

有法必依表现在劳动安全卫生监察机构和人员在工作中要严格遵守法律、依法办事，包括执行和遵守两个方面：对司法机关来说，在审理案件时，必须依照以事实为依据、以法律为准绳的原则；对用人单位和劳动者来说，就是必须严格遵守劳动安全卫生法律、法规和制度。执法必严，就是指执法机关和执法人员都必须严格地依照法律规定办事，维护法律的尊严和权威。违法必究，就是对一切违法犯罪行为都必须认真究查，依法惩处。任何人都不得凌驾于法律之上或超越于法律之外，谁也不能享受法律规定以外的特权。

(2) 坚持以事实为依据,以法律为准绳的原则

违法事实是进行处理或处罚的客观依据。在对检查或举报的案例进行监察和执法时,必须深入调查,收集可靠证据,查清事实。实事求是地查明、核对违法事实,使认定的违法事实有充分的证据,经得起历史的检验。法律法规的规定是处罚的唯一准绳。劳动安全卫生监察部门在处罚时,必须依据法律法规的具体条款,准确、适当地处罚。劳动安全卫生监察部门在执法过程中,必须尊重客观事实,同时严格依照法律规定进行正确执法。

(3) 坚持行为监察与技术监察相结合的原则

国家劳动安全卫生监察工作,不仅要实施行为监督(监督检查用人单位及其领导人员的管理行为,包括各项规章制度和管理活动是否符合安全生产法规的要求),而且要实施技术监督(凭借技术手段,深入监督检查生产工艺过程、设备、原材料和劳动环境的安全卫生状况及其防护技术条件)。只有把行为监督和技术监督结合起来,突出行为监督的作用,才能在科学技术不断进步的条件下,通过法制手段,有效地实现劳动安全卫生国家监督。

(4) 坚持监察与服务相结合的原则

劳动安全卫生监察机构既要严肃认真地进行监督检查,及时提出强化预防措施的要求,揭露和纠正劳动安全卫生中的缺陷和偏差,又要帮助用人单位进行宣传教育和技术培训,提供有关信息和科技情报,指导和帮助用人单位做好劳动安全卫生工作,以实现安全与生产的统一。

(5) 坚持惩罚与教育相结合的原则

惩罚与教育相结合的含义是:处罚不仅是惩治违法的武器,同时也起着教育作用。它的教育作用主要是:一方面通过学习,理解和掌握法律;另一方面通过对违法责任的处罚,达到教育别人不犯同类违法行为及避免当事人重犯类似违法行为的目的。

3.5.2 政府主管部门对建设工程安全生产的监督管理

3.5.2.1 各级建设行政主管部门对建设工程安全生产的监督管理职责

(1) 国务院建设行政主管部门的主要职责有:贯彻执行国家有关安全生产的法规、政策,起草或者制定建设工程安全生产管理的法规、标准,并监督实施;制定建设工程安全生产管理的中、长期规划和近期目标,组织建设工程安全生产技术的开发与推广应用;指导和监督检查省、自治区、直辖市人民政府建设行政主管部门对建设工程安全生产的监督管理工作;统计全国建筑职工因工伤亡人数,掌握并发布全国建设工程安全生产动态;负责对申报资质企业进行安全条件的审查,行使安全生产否决权;组织建设工程安全大检查,总结交流安全生产管理经验,并表彰先进;检查和督促工程建设重大事故的调查。

(2) 县级以上地方人民政府建设行政主管部门的主要职责有:贯彻执行国家和地方有关安全生产的法规、标准和政策,起草或者制定本行政区内建设工程安全生产管理的实施细则或实施办法;制定本行政区域内建设工程安全生产管理的中、长期规划和近期目标,组织建设工程安全生产技术的开发与推广应用;建立建设工程安全生产的监督管理体系,制定本行政区域内建设工程安全生产监督管理工作制度,组织落实安全生产责任制;负责本行政区域内建筑职工因工伤亡的统计和上报工作,掌握和发布本行政区域建设工程安全生产动态,制定事故应急救援预案,并组织实施;负责对申报资质企业进行安全条件的审查,行使安全生产否决权;组织开展本行政区域内建设工程安全大检查,总结、交流安全生产管理经验,并表彰先进;组织检查施工现场、构配件生产车间等处的安全管理和防护措施,纠正违章指挥和违章作业;组织开展

本行政区域内施工承包单位的生产管理人员、作业人员的安全生产教育、培训工作，监督检查施工承包单位对安全施工措施费的使用；领导和管理建设工程安全管理机构的工作。

3.5.2.2 严格监督、检查安全生产，依法及时进行纠正和处理

《建设工程安全生产管理条例》规定了政府建设行政主管部门在其职责范围内有权检查有关单位安全生产的文件和资料，有权进入施工现场进行检查，对违反安全生产要求的行为进行纠正以及对存在的安全隐患和危险情况责令处置，必要时责令其立即撤出人员或者暂时停止施工。

3.5.3 安全生产监督管理的步骤和顺序

(1) 准备。确定检查对象，查阅有关法规和标准；了解检查对象的工艺流程、生产和安全卫生情况；制订检查计划；安排检查内容、方法、步骤；编写安全检查表或检查提纲，挑选和训练检查人员等。

(2) 听取汇报。深入企业听取企业领导对执行国家劳动安全卫生法规标准的情况和存在的问题及改进措施的汇报。

(3) 现场调查。实地了解作业状况，包括生产工艺、技术装备、防护措施、原材料等方面存在的问题。同时，采访工人并听取职工意见和建议，尤其是在安全管理和改善劳动条件方面的问题和建议。

(4) 提出意见或建议。向用人单位负责人或有关人员通报检查情况，指出存在问题，提出整改决定和建议，并指定完成期限。

3.6 工伤保险与赔付

3.6.1 工伤保险的概念

工伤保险是指国家或社会为生产、工作中遭受事故伤害和患职业性疾病的劳动者及家属提供医疗救治、生活保障、经济补偿、医疗和职业康复等物质帮助的一种社会保障制度。

工伤保险是员工在生产经营活动中所发生的或在规定的某些特殊情况下遭受意外伤害、职业病以及因这两种情况造成死亡，在员工暂时或永久丧失劳动能力时，员工或其遗属能够从国家、社会得到必要的物质补偿的一种社会保险制度。这种补偿既包括受到伤害的职工医疗、康复的费用，也包括生活保障所需的物质帮助。工伤保险是社会保险制度的重要组成部分，是建立独立于企(事)业单位之外的社会保障体系的基本制度之一。作为社会保险制度体系的一个重要组成部分，它对于分散事故风险，保障因工伤事故或职业病而伤、残、亡的职工及其供养直系亲属的基本生活，促进企业安全生产和维护社会安定都发挥着极其重要的作用。

工伤保险作为社会保险体系中不可缺少的组成部分，除了具有与其他社会保险项目相同的特征之外，还具有在社会保险诸多制度中保障性最强、保障内容最全面、保险待遇最优厚、享受保险待遇不受年龄及工龄限制、实行起来最得人心、保险的强制性和普遍性(社会性)最容易实现等特点。

3.6.2　工伤保险的基本原则

（1）强制实施的原则

强制性原则是指由国家通过立法手段强制工伤保险制度的实行，对于不按法律规定参加工伤保险的企业，对于不按法定的项目、标准和方式支付待遇，不按法定的标准和时间缴纳保险费的行为，要依法追究法律责任。其目的是保障以工资收入为主要生活来源的劳动者因工伤残后的基本生活。工伤保险实行强制性原则有两方面原因：一是普通的劳动者大都以工资收入为主要生活来源。如果遭遇了有损健康和劳动能力的事故以致不能劳动，必将丧失部分或全部工资收入。此外，由于工资收入有限，缴纳保险金的能力就比较低。所以，现在各国实行的工伤保险都由国家统一管理，通过国家立法强制实施，受保人不必承担任何费用。二是由于工伤事故具有突发性，还具有不可逆转性，因而其造成的损失也难以挽回，对遭遇工伤事故或患职业病的个人则有可能带来终身的痛苦。一旦不能保证他们顺利地得到经济补偿，必将使其生活陷入困境。这既不符合人道主义精神，又使社会保障难以落实。

（2）个人不缴费原则

个人不缴费原则指无论是直接支付保险待遇或者缴费投保，全部费用由用人单位承担，劳动者个人不缴费。工伤保险费用不实行分担方式，是由工伤保险的补偿性质所决定的。工伤事故属于职业性伤害，对工伤职工而言，这种伤害是在生产劳动过程中为企业创造财富而付出的代价；对企业而言，工伤伤害成本是一种制造成本，具有明显的劳动力修复和再生产的特点，是企业生产成本的特殊组成部分。因此，按照国际惯例，工伤保险费不实行职工和企业分担制，而是由企业全部承担。

（3）损失补偿与事故预防及职业康复相结合的原则

现代工伤保险已不仅仅限于对工伤职工给予经济补偿，而是把工伤经济补偿、工伤事故预防与职业康复训练紧密地联系起来，以更好地发挥其在维护社会安定、保护和促进生产力发展方面的积极作用。一方面，工伤保险的社会化管理有利于工伤事故的预防，即劳动安全管理工作形成合理的社会制约机制；待遇给付的社会化可促使劳动者重视自身的工伤保险权利，积极监督企业履行职责，防止以往存在的隐瞒工伤不报的现象，从而促使企业重视事故隐患的治理，力防事故的发生。另一方面，工伤保险基金的建立，也使工伤康复事业在资金来源上有所保障。衡量工伤保险改革成果的一个重要内容是工伤事故率的下降与否。因此，可以说工伤保险既重赔偿，更重预防，它是为安全生产服务的。探索工伤保险与安全生产紧密结合的机制和途径，是当前我国工伤保险改革的重要课题之一。从单纯的经济补偿向补偿与事故预防及职业康复相结合发生转变，也是我国工伤保险事业逐步走向成熟的一个显著标志。

3.6.3　工伤的认定

（1）认定为工伤的情形：在工作时间和工作场所内，因工作原因受到事故伤害的；工作时间前后在工作场所内，从事与工作有关的预备性或者收尾性工作受到事故伤害的；在工作时间和工作场所内，因履行工作职责受到暴力等意外伤害的；患职业病的；因工外出期间，由于工作原因受到伤害或者发生事故下落不明的；在上下班途中，受到机动车事故伤害的；法律、行政法规规定应当认定为工伤的其他情形。

（2）职工有下列情形之一的，视同工伤：在工作时间和工作岗位，突发疾病死亡或者在48

小时内经抢救无效死亡的；在抢险救灾等维护国家利益、公共利益活动中受到伤害的；从业人员原在军队服役，因战、因公负伤致残，已取得革命伤残军人证，到用人单位后旧伤复发的。

(3) 职工有下列情形之一的，不得认定为工伤或者视同工伤：因犯罪或者违反治安管理伤亡的；醉酒导致伤亡的；自残或者自杀的。

各级伤残等级标准主要是根据伤残职工肢体缺残的部位、面积、体积和功能损失程度以及生活自理能力损失程度等因素确定的。具体内容见《职工工伤与职业病致残程度鉴定标准》(GB/T 16180—2014)。

3.6.4 工伤的赔付

对工伤保险制度成本的测算，是以对工伤事故风险的发生规律和造成经济损失的分布规律的认识为前提的。其中对工伤事故经济损失的统计分析，不仅是进行工伤保险精算的需要，也是全面、准确、直观地反映事故对企业经营及对国家经济发展带来的不良影响的要求。

为了便于管理和统计，通常依据事故损失与事故本身的关系将其划分为直接经济损失和间接经济损失，工伤事故的总经济损失是直接经济损失与间接经济损失之和。直接经济损失是指因事故造成人身伤亡及善后处理支出的费用和毁坏财产的价值；间接经济损失是指因事故导致产值减少、资源破坏和受事故影响而造成其他损失的价值。

(1) 直接经济损失和间接经济损失的统计范围

直接经济损失和间接经济损失的统计范围分别如图 3.1 和图 3.2 所示。

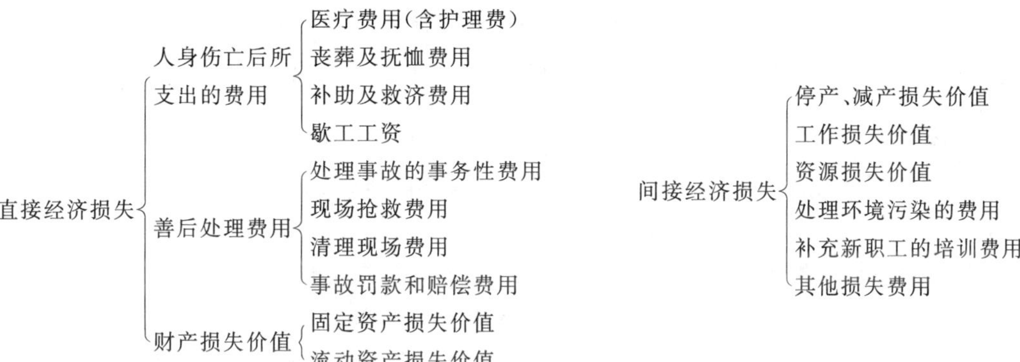

图 3.1 直接经济损失统计范围　　**图 3.2 间接经济损失统计范围**

(2) 用于伤亡者的费用有关的子项目简介

① 医疗费用：用于治疗受伤害职工所开支的费用，如药费、治疗费、住院费等在卫生部门开支的费用，以及为照顾受伤职工请(派)专人护理所支出的费用。后者由事故发生单位支付，统计时只需填入实际费用即可。

② 歇工工资：工伤职工自事故之日起的实际歇工期内，企业支付其本人的工资总额。无论是在工资基金中开支，还是在保险福利费中开支，都应作为经济损失如实统计上报。

③ 处理事故的事务性费用：包括交通费、差旅费、接待其亲属的费用以及事故调查处理工作中所需的聘请费、器材费以及尸体处理费用等。此项费用按实际支出如实统计。

④ 现场抢救费：事故发生时，外部人员为了控制和终止灾害，援救受灾人员脱离危险现场的费用。救护伤员的费用要列在医疗费中统计。

除了用于伤亡者的费用以外，工伤事故经济损失还可归纳为物资损失、生产成果的减少、因劳动时间的减少或丧失而引起劳动价值的损失以及因事故引起的其他损失等方面的内容。毫无疑问，它们都会给职工的物质、精神生活，给企业的正常生产秩序和经营效益带来恶劣的影响。

(3) 工伤保险的待遇给付

工伤保险的内容主要是国家和社会对受到职业伤害的劳动者的医疗救治、收入补偿、遗属抚恤和职业康复。因此，工伤保险的待遇给付就是对这些内容的具体落实。

确定工伤保险待遇给付水平的原则是既要促进社会和经济发展，又要考虑需要和可能。改革后的我国工伤保险制度调整了以往偏低的、充实了曾经缺项的待遇给付水平。例如，以往的制度在项目设置上没有一次性补偿待遇，现在为实现保险与补偿相结合，把补偿项目设计为两个部分：一是定期补偿，使伤残职工和因工伤亡者的遗属有稳定的生活来源，起到保障基本生活的作用；二是属于安慰和赔偿性质的一次性补偿。

在补偿待遇方面，首先以保障伤残职工基本生活为主，以定期待遇为主，还要考虑增加一次性补偿和提供适当的康复医疗条件。而对因工死亡职工的遗属则实行定期待遇和一次性补偿相结合的原则。

3.6.5 工伤保险待遇申请程序

(1) 用人单位应当自工伤事故发生之日起或者职业病确诊之日起，在 15 日内向当地劳动行政部门提出工伤报告。

(2) 工伤职工或其亲属应当自工伤事故发生之日或被确诊患职业病之日起，在 15 日内向当地劳动行政部门提出工伤保险待遇申请，遇有特殊情况，申请期限可以延长至 30 日。职工工伤保险待遇申请应经企业签字后报送。

(3) 劳动行政部门接到企业的工伤报告或职工的工伤保险待遇申请后，应当组织工伤保险经办机构进行调查取证，在 7 日内作出是否认定为工伤的决定。特殊情况可以延长期限，但不得超过 30 日。

(4) 对符合享受条件的工伤职工或工亡职工的遗属支付相应的工伤保险待遇。

在上述过程中，如工伤职工本人或者其亲属没有提出申请的，可以由企业工会组织代表工伤职工提出申请；如遇到企业拒绝对职工的工伤保险申请签字的情况时，工伤职工或其亲属可以直接报送申请。工伤认定时可依据的书面资料有：职工的工伤保险申请，指定医疗或医疗机构初诊时的诊断书或职业病诊断证明书，以及企业或劳动行政部门的工伤报告。

3.7 建筑施工安全生产法规、标准及规程

3.7.1 法律、法规

《中华人民共和国刑法修正案(六)》(2006 年 6 月 29 日中华人民共和国第十届全国人民代表大会常务委员会第二十二次会议通过，中华人民共和国主席令 51 号公布，自公布之日起施行)；

《中华人民共和国安全生产法》(2014 年 8 月 31 日第十二届全国人民代表大会常务委员会第十次会议通过全国人民代表大会常务委员会关于修改《中华人民共和国安全生产法》的决

定，自2014年12月1日起施行）；

《建设工程安全生产管理条例》（2003年11月24日中华人民共和国国务院令第393号公布，2004年2月1日起施行）；

《安全生产许可证条例》（2004年1月13日中华人民共和国国务院令第397号发布，自公布之日起施行）；

《生产安全事故报告和调查处理条例》（2007年4月9日中华人民共和国国务院令第493号公布，2007年6月1日起施行）。

3.7.2 部门规章

《房屋建筑和市政基础设施工程施工分包管理办法》（2004年2月3日中华人民共和国建设部令第124号发布，2004年4月1日起施行）；

《建筑施工企业安全生产许可证管理规定》（2004年7月5日中华人民共和国建设部令第128号发布，自公布之日起施行）；

《安全生产领域违法违纪行为政纪处分暂行规定》（2006年11月22日中华人民共和国监察部、国家安全生产监督管理总局令第11号公布，自公布之日起施行）；

《〈生产安全事故报告和调查处理条例〉罚款处罚暂行规定》（2007年7月12日国家安全监督管理总局令第13号公布，自公布之日起施行）。

《国家安全监管总局关于修改〈生产安全事故报告和调查处理条例〉罚款处罚暂行规定部分条款的决定》已于2011年8月29日国家安全生产监督管理总局局长办公会议审议通过，自2011年11月1日起施行。

3.7.3 规范性文件

(1) 住建部文件

建设部关于印发《建筑业企业职工安全培训教育暂行规定》的通知（建教[1997]83号，1997年5月4日）；

建设部关于印发《建筑工程预防高处坠落事故若干规定》和《建筑工程预防坍塌事故若干规定》的通知（建质[2003]82号，2003年4月17日）；

建设部关于印发《建筑施工企业安全生产管理机构设置及专职安全生产管理人员配备办法》和《危险性较大工程安全专项施工方案编制及专家论证审查办法》的通知（建质[2004]213号，2004年12月1日）；

建设部关于印发《建筑工程安全防护、文明施工措施费用及使用管理规定》的通知（建办[2005]89号，2005年6月7日）；

建设部关于遏制市政工程、人工挖孔桩施工（维护）中毒事故的通知（建安办[2005]10号，2005年10月14日）；

建设部关于印发《滑坡崩塌地质灾害易发区城镇工程建设安全管理指南》的通知（建质[2005]228号，2005年12月16日）；

建设部关于严格实施建筑施工企业安全生产许可证制度的若干补充规定（建质[2006]18号，2006年1月25日）；

建设部关于加强建筑施工现场临建宿舍及办公用房管理的通知（建安办函[2006]23号，

2006 年 2 月 24 日)；

建设部、总工会关于进一步改善建筑业农民工作业、生活环境切实保障农民工职业健康的通知(建质[2006]58 号,2006 年 3 月 17 日)；

建设部关于印发《关于加强汛期建筑施工安全生产工作的意见》的通知(建质函[2006]200 号,2006 年 7 月 27 日)；

建设部关于印发《模板支撑失稳倒塌事故分析研讨会会议纪要》的通知(建质安函[2006]149 号,2006 年 11 月 21 日)；

建设部关于加强既有建筑装修、改扩建质量安全监督管理的通知(建安办函[2007]4 号,2007 年 4 月 16 日)；

建设部关于印发《绿色施工导则》的通知(建质[2007]223 号,2007 年 9 月 10 日)。

(2) 其他部委文件

国家安全生产监督管理局、建设部等七部委《关于加强农民工安全生产培训工作的意见》(安监总培训[2006]228 号,2006 年 10 月 27 日)；

卫生部、建设部关于进一步加强建筑工地食堂卫生管理工作的通知(卫监督发[2005]94 号,2005 年 3 月 9 日)；

财政部、安全生产监督管理总局关于印发《高危行业企业安全生产费用财务管理暂行办法》的通知(财企[2006]478 号,2006 年 12 月 8 日)。

3.7.4 规范、规程

(1) 规范

《建筑施工高处作业安全技术规范》(JGJ 80—2016)；

《龙门架及井架物料提升机安全技术规范》(JGJ 88—2010)；

《建设工程施工现场供用电安全规范》(GB 50194—2014)；

《建筑施工门式钢管脚手架安全技术规范》(JGJ 128－2010)；

《建筑施工扣件式钢管脚手架安全技术规范》(JGJ 130—2011)；

《建筑边坡工程技术规范》(GB 50330—2013)；

《建筑拆除工程安全技术规范》(JGJ 147－2004)；

《施工现场临时用电安全技术规范》(JGJ 46—2005)；

《建筑施工碗扣式脚手架安全技术规范》(JGJ 166—2008)；

《建筑施工模板安全技术规范》(JGJ 162—2008)；

《建筑施工组织设计规范》(GB/T 50502—2009)；

《施工现场临时建筑物技术规范》(JGJ/T 188—2009)；

《建筑基坑工程监测技术规范》(GB 50497－2009)。

(2) 规程

《液压滑动模板施工安全技术规程》(JGJ 65—2013)；

《建筑施工物料提升机安全技术规程》(DBJ 14—015—2002)；

《高处作业吊篮》(GB 19155—2003)；

《塔式起重机安全规程》(GB 5144—2006)；

《施工升降机安全规程》(GB 10055—2007)；

《施工现场机械设备检查技术规程》(JGJ 160—2008)；
《塔式起重机混凝土基础工程技术规程》(JGJ/T 187—2009)；
《建筑起重机械安全评估技术规程》(JGJ/T 189—2009)；
《建筑外墙清洗维护技术规程》(JGJ 168—2009)；
《钢管满堂支架预压技术规程》(JGJ/T 194—2009)；
《湿陷性黄土地区建筑基坑工程安全技术规程》(JGJ 167—2009)；
《建筑施工塔式起重机安装、使用、拆卸安全技术规程》(JGJ 196—2010)。

复习思考题

1. 什么叫安全生产法规？简述我国安全生产法规的发展。
2. 简述《安全生产法》颁布的意义。简述《建设工程安全生产管理条例》颁布的意义。
3. 简述安全生产法律体系。安全生产基本法律制度有哪些？
4. 安全生产监督管理的基本原则有哪些？
5. 简述安全生产监督管理的步骤和顺序。
6. 什么叫工伤保险？工伤保险的基本原则有哪些？
7. 我国现行主要的安全生产法律、法规、标准有哪些？

4 建筑施工安全生产管理

本章提要

本章重点介绍建设工程各方责任主体的安全责任、建筑施工企业安全许可制度、三类人员考核任职制度、特种作业人员持证上岗制度的相关内容,安全生产责任制度、安全生产教育培训制度、专项施工方案专家论证审查制度、消防安全制度的内容,以及安全文明管理检查的内容,生产安全事故报告及应急救援制度、意外伤害保险的内容。通过对本章学习,使我们了解建筑工程安全生产管理制度的基本知识及内容要求。

4.1 建设工程各方责任主体的安全责任

建设工程安全生产管理的范围包括土木工程、建筑工程、线路管道和设备安装工程及装修工程的新建、扩建、改建和拆除等有关活动及对安全生产的监督管理。《建设工程安全生产管理条例》规定:建设单位、勘察单位、设计单位、施工承包单位、工程监理单位及其他与建设工程安全生产有关的单位,必须遵守安全生产法律、法规的规定,保证建设工程安全生产,并依法承担建设工程安全生产责任。

4.1.1 建设单位的安全责任

(1) 建设单位应当向施工单位提供施工现场及毗邻区域内供水、排水、供电、供气、供热、通信、广播电视等地下管线资料,气象和水文观测资料,相邻建筑物和构筑物、地下工程的有关资料,并保证资料的真实、准确、完整;建设单位因建设工程需要,向有关部门或者单位查询前款规定的资料时,有关部门或者单位应当及时提供。

(2) 建设单位不得对勘察、设计、施工、工程监理等单位提出不符合建设工程安全生产法律、法规和强制性标准规定的要求,不得压缩合同约定的工期。

(3) 建设单位编制工程概算时,应确定建设工程安全作业环境及安全施工措施所需费用。

(4) 建设单位不得明示或者暗示施工单位购买、租赁、使用不符合安全施工要求的安全防护用具、机械设备、施工机具及配件、消防设施和器材。

(5) 建设单位在申请领取施工许可证时,应当提供建设工程有关安全施工措施的资料;依法批准开工报告的建设工程,建设单位应当自开工报告批准之日起 15 日内,将保证安全施工的措施报送建设工程所在地的县级以上地方人民政府建设行政主管部门或者其他有关部门备案。

(6) 建设单位应当将拆除工程发包给具有相应资质等级的施工单位;建设单位应当在拆除工程施工 15 日前,将下列资料报送建设工程所在地的县级以上地方人民政府建设行政主管部门或者其他有关部门备案:施工单位资质等级证明;拟拆除建筑物、构筑物及可能危及毗邻建筑的说明；拆除施工组织方案；堆放、清除废弃物的措施。

（7）实施爆破作业时，应当遵守国家有关民用爆炸物品管理的规定。

4.1.2 勘察、设计单位的安全责任

（1）勘察单位应按照法律、法规和工程建设强制性标准进行勘察，提供的勘察文件应当真实、准确，满足建设工程安全生产的需要。

（2）勘察单位在勘察作业时，应当严格执行操作规程，采取措施保证各类管线、设施和周边建（构）筑物的安全。

（3）设计单位应按照法律、法规和工程建设强制性标准进行设计，防止因设计不合理而导致生产安全事故的发生。

（4）设计单位应考虑施工安全操作和防护的需要，对涉及施工安全的重点部位和环节在设计文件中加以注明，并对防范生产安全事故提出指导意见。

（5）采用新结构、新材料、新工艺的建设工程和特殊结构的建设工程，设计单位应在设计中提出保障施工作业人员安全和预防生产安全事故的措施建议。

（6）设计单位和注册建筑师等注册执业人员应对其设计负责。

4.1.3 工程监理单位的安全责任

（1）工程监理单位应审查施工组织设计中的安全技术措施或者专项施工方案是否符合工程建设强制性标准。

（2）工程监理单位在实施监理过程中，发现存在安全事故隐患的，应要求施工单位整改；情况严重的，应要求施工单位暂时停止施工，并及时报告建设单位。施工单位拒不整改或者不停止施工的，工程监理单位应及时向有关主管部门报告。

（3）工程监理单位和监理工程师应按照法律、法规和工程建设强制性标准实施监理，并对建设工程安全生产承担监理责任。

4.1.4 施工单位的安全责任

（1）施工单位从事建设工程的新建、扩建、改建和拆除等活动时，应具备国家规定的注册资本、专业技术人员、技术装备和安全生产等条件，依法取得相应等级的资质证书，并在其资质等级许可的范围内承揽工程。

（2）施工单位主要负责人依法对本单位的安全生产工作全面负责。施工单位应建立健全安全生产责任制度和安全生产教育培训制度，制定安全生产规章制度和操作规程，保证本单位安全生产条件所需资金的投入，对所承担的建设工程进行定期和专项安全检查，并做好安全检查记录。

（3）施工单位的项目负责人应由取得相应执业资格的人员担任，对建设工程项目的安全施工负责，落实安全生产责任制度、安全生产规章制度和操作规程，确保安全生产费用的有效使用，并根据工程的特点制定安全施工措施，消除安全事故隐患，及时、如实地报告生产安全事故。

（4）施工单位对列入建设工程概算的安全作业环境及安全施工措施所需费用，应用于施工安全防护用具及设施的采购和更新、安全施工措施的落实、安全生产条件的改善，不得挪作

他用。

(5) 施工单位应设立安全生产管理机构,配备专职安全生产管理人员。专职安全生产管理人员负责对安全生产进行现场监督检查,发现安全事故隐患时,应及时向项目负责人和安全生产管理机构报告;对违章指挥、违章操作的,应立即制止。

(6) 建设工程实行施工总承包的,由总承包单位对施工现场的安全生产负总责。

(7) 总承包单位依法将建设工程分包给其他单位的,分包合同中应当明确各自在安全生产方面的权利、义务。总承包单位和分包单位对分包工程的安全生产承担连带责任。

(8) 分包单位应当服从总承包单位的安全生产管理,分包单位不服从管理导致生产安全事故的,由分包单位承担主要责任。

(9) 垂直运输机械作业人员、安装拆卸工、爆破作业人员、起重信号工、登高架设作业人员等特种作业人员,必须按照国家有关规定经过专门的安全作业培训,并取得特种作业操作资格证书后,方可上岗作业。

(10) 施工单位应在施工组织设计中编制安全技术措施和施工现场临时用电方案,对下列达到一定规模的危险性较大的分部分项工程编制专项施工方案,并附安全验算结果,经施工单位技术负责人、总监理工程师签字后实施,由专职安全生产管理人员进行现场监督:基坑支护与降水工程;土方开挖工程;模板工程;起重吊装工程;脚手架工程;拆除、爆破工程;国务院建设行政主管部门或者其他有关部门规定的其他危险性较大的工程。对前面所列工程中涉及深基坑、地下暗挖工程、高大模板工程的专项施工方案,施工单位还应当组织专家进行论证、审查。

(11) 建设工程施工前,施工单位负责项目管理的技术人员应对有关安全施工的技术要求向施工作业班组、作业人员作出详细说明,并由双方签字确认。

(12) 施工单位应在施工现场入口处、施工起重机械、临时用电设施、脚手架、出入通道口、楼梯口、电梯井口、孔洞口、桥梁口、隧道口、基坑边沿、爆破物及有害危险气体和液体存放处等危险部位,设置明显的安全警示标志。安全警示标志必须符合国家标准。

(13) 施工单位应根据不同施工阶段和周围环境及季节、气候的变化,在施工现场采取相应的安全施工措施。施工现场暂时停止施工时,施工单位应做好现场防护,所需费用由责任方承担,或者按照合同约定执行。

(14) 施工单位应当将施工现场的办公区、生活区与作业区分开设置,并保持安全距离;办公区、生活区的选址应当符合安全性要求。职工的膳食、饮水、休息等场所应当符合卫生标准。施工单位不得在尚未竣工的建筑物内设置员工集体宿舍。

(15) 施工现场临时搭建的建筑物应符合安全使用要求。施工现场使用的装配式活动房屋应当具有产品合格证。

(16) 施工单位对因建设工程施工可能造成损害的毗邻建筑物、构筑物和地下管线等,应采取专项防护措施。

(17) 施工单位应遵守有关环境保护法律、法规的规定,在施工现场采取措施,减少或者防止粉尘、废气、废水、固体废物、噪声、振动和施工照明等对人和环境的危害和污染;在城市市区内的建设工程,施工单位应对施工现场实行封闭围挡。

(18) 施工单位应在施工现场建立消防安全责任制度,确定消防安全责任人,制定用火、用电、使用易燃易爆材料等各项消防安全管理制度和操作规程,设置消防通道、消防水源,配备消防设施和灭火器材，并在施工现场入口处设置明显标志。

(19) 施工单位应向作业人员提供安全防护用具和安全防护服装，并书面告知危险岗位的操作规程和违章操作的危害。

(20) 作业人员有权对施工现场的作业条件、作业程序和作业方式中存在的安全问题提出批评、检举和控告，有权拒绝违章指挥和强令冒险作业。在施工中发生危及人身安全的紧急情况时，作业人员有权立即停止作业或者在采取必要的应急措施后撤离危险区域。

(21) 作业人员应遵守安全施工的强制性标准、规章制度和操作规程，正确使用安全防护用具、机械设备等。

(22) 施工单位采购、租赁的安全防护用具、机械设备、施工机具及配件，应具有生产(制造)许可证、产品合格证，并在进入施工现场前进行查验。

(23) 施工现场的安全防护用具、机械设备、施工机具及配件必须由专人管理，定期进行检查、维修和保养，建立相应的资料档案，并按照国家有关规定及时报废。

(24) 施工单位在使用施工起重机械和整体提升脚手架、模板等自升式架设设施前，应组织有关单位进行验收，也可以委托具有相应资质的检验检测机构进行验收；使用承租的机械设备和施工机具及配件时，由施工总承包单位、分包单位、出租单位和安装单位共同进行验收。验收合格的方可使用。《特种设备安全监察条例》规定的施工起重机械，在验收前应经相应资质的检验检测机构监督检验合格。

(25) 施工单位的主要负责人、项目负责人、专职安全生产管理人员应经建设行政主管部门或者其他有关部门考核合格后方可任职。

(26) 施工单位应每年对管理人员和作业人员至少进行一次安全生产教育培训，其教育培训情况记入个人工作档案。安全生产教育培训考核不合格的人员，不得上岗。

(27) 作业人员进入新的岗位或者新的施工现场前，应接受安全生产教育培训。未经教育培训或者教育培训考核不合格的人员，不得上岗作业。

(28) 施工单位在采用新技术、新工艺、新设备、新材料前，应对作业人员进行相应的安全生产教育培训。

(29) 施工单位应为施工现场从事危险作业的人员办理意外伤害保险。

意外伤害保险费由施工单位支付。实行施工总承包的，由总承包单位支付意外伤害保险费。意外伤害保险期限自建设工程开工之日起至竣工验收合格之日止。

4.1.5 建设主体单位的法律责任

按主体违反法律规范的不同，其违法的法律责任可分为刑事责任、民事责任、行政责任三大类。具体承担方式可以是人身责任、财产责任、行为能力责任等。

4.1.5.1 建设单位的违法行为及法律责任

(1) 违法行为。对勘察、设计、施工、工程监理等单位提出不符合安全生产法律、法规和强制性标准规定的要求；要求施工承包单位压缩合同约定的工期；将拆除工程发包给不具有相应资质等级的施工承包单位。

(2) 法律责任。建设单位有以上行为之一的，责令限期改正，处20万元以上50万元以下的罚款；造成重大安全事故，构成犯罪的，对直接责任人员依照刑法有关规定追究刑事责任；造成损失的，依法承担赔偿责任。

4.1.5.2 勘察设计单位的违法行为及法律责任

(1) 违法行为。未按照法律、法规和工程建设强制性标准进行勘察、设计;采用新结构、新材料、新工艺的建设工程和特殊结构的建设工程,设计单位未在设计中提出保障施工作业人员安全和预防生产安全事故的措施建议。

(2) 法律责任。勘察单位、设计单位有以上行为之一的,责令限期改正,处以 10 万元以上 30 万元以下的罚款;情节严重的,责令停业整顿,降低资质等级,直至吊销资质证书;造成重大安全事故,构成犯罪的,对直接责任人员依照刑法有关规定追究刑事责任;造成损失的,依法承担赔偿责任。

4.1.5.3 施工承包单位的违法行为及法律责任

(1) 违法行为。安全防护用具、机械设备、施工机具及配件在进入施工现场前未经查验或者查验不合格即投入使用;使用未经验收或者验收不合格的施工起重机械和整体提升脚手架、模板等自升式架设设施;委托不具有相应资质的单位承担施工现场安装、拆卸施工起重机械和整体提升脚手架、模板等自升式架设设施;在施工组织设计中未编制安全技术措施、施工现场临时用电方案或者专项施工方案。

(2) 法律责任。施工承包单位有以上行为之一的,责令限期改正;逾期未改正的,责令停业整顿,并处 10 万元以上 30 万元以下的罚款;情节严重的,降低资质等级,直至吊销资质证书;造成重大安全事故,构成犯罪的,对直接责任人员依照刑法有关规定追究刑事责任;造成损失的,依法承担赔偿责任。

4.1.5.4 监理单位的违法行为与法律责任

(1) 违法行为

① 未对施工组织设计中的安全技术措施或者专项施工方案进行审查。此规定包含了三方面的含义:一是没有对施工组织设计进行审查;二是没有进行认真的审查;三是可能没有审查出导致安全事故发生的重要原因。因此,监理工程师对施工组织设计的审查应该是通过自己所掌握的专业知识进行详细的审查,应该做到满足《建筑工程安全生产管理条例》和技术规定的要求,否则将会为此承担法律责任。

② 发现安全事故隐患未及时要求施工承包单位整改或者暂时停止施工。此条规定有两方面的含义:一方面监理单位是否及时发现在施工中存在的安全事故隐患,包括不安全状态、不安全行为等;另一方面是发现了安全隐患后是否及时要求施工承包单位整改或暂时停止施工。

③ 施工承包单位拒不整改或者不停止施工的,监理单位未及时向有关主管部门报告。发现安全隐患,及时要求施工承包单位立即整改或停止施工,而施工承包单位拒不执行的,应当立即向建设单位或者有关主管部门报告,否则监理单位依然要承担法律责任。具体操作以监理通知或工作纪要等书面文字为依据。

④ 未依照法律、法规和工程建设强制性标准实施监理。监理单位是建设单位在施工现场的监管者,不仅要对质量、进度和投资进行控制,还要增加对安全的控制,即对建设工程安全生产承担监理责任。监理单位未能依照法律、法规和工程建设强制性标准对建设工程安全生产进行监理的,也要承担相应的法律责任。

(2) 法律责任

对于监理单位的上述违法行为，首先应当责令限期改正；逾期未改正的，责令停业整顿，并处10万元以上30万元以下的罚款；情节严重的，降低资质等级，直至吊销资质证书。对于注册执业人员未执行法律、法规和工程建设强制性标准的，责令停止执业3个月以上1年以下；情节严重的，吊销执业资格证书，5年内不予注册；造成重大安全事故的，终生不予注册。

监理单位基于建设单位委托合同参与到工程建设中来，由于自身的违法行为，往往也是违约行为，损害了建设单位的利益，如果给建设单位造成损失，监理单位应当对建设单位承担赔偿责任。《中华人民共和国刑法》第一百三十七条规定：建设单位、设计单位、施工承包单位、工程监理单位违反国家规定，降低工程质量标准，造成重大安全事故的，对直接责任人员处5年以下有期徒刑或者拘役，并处罚金；后果特别严重的，处5年以上10年以下有期徒刑，并处罚金。

4.2 建筑施工企业安全生产许可制度

4.2.1 立法背景

2004年1月13日《安全生产许可证条例》(以下简称《许可证条例》)正式实施，这是我国安全生产领域又一部重要的行政法规，《许可证条例》所确立的安全生产许可证制度，将对进一步规范企业的安全生产条件、加强安全生产监督管理发挥重要作用。近年来，随着我国安全生产法律、法规逐步完善，整个社会的安全生产意识有所提高，但安全生产形势依然严峻，仅矿山企业、建筑施工企业、危险化学品生产企业、烟花爆竹生产企业和民用爆破器材生产企业，2002—2003年因为各类安全生产事故死亡22657人，死亡人数约占全国工伤死亡总数的80%，造成了很大的负面影响。强化安全生产监管制度，提高高危行业的准入门槛，从源头上防止和减少产生安全事故的因素，是《许可证条例》出台的基本背景。

4.2.2 立法目的

《许可证条例》的根本目的就是为了严格规范安全生产条件，进一步加强安全生产监督管理，防止和减少生产安全事故，对危险性较大、易发生事故的企业实行严格的安全生产许可证制度，提高高危行业的准入门槛，严格规范安全生产条例，将不具备安全生产条件的企业拒之门外，通过安全生产许可证制度，从源头上防止生产安全事故，赋予安全生产监管部门一个有效的监控手段，加强安全生产的监督管理力度，从而防止和减少安全生产事故，确保人民群众的生命和财产安全，保障国民经济持续健康发展。

4.2.3 《安全生产许可证条例》适用范围

《许可证条例》的第2条明确规定：国家对矿山企业、建筑施工企业和危险化学品、烟花爆竹、民用爆破器材生产企业(以下统称企业)实行安全生产许可证制度。企业未取得安全生产许可证的，不得从事生产活动。据统计，矿山企业、建筑施工企业和危险化学品、烟花爆竹、民用爆破器材生产企业是发生事故和死亡人数最多的几个行业。因此，将安全许可证的发放范围限定在上述几类企业，就加强了对这些企业的安全生产监管力度，提高高危行业的准入门槛，从一定程度上能抑制事故的发生，减少因生产安全事故造成的伤亡人数。

4.2.4 取得安全生产许可证的条件

(1) 建立、健全安全生产责任制，制定完备的安全生产规章制度和操作规程；

(2) 安全投入符合安全生产要求；

(3) 设置安全生产管理机构，配备专职安全生产管理人员；

(4) 主要负责人和安全生产管理人员经考核合格；

(5) 特种作业人员经有关业务主管部门考核合格，取得特种作业操作资格证书；

(6) 从业人员经安全生产教育和培训合格；

(7) 依法参加工伤保险，为从业人员缴纳保险费；

(8) 厂房、作业场所和安全设施、设备、工艺符合有关安全生产法律、法规、标准和规程的要求；

(9) 有职业危害防治措施，并为从业人员配备符合国家标准或行业标准的劳动防护用品；

(10) 依法进行安全评价；

(11) 有重大危险源检测、评估、监控措施和应急预案；

(12) 有生产安全事故应急救援预案、应急救援组织或者应急救援人员，配备必要的应急救援器材、设备；

(13) 法律、法规规定的其他条件。

4.2.5 建筑施工企业安全生产许可证的发证机关

《许可证条例》第 4 条规定："国务院建设主管部门负责中央管理的建筑施工企业安全生产许可证的颁发和管理，省、自治区、直辖市人民政府建设主管部门负责前款规定以外的建筑施工企业安全生产许可证的颁发和管理，并接受国务院建设主管部门的指导和监督"。这就明确规定了建筑施工企业安全生产许可证两级管理原则：国务院建设主管部门负责中央管理的建筑施工企业安全生产许可证的颁发管理，其他建筑施工企业安全生产许可证的颁发管理由省、自治区、直辖市人民政府建设主管部门负责，并接受国务院建设主管部门的指导和监督。

4.2.6 安全生产许可证的申领

《许可证条例》第 7 条规定："企业进行生产前，应当依照本条例的规定向安全生产许可证颁发管理机关申请领取安全生产许可证，并提供本条例第 6 条规定的相关文件、资料。安全生产许可证颁发管理机关应当自收到申请之日起 45 日内审查完毕，经审查符合本条例规定的安全生产条件的，颁发安全生产许可证；不符合本条例规定的安全生产条件的，不予颁发安全生产许可证，书面通知企业并说明理由"。

认真贯彻实施条例，必须做好现有企业安全生产许可证的办理工作。根据《许可证条例》第 22 条的规定：《许可证条例》施行前已经进行生产的企业，应当自本条例施行之日起 1 年内，依照《许可证条例》的规定向安全生产许可证颁发管理机关申请办理安全生产许可证，逾期不办理安全生产许可证，或者经审查不符合条例规定的安全生产条件，未取得安全生产许可证，继续进行生产的，依照《许可证条例》将责令其停止生产；没收非法所得，并处 10 万元以上 50 万元以下的罚款；造成重大事故或其他严重后果，构成犯罪的，依法追究刑事责任。

4.3 建筑施工企业三类人员考核任职制度

根据《安全生产法》的规定，建筑施工单位的企业主要负责人、项目负责人和安全生产管理人员，应当由有关主管部门对其安全生产知识和管理能力考核合格后方可任职。建设部《建筑施工企业主要负责人、项目负责人、专职安全生产管理人员安全生产考核管理暂行规定》(建质[2004]59 号)进一步明确了三类人员必须经建设行政主管部门对其安全知识和管理能力考核合格后方可任职，并接受定期进行的继续教育。

4.3.1 项目经理的安全责任

(1) 项目经理是本项目安全生产第一责任者，负责整个项目的安全生产工作，要坚持安全生产管理的“五同时”，认真贯彻国家安全生产方针、政策和法规。

(2) 做到一事一交底，事事指派专人负责，不违章指挥，认真履行分部分项安全交底制度，随时随地检查、纠正和处理违章作业人员，根据不同情节给予批评教育或实施经济罚款。

(3) 将每周星期一定为安全活动日，总结上周安全工作，提出本周安全要求或传达上级有关安全文件会议精神，做好记录。

(4) 每周组织有关人员对施工现场进行一次安全自检。对检查出的隐患问题定人员、定时间、定措施整改落实，并做好记录。

(5) 负责组织落实所管辖施工队伍的安全教育，培训和持证上岗的管理工作，并做好记录。

(6) 发生人身伤亡和未遂事故时，立即停止施工，保护现场并向上级报告，接受检查并配合查清事故原因和责任。提出整改措施，经上级主管部门验收合格后方可恢复施工，不得擅自撤除现场保护，强行复工。

(7) 按住建部检查标准，组织项目部人员认真落实安全生产责任制。制定项目部安全管理目标，对安全责任目标进行分解，落实到人，并定期考核。

(8) 负责组织对现场使用的脚手架和机械设备等的安全防护设施的检查验收，不合格者不能使用，并经常检查其安全使用运行状况，随时解决存在的问题。

4.3.2 项目施工员的安全责任

(1) 认真执行上级有关安全生产规定，对所管辖班组的安全生产负直接领导责任。

(2) 认真执行安全技术措施及安全操作规程，针对生产任务特点，向班组(包括分包单位)进行书面安全技术交底，履行签字手续，并对规程、措施、交底要求执行情况经常检查，随时纠正违章作业行为。

(3) 经常检查所管辖班组作业环境及各种设备、设施的安全状况，发现问题及时纠正解决。对重点、特殊部位施工，必须检查作业人员及安全设备、设施技术状况是否符合安全要求，严格执行安全技术交底，落实安全技术措施，并监督其执行，做到不违章指挥。

(4) 每周或不定期组织所管辖班组学习安全操作规程，开展安全教育活动，接受安全部门或人员的安全监督检查，及时处理安全隐患，保证安全施工。

(5) 对分管工程项目应用的符合审批手续的新材料、新工艺、新技术要组织作业工人进行安全技术培训;若在施工中发现问题,立即停止使用,并上报有关部门或领导。

(6) 参加所管工程施工现场的脚手架、物料提升机、塔吊、外用电梯、模板支架、临时用电设备线路的检查验收,合格后方准使用。

(7) 发现因工伤亡或未遂事故要保护好现场,立即上报。

4.3.3 项目安全管理员的安全责任

(1) 在企业安全管理部门的领导下,负责施工现场的安全管理工作。

(2) 做好安全生产的宣传教育工作,组织好安全生产、文明施工达标活动,经常性地开展安全检查。

(3) 掌握施工进度及生产情况,及时发现施工中的安全隐患,遇有危及人身安全或财产损失险情时,上报有关部门和人员,督促整改,必要时提出停工通知。

(4) 按照施工组织设计方案中的安全技术措施,督促检查有关人员贯彻执行。

(5) 协助有关部门做好新工人、特种作业人员、变换工种人员的安全技术、安全法规及安全知识的培训、考核工作。

(6) 制止违章指挥、违章作业的现象,并立即向有关人员报告。

(7) 组织或参与进入施工现场的劳保用品防护设施、器具、机械设备的检验、检测及验收工作。

(8) 参与本工程发生的伤亡事故的调查、分析,整改方案(或措施)的制定及事故登记和报告工作。

4.3.4 项目部技术员的安全责任

(1) 认真贯彻执行国家、行业、地方、企业有关安全技术规程和标准。

(2) 负责编制本项目总体施工方案(施工组织设计)及专项安全技术施工安全方案,如脚手架、施工用电、基坑支护、模板工程、起重吊装及垂直运输设备等,都要按《建筑施工安全检查标准》制定专项施工方案。

(3) 编制的总体施工方案(施工组织设计)和重点项目及部位的专项措施应由具备法人资格的企业的技术、安全等相关部门和技术负责人审批后,向操作者进行严密交底。交底后要跟踪检查实施情况,及时解决实施中发现的问题。

(4) 积极配合施工员、安全员做好现场安全防护、内部管理等工作。

(5) 负责对隐患、伤亡事故、未遂事故进行技术分析和鉴定,并提出技术方面的改进措施,防止类似事故重复发生。

4.3.5 质量管理员的安全责任

(1) 参加安全检查,发现与安全相关的质量问题,及时报告项目经理,提出纠正与预防措施,并对实施情况进行监督。

(2) 发现施工中存在的重大质量问题可能危及作业人员安全时,应先停止作业,立即报告项目经理,同时告知安全员。

(3) 严格执行施工工艺要求,对违反操作工艺规程的行为给予制止。

4.3.6 资料员的安全职责

(1) 认真学习和执行建设行政主管部门有关安全资料的有关规定。经建设行政主管部门培训考核,持证上岗。

(2) 负责资料的安全管理,做好资料的收集、整理、审验、归档工作,资料归档及时、准确、完整,确保归档资料达到标准要求。

(3) 协助安全员做好安全培训教育的组织工作。

(4) 负责每月生产安全事故的统计报表和建立事故档案。

4.3.7 造价员的安全职责

(1) 熟悉并遵守国家、地方等有关部门的安全生产法规、规范、标准和规程。

(2) 按《建筑施工安全检查标准》和工程项目实际,编制安全技术措施费用清单,并按计划准确地提供给财务部门。

(3) 审核材料员所提供的安全防护产品备料清单是否符合项目实际需要,以及是否列入计划。

(4) 根据工伤事故报告和事故情况,准确地做好安全事故所带来的直接损失、间接损失及整改所需费用的计算。

(5) 对所购入的安全防护产品因质量问题带来的经济损失,应及时向项目经理汇报,并建议追查有关人员或厂家的责任,挽回经济损失。

4.3.8 材料员的安全职责

(1) 负责物资采购、储存、保管中的安全管理工作,查验采购产品的生产许可证、质量合格证、安监证或复检报告。

(2) 各类材料、大型工具、安全防护用品和用具必须符合安全规定,进场验收时严格把关,做好发放记录,把好施工材料进场关,严格控制质量,确保“三证”齐全,管理好现场抽验工作,以确保使用安全。

(3) 对易燃易爆物品建立危险品库,采取必要的安全防护措施。

(4) 负责施工现场器材的安全巡检,参加每周安全检查,发现隐患并制定整改措施,并对落实情况进行检查。

(5) 负责器材危险源辨识工作,针对重大风险制定控制措施和应急救援预案,并对实施情况进行监督。

(6) 发生生产安全事故时,应立即向项目经理汇报,保护现场,抢救伤员。参加事故原因调查,制定纠正与预防措施,并认真落实。

4.3.9 班组长的安全职责

(1) 认真贯彻执行施工组织设计和技术交底中的安全措施、要求,对本班组的安全生产负直接责任,不违章指挥。

(2) 以身作则并教育职工严格遵守劳动纪律,严格执行安全技术操作规程、规则、规定和制度,听从技术人员和安检人员在安全生产上的指导,保证安全施工。

(3) 随时检查工人操作、工作环境、生产机具、设备等安全情况和防护用品的正确使用情况。保证工人在安全状态下操作，发现不安全问题，要立即解决，本班组不能解决的应立即向负责人报告。如情况紧急，应立即停止作业，组织工人撤离作业危险区，然后向领导报告。

(4) 坚持班前安全讲话制度，作业前应会同安全员对施工（工作）现场各种机具、设备、道路和安全防护设施进行检查，确认无问题，并将注意事项向工人交代清楚后，方准施工，坚持工间检查制度和交接班制度。

(5) 按时组织安全活动日，学习安全生产文件及有关规章制度，总结上一周安全生产情况，听取意见，改进工作，并做好记录。

(6) 合理安排劳力，根据工人的身体、年龄、技术、熟练程度和其他特点分配工作，以防事故的发生。班组分散工作时，一般不准单人作业，两人以上时必须指定专人负责安全工作。

(7) 发挥工班安全员的作用，支持他们的工作，认真听取他们的意见。

(8) 发生事故时要立即组织抢救和报告，并保护现场，参加事故调查分析。

(9) 对不具备安全生产条件的工点、设备，有权拒绝施工和使用，必须坚持特殊工种工人持证操作，对不符合安全要求的工人拒绝分配工作，有权拒绝违章指挥。

4.3.10 作业工人的安全职责

(1) 遵守劳动纪律，听从指挥，认真学习，严格执行安全操作规程、规则、制度，不违章作业，并劝阻他人的违章行为。

(2) 严格执行岗位责任制，特殊工种要持证上岗，不准将机械设备交给无证者上岗操作，在未熟悉机械、设备性能和操作规程前，不能上岗操作。

(3) 保证本岗位工作地点和设施、工具的安全完好，安全防护装置必须齐全可靠，不得随意拆除。

(4) 爱护和正确使用防护用品，参加各种安全活动，及时反映、处理不安全因素，主动提出改进安全生产工作的建议，积极参加事故的抢救工作。

(5) 有权拒绝接受违章指挥，有权对上级单位或领导忽视安全的错误决定和行为提出批评和控告。

(6) 发生工伤事故要立即上报，保护现场、抢救伤员，积极配合事故调查组的工作。

4.4 政府安全监督检查制度

4.4.1 安全检查的含义

安全检查是指对施工现场安全生产活动和结果的符合性与有效性进行常规检测和测量的活动。安全检查是施工现场安全工作的一项重要内容，是保护施工人员的人身安全，保护国家和集体财产不受损失，杜绝各类伤亡事故发生的一项主要施工措施。各施工现场、工程不论大小，都要建立定期或不定期的安全检查制度，并将检查情况予以记录、整改。

4.4.2 安全检查的目的

(1) 通过检查，可以发现施工中的不安全行为和物的不安全状态、不卫生问题，从而采取对策，消除不安全因素，保障安全生产。

（2）利用安全生产检查，进一步宣传、贯彻、落实国家安全生产方针、政策和各项安全生产规章制度。

（3）安全检查实质上也是群众性的安全教育。通过检查，增强领导和群众的安全意识，纠正违章指挥、违章作业，提高做好安全生产的自觉性和责任感。

（4）通过检查可以互相学习、总结经验、吸取教训、取长补短，有利于进一步促进安全生产工作。

（5）通过安全生产检查，了解安全生产状态，为分析安全生产形势，研究如何加强安全管理提供信息和依据。

4.4.3 安全检查的内容

安全检查应当是全面的检查，具体应包括查思想、查制度、查管理、查安全设施、查安全隐患、查安全教育培训、查机械设备、查操作行为、查劳动保护用品使用、查文明施工状况、查安全管理资料、查伤亡事故处理等。

（1）查思想主要是检查企业的领导和职工对安全生产工作的认识。

（2）查管理主要是检查工程的安全生产管理是否有效。主要内容包括：安全生产责任制，安全技术措施计划，安全组织机构，安全保证措施，安全技术交底，安全教育，持证上岗，安全设施，安全标识，操作规程，违规行为，安全记录等。

（3）查安全隐患主要是检查作业现场是否符合安全生产、文明生产的要求。

（4）查整改主要是检查对过去提出问题的整改情况。

（5）查伤亡事故处理是对安全事故的处理应达到查明事故原因、明确责任并对责任者作出处理、明确和落实整改措施等要求。同时还应检查对伤亡事故是否及时报告、是否认真调查、是否严肃处理。

安全检查的重点是检查建筑企业是否存在违章指挥和违章作业。安全检查后应编制安全检查报告，说明已达标项目、未达标项目、存在的问题、原因分析、纠正和预防措施。

4.4.4 安全检查的主要形式

（1）定期检查：项目部每周或每旬由项目主要负责人带队组织定期的安全大检查。

（2）班组检查：施工班组每天上班前后由班组长和安全值日人员组织的班前和班后安全检查。

（3）季节性检查：季节变换前由安全生产管理小组和专职安全管理人员、安全值日人员等组织季节性安全防护设施、劳动保护等安全检查。

（4）专业性检查：由职能部门人员、安全管理小组、专职安全员和相关专业技术人员组成对电气、机械设备、脚手架、登高设施等专项设施设备、高处作业、用电安全、消防保卫等进行的专项安全检查。

（5）日常检查：由安全管理小组成员、专（兼）职安全管理人员和安全值日人员进行的日常安全检查。

（6）验收检查：由项目有关负责人、出租单位、安装单位、分包单位等人员参加的，对塔机等起重设备、井架、龙门架、脚手架、电气设备、吊篮、现浇混凝土模板及支撑等设施、设备在安装搭设完成后进行的安全验收检查。

4.4.5 安全检查的主要方法

(1)“听”:听基层安全管理人员或施工现场安全员汇报安全生产情况,介绍施工现场安全工作经验、存在问题及采取的措施。

(2)“看”:主要查看安全管理资料、安全设施、持证上岗、现场标识、“三宝”使用情况、设备防护装置、各类高处作业防护、施工用电等情况。

(3)“量”:主要是用器具实测实量,检查是否达到相关要求。

(4)“测”:用仪器、仪表实地进行安全性能测量。

(5)“现场操作”:由操作人员现场操作,检查操作规程的执行、安全装置的运行等情况。

(6)“分析、评估”:通过以上检查,进行分析、计算,给出安全检查的评估结果。

4.4.6 安全检查的注意事项

(1) 安全检查要深入基层、紧紧依靠职工,坚持领导与群众相结合的原则,组织检查工作。

(2) 建立检查的组织领导机构,配备适当的检查力量,挑选具有较高技术业务水平的专业人员参加。

(3) 做好检查的各项准备工作,包括思想、业务知识、法规政策和检查设备、奖金的准备。

(4) 明确检查的目的和要求,既要严格要求,又要防止一刀切,要从实际出发,分清主、次矛盾,力求实效。

(5) 把自查与互查有机结合起来,基层以自检为主,企业内相应部门间互相检查,取长补短,相互学习和借鉴。

(6) 坚持查改结合,检查不是目的,只是一种手段,整改才是最终目的。发现问题,要及时采取切实有效的防范措施。

(7) 建立检查档案,结合安全检查表的实施,逐步建立健全检查档案,收集基本的数据,掌握基本安全状况,为及时消除隐患提供数据,同时也为以后的职业健康安全检查奠定基础。

(8) 在制定安全检查表时,应根据用途和目的具体确定安全检查表的种类。安全检查表的主要种类有:设计用安全检查表;厂级安全检查表;车间安全检查表;班组及岗位安全检查表:专业安全检查表等。制定安全检查表要在安全技术部门的指导下,充分依靠职工来进行。初步制定出来的检查表,要经过群众的讨论,反复试行,再加以修订,最后由安全技术部门审定后方可正式实行。

4.4.7 安全生产中重点巡视检察内容

(1) 高空作业情况

为防止高空坠落事故的发生,监理工程师应重点巡视现场,看施工组织设计中的安全措施是否落实。主要有:架设是否牢固;高空作业人员是否系保险带;是否采用防滑、防冻、防寒、防雷等措施,遇到恶劣天气不得高空作业;有无尚未安装栏杆的平台、雨篷、挑檐;孔、洞、口、沟、坎、井等部位是否设置防护栏杆,洞口下是否设置防护网;作业人员应从安全通道上下楼,不得从架子攀登,不得随提升机、货运机上下;梯子底部坚实可靠,不得垫高使用,梯子上端应固定。

(2) 安全用电情况

为防止触电事故的发生，监理工程师应该予以重视的主要有：开关箱是否设置漏电保护；每台设备是否一机一闸；闸箱三相五线制连接是否正确；室内、室外的电线、电缆架设高度是否满足规范要求；电缆埋地是否合格；检查、维修是否带电作业，是否挂标志牌；相关环境下用电电压是否合格；配电箱、电气设备之间的距离是否符合规范要求。

(3) 脚手架、模板情况

为防止脚手架坍塌事故的发生，监理工程师对脚手架的安全应该引起足够重视，对脚手架的施工工序应该进行验收。需检查验收的主要有：脚手架用材料(钢管、卡子)质量是否符合规范要求；节点连接是否满足规范要求；脚手架与建筑物连接是否牢固、可靠；剪刀撑设置是否合理；扫地杆安装是否正确；同一脚手架用钢管直径是否一致；脚手架安装、拆除队伍是否具有相关资质；脚手架底部基础是否符合规范要求。

(4) 机械使用情况

由于机械使用过程中因违规操作、机械故障等，会造成人员的伤亡。因此，监理工程师应该对机械安全使用情况进行验收，对于不合格的机械设备，应令施工承包单位清出施工现场，不得使用，对没有资质的操作人员应停止其操作行为。验收检查的主要内容有：具有相关资质的操作人员身体情况、防护情况是否合格；机械上的各种安全防护装置和警示牌是否齐全；机械用电连接等是否合格；起重机载荷是否满足要求；机械作业现场是否合格；塔吊安装、拆卸方案是否编制合理；机械设备与操作人员、非操作人员的距离是否满足要求。

(5) 安全防护情况

有了必要的防护措施就可以大大减少安全事故的发生，监理工程师对安全防护情况的检查验收主要有：防护是否到位，不同的工种应该有不同的防护装置，如安全帽、安全带、安全网、防护罩、绝缘服等；自身安全防护是否合格，如头发、衣服、身体状况等；施工现场周围环境的防护措施是否健全，如高压线、地下电缆、运输道路以及沟、河、洞等对建设工程的影响；安全管理费用是否到位，能否保证安全防护的设置需求。

4.5 安全生产责任制度

4.5.1 安全生产责任制度的含义

安全生产责任制是对各级领导、各个部门、各类人员所规定的，在他们各自职责范围内对安全生产应负责任的制度，是将各项保障生产安全的责任具体落实到各有关管理人员和不同岗位人员的制度。这一制度是“安全第一、预防为主”方针的具体体现，是工人们在长期生产实践中用血的代价换来的行之有效、必须坚持的制度。在建筑活动中，只有明确安全责任，分工负责，才能形成完整有效的安全管理体系，激发每个人保证生产安全的责任感，严格执行保证建筑生产安全的法律、法规和安全规程、技术规范，防患于未然，减少和杜绝建筑生产活动中的安全事故，为建筑生产活动创造一个良好的环境。

4.5.2 建设企业安全责任制普遍存在的问题

公司经理、分公司经理、项目经理、专职安全员、施工班组长、企业各部门安全生产责任制不健全，企业各级、各部门管理人员的安全生产责任制多流于形式，是给上级管理部门检查时的样品，对管理人员进行抽查提问，他们普遍未能完整回答岗位责任的具体内容。企业各级、各部门管理人员生产责任制的系统性不强，无具体的考核办法，有的建设一级企业即使制定了考核办法，也未认真考核，无考核记录。项目经理部很少组织各工种工人学习各工种安全操作规程；安全生产责任制不健全、来落实，各工种工人不懂各自的安全操作规程。

4.5.3 生产安全责任体系的内容

安全生产责任制的内容应根据各部门和人员职责来确定，要充分体现责、权、利相统一的原则，而且要“横向到边、纵向到底”，形成一个完整的制度体系，同时要落实措施，建立完善的制约机制和激励机制，奖罚分明，防止只奖不罚的现象。就建筑施工企业而言，企业的安全生产责任制度，是由企业内部各个不同层次的安全生产责任制度所构成的保障生产安全的责任体系，主要包括：

(1) 企业的安全生产责任制

作为一个具有法人资格的生产企业，应负的安全责任有：行政责任，即对国家、行业、上级主管部门的安全行政法规应该认真执行和落实；技术责任，即生产工艺和技术应该达到标准所要求的水平；管理责任，即企业的管理应该落实和遵守安全生产的法规和管理要求。企业负责的内涵包括如下内容：负行政责任，指企业法人代表是安全生产的第一责任人，管理生产的各级领导和职能部门必须负相应管理职能的安全行政责任，企业的安全生产推行“人人有责”的原则等。负技术责任，企业的生产技术环节相关安全技术要落实到位、达标；推行“三同时”原则等。负管理责任，在安全人员配备、组织机构设置、经费的落实等方面要管理到位，推行管理的“五同时”原则等。

(2) 各职能机构的安全生产责任制

对建筑施工企业主要负责人实行安全生产责任制，企业的法定代表人应对本企业的生产安全负全面责任。就建筑施工企业来讲，企业中的生产、技术、材料供应、设备管理、财务、教育、劳资、卫生等各职能机构，都应在各自业务范围内，对实现安全生产的要求负责。生产部门要合理组织生产，贯彻安全规章制度，加强现场平面管理，建立安全生产、文明生产秩序；技术部门要严格按照国家有关安全标准、技术规程编制设计、施工、工艺等技术文件，提出相应的保证生产安全的技术措施，负责安全设备、仪表等的技术鉴定和安全技术科研项目的研究工作；设备管理部门应对有关机电设备配齐安全防护保险装置，加强机电设备、锅炉和压力容器的经常检查、维修、保养，确保安全运转；材料供应部门对实现安全技术措施所需材料应当保证供应，对绳杆架木、安全帽、安全带、安全网等要定期检验，不合格的要报废更新；财务部门要按照规定提供实现安全技术措施的经费，并监督其合理使用；教育部门负责将安全教育纳入全员培训计划，组织职工的安全技术训练；劳动工资部门要配合安全部门做好新工人、调换岗位工人、特殊工种工人的培训、考核、发证工作，贯彻劳逸结合，严格控制加班加点，对因工伤残和患职业病职工及时安排适合的工作；卫生部门负责定期检查职工的健康和现场劳动卫生工作，监测有毒有害作业场所的尘毒浓度，提出职业病预防和改善卫生条件的措施。

(3) 岗位人员的安全生产责任制

岗位人员必须对安全负责，从事特种作业的人员必须经过安全培训，考试合格后方能上岗作业。就建筑施工企业来讲：一是企业技术负责人对本企业劳动保护和安全生产的技术工作负总的责任。在组织编制和审批施工组织设计(施工方案)和采用新技术、新工艺、新设备时,必须制定相应的安全技术措施;负责提出改善劳动条件的项目和实施措施,并付诸实践;对职工进行安全技术教育;及时解决施工中的安全技术问题;参加重大伤亡事故的调查分析,提出技术鉴定意见和改进措施。二是工区(工程处、厂、站)主任、施工队长应对本单位劳动保护和安全生产工作负具体领导责任。认真执行安全生产规章制度,不违章指挥;制定和实施安全技术措施;经常进行安全检查,消除事故隐患,制止违章作业;对职工进行安全技术和安全纪律教育;发生伤亡事故要及时上报,并认真分析事故原因,提出和实现改进措施。三是工长、施工员、车间主任对所管工程的安全生产负直接责任。组织实施安全技术措施,进行技术安全交底;对施工现场搭设的架子和安装的电气、机械设备等安全防护装置,都要组织验收,合格后方能使用;不违章指挥;组织工人学习安全操作规程,教育工人不违章作业;认真消除事故隐患,发生工伤事故要立即上报,保护现场,参加调查处理。四是班组长要模范遵守安全生产规章制度,领导本组安全作业;认真执行安全交底,有权拒绝违章指挥;班前要对所使用的机具、设备、防护用具以及作业环境进行安全检查,发现问题立即采取改进措施;组织班组安全活动日,开好班前安全生产会;发生工伤事故要立即向工长报告。

4.5.4 各部门安全岗位职责

4.5.4.1 工程技术部安全职责

(1) 认真执行相关的职业健康安全法律、法规和其他要求及本企业规章制度,负责工程质量、技术工作中的安全管理。

(2) 制订长远发展计划和年度工作计划及技术措施计划时,应有安全技术的内容。

(3) 编制或修订安全技术操作规程、工艺技术指标。工艺技术指标必须符合安全生产的要求。

(4) 组织安全技术交底并参加安全检查,对存在的安全隐患从技术方面提出纠正措施。

(5) 参加施工组织设计的会审,在审核安全技术措施中对有关安全技术问题提出意见,并对实施情况进行检查。

4.5.4.2 施工管理部安全职责

(1) 在安排生产任务时,应做到安全工作与生产任务协调一致;在编制施工组织设计、施工方案、措施、作业计划时,必须同时制订施工安全措施;在检查施工生产计划实施的同时,应检查安全技术措施落实情况,发现问题,责成项目部制定纠正措施。

(2) 重点工程或技术复杂、危险性大的项目,必须编制专门安全措施并进行技术交底,经常检查其实施情况。

(3) 召开生产会议和布置生产任务时,应同时研究和布置安全工作。

(4) 坚持按合理施工顺序组织生产,要充分考虑员工的劳逸结合,在生产任务与安全工作发生矛盾时,必须优先解决安全问题。

(5) 参加安全检查,对发现的重大安全隐患,组织制定整改措施,并对整改情况进行复查。

(6) 负责项目部有关生产中危险源的汇总,针对重大风险制定纠正和预防措施,并对实施情况进行检查。

(7) 发生生产安全事故时应到现场参加事故调查,本着“四不放过”的原则,针对事故原因制定纠正与预防措施,监督落实。对责任者提出初步处理意见。

4.5.4.3 安质环保部安全职责

(1) 认真执行相关的职业健康安全法律、法规和其他要求及本企业规章制度，做好施工现场生产安全的监督、检查。

(2) 负责汇总年度安全生产资金计划，督促财务部门按规定及时提取，对安全生产“五项”资金的使用进行监督和检查。

(3) 参加施工组织设计中安全技术措施的审核，并监督实施。

(4) 组织和配合有关部门制定安全生产管理制度和安全技术操作规程，并对执行情况进行监督检查。

(5) 组织有关部门开展安全生产宣传教育和安全技术培训。负责对项目部新入场工人进行三级安全教育和特殊工种作业人员的日常管理。

(6) 按制度规定进行安全检查，发现隐患监督整改；对重大隐患和异常情况，应指令先行停止作业，制定应急措施，并立即报告主管领导处理。

(7) 参加工程项目和引进技术、设备、安全防护装置及采用新技术、新材料、新工艺、新设备的安全技术措施的审查。

(8) 对劳动防护设施和劳动保护用品的质量和正确使用进行监督、检查。

(9) 督促有关部门做好员工职业健康体检和女工劳动保护工作。

(10) 组织开展安全科学研究，总结推广安全审查的科研成果和先进经验，进行对生产安全事故、职业病和职业中毒发生规律及对策的研究。

(11) 会同工会开展安全生产竞赛、评比、奖惩活动。

(12) 负责项目部危险源汇总、分析、评价，针对重大风险制定控制措施和应急救援预案，并对设施情况进行监督。

(13) 负责生产安全事故的统计、报告，建立事故档案，参加事故调查与处理，对纠正与预防措施的落实情况进行监督、检查。

(14) 在验收工程质量的同时，应对使用功能的安全进行验收，不符合安全要求的，应采取纠正措施，达到要求后再竣工验收。

(15) 编制和下达生产计划，签订施工合同时，应有安全指标和要求。

(16) 在组织编制财务成本计划时，要优先考虑安全环保措施项目的款源，合理列支有关劳动保护经费，执行安全生产奖惩的奖金发放和罚款回收工作。

(17) 组织推行经济核算和经济承包责任时，必须把安全工作列为一项重要内容。

4.5.4.4 机电物资部安全职责

(1) 负责施工机械设备和器材的采购、使用、储存、运输过程中的安全管理。

(2) 参加施工方案中有关施工机械设备和器材安全技术措施的会审，对实施情况进行检查。

(3) 负责特种机械设备初验、报验工作及日常管理。

(4) 实施机电设备、机动车辆安全技术操作规程、细则和管理、使用、维护保养、定期检修、报废等制度，使其经常保持良好技术状态，并督促检查，不准使机械带病和超负荷运行，不准使用报废机械。

(5) 安装、改装、修理、拆装机电设备，必须符合安全生产和安全技术操作规程的要求，对无安全防护装置的机电设备，要提出安全装置设计，并督促实施。

(6) 按技术要求和物资供应计划供应的设备和材料，必须符合设计要求的质量标准。

(7) 负责物资仓库和危险品运输的安全，建立健全仓库管理制度。

(8) 严禁使用国家及有关部门明令淘汰、禁止使用的机械设备和器材。

(9) 依据国家质量技术监督局 1999 年 6 号公告有关要求，对企业使用的安全防护监视测量器具进行定期检定、测试。

(10) 发生机械设备事故，及时报告，保护现场，参与调查，提出对责任者初步的处理意见，制定纠正与预防措施，并对落实情况进行检查。

(11) 负责事故机械设备和器材危险源辨识的汇总，针对重大风险制定纠正与预防措施，并对实施情况进行检查。

4.5.4.5　综合部安全职责

(1) 负责制定项目部劳动保护用品发放规定，负责劳动保护和防暑降温用品的管理，并对落实情况进行检查。

(2) 负责项目部安全保卫和交通、消防安全及综合治理工作，并做好宣传教育和对基层单位及项目部的业务指导。

(3) 负责指导施工现场办公区、生活区的后勤工作，指导施工现场员工宿舍、食堂、淋浴、厕所等设施的配置和管理及传染病的预防工作。

(4) 负责办公区、生活区安全用电、用火、取暖等安全检查指导，发现隐患，制定纠正、预防措施，对实施情况进行检查。

(5) 当发生安全事故后，要及时上报并立即启动应急预案，提供资源保证，协助主管部门做好善后工作。

4.5.4.6　分包队安全职责

(1) 认真执行落实安全生产规章制度及安全操作规程。

(2) 认真落实安全技术交底，做好班前安全活动，有权拒绝违章指挥。

(3) 经常检查班组作业现场安全生产状况，发现问题及时解决并上报有关领导。

(4) 保持本队人员的相对稳定，员工变更须事先向上级申报，批准后，新来员工应按规定办理各种手续，并经入场和岗位安全教育后方准上岗。

(5) 发生工伤事故，应立即抢救，及时报告并保护好现场。

4.5.4.7　作业班组安全职责

(1) 严格执行项目部的安全生产管理制度，做好本班组的安全生产管理工作。

(2) 开展班组安全活动，做好向本班组作业人员安全技术交底和安全技术措施落实的工作。

(3) 本班组作业区域的现场安全文明施工工作，做到工完、料净、场地清。

(4) 本班组使用的机械设备防护装置、保险装置和其他安全设施应齐全、完好，做到班前班后检查，发现问题及时解决。

(5) 本班组作业人员应正确使用劳动保护和防护用品，不得违章作业。

(6) 对不符合安全生产要求，没有可靠的安全技术措施的任务积极提出建议；对没有安全保障的生产任务有权拒绝接受，并及时向上级反映。

(7) 发生事故应抢救伤员、保护现场，并立即报告，为事故调查组提供可靠的事故资料。

4.6 安全生产教育培训制度

4.6.1 开展安全教育的必要性和意义

安全教育是安全生产管理工作中一项十分重要的内容，它是提高全体劳动者安全生产素质的一项重要手段。我国政府十分重视安全生产的宣传和教育工作，要求所有从事安全生产管理工作的人员必须经过适当形式的培训，取得合格资格后方能上岗。安全教育从广义上讲是向全社会所有人员进行安全宣传教育，使人人关心安全，树立良好的安全意识。只有全社会所有人员安全素质的提高，才能在各行各业形成良好的安全生产环境。因此，从这个意义上来说，安全教育是一项系统工程，不仅包括对安全生产管理人员和专业技术人员的专业教育，还包括对全社会人员安全知识的普及教育，以使在各行业形成一种良好的安全文化氛围。

开展安全教育的意义有：

(1) 安全教育是掌握各种安全知识、避免职业危害的主要途径。

(2) 安全教育是企业发展的需要。

(3) 安全教育是适应企业人员结构变化的需要。

(4) 安全教育是搞好安全管理的基础性工作。

(5) 安全教育是发展、弘扬企业安全文化的需要。

(6) 安全教育是安全生产向广度和深度发展的需要。

通过安全教育提高安全生产水平，通过安全教育提高工人的技术知识水平，培训安全技术专业干部，促进技术知识的更新，有利于安全生产。

4.6.2 安全教育的原则

(1)科学性与系统完整性

① 必须保证安全法规教育培训内容的科学性和系统完整性，除了注意概念的科学理解外，还必须反对顾此失彼、一知半解和“各取所需”。必须提倡辩证地理解安全法规条款中互相制约的关系。

② 采取科学的、系统完整的法规教育培训体系，统筹规划，相互协调，避免漏洞，以保证科学地、系统完整地理解安全法规的条款和精神实质。

(2) 教育性

① 充分挖掘安全法规及其具体条款的教育性，使接受安全教育培训的职工受到深刻的教育，使他们充分领会其精神，养成维护和实施安全法规的观念。

② 在利用事故案例进行教育时，也要注意分寸和效果，避免为介绍而介绍的倾向，避免有意无意地过分夸大事故后果的严重性。

(3) 普及性

① 安全教育培训工作必须面向社会，主要的安全法规的精神应力求做到家喻户晓，人人皆知。

② 安全教育培训工作必须通过一切可以利用的渠道和宣传媒体，扩大社会的宣传面，主

要包括报纸、书刊、广播、电影、电视、教学、培训、宣讲、竞赛、演习、演出等。

③ 安全教育培训可以利用一切可以利用的形式，包括新闻报道、报告文学、小说戏剧、电影电视、广播曲艺、教材讲义等。

(4) 通俗性

① 安全规章制度的条款应力求通俗易懂，必要时宁可放弃沿用已久但为广大职工不易理解的词语，而改用更明白易懂的词语。

② 对每一项重要的安全法规，都应编写出通俗讲法、名词解释和注释，甚至应用相应的图解，并广为发放张贴。

(5) 直观性

① 结合典型事故案例进行安全宣传教育。

② 利用形象化信息工具。如电影、电视、广播、录音、录像，是既方便又有利于普及的现代化途径，应当有计划、有系统地予以利用。

③ 对于文化基础较差的职工，教师在培训教育授课时还应该富有直观性。

(6) 理论联系实际

① 安全宣传教育工作本身负有预防违章肇事行为的使命，而只有理论联系实际才能收到更好的效果。

② 联系职工现实生活中的具体事故案例，可以使接受宣传教育的人获得现实、真切的认识和感受。

4.6.3 新工人三级安全教育

(1) 公司级安全教育的内容

① 安全生产的重要意义；

② 国家安全生产方针、政策、标准、规定，安全生产法规和法制观念；

③ 本企业安全生产形势、安全生产规章制度、安全纪律；

④ 事故发生案例及教训，急救常识，如何报告、如何保护现场。

(2) 工人到项目部后，由项目安全员进行第二级教育(项目部级)

① 本工程生产特点，施工安全基本知识及历史事故教训，预防事故发生方法；

② 本项目部生产安全制度、规定及注意事项；

③ 各工种的安全操作规程、技术操作规程；

④ 劳动保护用品发放标准及使用知识；

⑤ 高处作业、机械设备、电气安全基本知识；

⑥ 防毒、防火、防尘、防爆知识及紧急情况安全处置和安全疏散知识。

(3) 工人分到班组后，由班组长进行第三级教育(班组级)

① 班组生产特点及安全操作规程；

② 正常使用的设备、安全装置、工具仪器使用安全要求及预防事故的发生方法；

③ 经常工作的地点及环境卫生要求；

④ 本岗位易发生事故的不安全因素及其防范对策；

⑤ 班组安全管理制度和安全活动要求以及安全纪律；

⑥ 个人防护用品用具使用及维修知识。

新工人经过三级教育后，接受教育的人员均需签名，资料存入安全管理档案。

4.6.4 调换工种工人的安全教育

凡施工现场和班组的工人因工作需要变换工种时，必须由安全部门对其进行调换后的工种安全操作规程和技术规程教育，有关资料签名后存档。

4.6.5 特种作业人员的安全教育

特种作业人员须进行安全教育和安全技术培训，取得培训合格证后才能上岗操作。它的教育和培训须由劳动局或指定的单位进行，证书须由劳动部门发放，同时按规定进行复训复审。

4.6.6 季节性的安全教育

根据不同的季节，针对外界不安全因素的增多，要及时抓紧做好安全教育工作，以增加职工安全知识，提高职工自我保护意识。

4.6.7 节前、节后的安全教育

(1) 节假日前后，针对职工思想不稳定、容易忽视安全因素，本项目部做好节假日前后教育工作；

(2) 学习党、国家、企业下达的安全生产规定文件；

(3) 学习本项目部施工生产过程及安全生产规章制度、安全纪律及应注意问题；

(4) 学习各工种的安全技术操作规程；

(5) 回顾节前安全生产情况，提出节后安全生产要求；

(6) 分析班组工人安全思想动态及现场安全生产形势，表扬好人好事，吸取教训。

职工安全教育存档的表格如表 4.1～表 4.7 所示。

表 4.1 职工安全教育培训花名册

<table>
<tr><th>序号</th><th>姓名</th><th>性别</th><th>出生年月</th><th>入厂时间</th><th>工种(岗位)</th><th>教育培训内容</th></tr>
<tr><td></td><td></td><td></td><td></td><td></td><td></td><td rowspan="6">(1) 传达公司的安全规章制度、安全责任制及奖罚制度；
(2) 下达公司对本工程的年度计划及安全目标、安全技术措施；
(3) 具体分配各班组各自的安全目标，安全奖罚制度；
(4) 学习本工种安全技术操作规程；
(5) 向工人讲解安全生产的八项权利；
(6) 进入工地先学习十项安全技术措施；
(7) 向各工种分别进行安全技术交底</td></tr>
<tr><td></td><td></td><td></td><td></td><td></td><td></td></tr>
<tr><td></td><td></td><td></td><td></td><td></td><td></td></tr>
<tr><td></td><td></td><td></td><td></td><td></td><td></td></tr>
<tr><td></td><td></td><td></td><td></td><td></td><td></td></tr>
<tr><td></td><td></td><td></td><td></td><td></td><td></td></tr>
</table>

表 4.2　安全教育登记表(××级)

工程名称		施工单位			
教育日期		教育地点		受教育班组	
主持部门		主持人		职务	
受教育人数		教育学时累计(小时)			

安全教育内容(条目式,内容附后)

序号	姓名	性别	受教育者签字	序号	姓名	性别	受教育者签字

注:施工企业对新进场的工人和调换工种的工人,都必须进行三级安全教育和技术培训;公司、项目部、班组三级安全教育应分别进行,教育后分别填登记表;一级安全教育由具有法人资格的公司安全部门进行;表内教育内容可写成条目式,但具体内容必须附后。

表 4.3　新入厂工人三级安全教育记录

序号	项目	教育内容	时间	授课人	课时	考核分数	受教育人签字	上岗意见及负责人签字
1	公司级教育	(1)宣传党和国家的安全生产方针; (2)对工人进行安全生产法规和标准及法制观念教育; (3)讲述几年来发生的事故及应吸取的教训					年　月　日	负责人: 年　月　日
2	项目部级教育	(1)向各工种宣传施工安全基本知识; (2)宣传公司的安全生产制度规定及安全注意事项; (3)宣传安全基本知识					年　月　日	负责人: 年　月　日
3	班组级教育	(1)向本班组内所有工人讲述本工种安全操作规程; (2)讲解如何正确使用安全防护装置及个人劳动保护用品; (3)讲解容易发生事故的因素及采取的防范对策					年　月　日	负责人: 年　月　日

表 4.4　变换工种安全教育记录

<table>
<tr><td rowspan="2">项目
年月</td><td>现从事工种</td><td></td><td>原工种</td><td colspan="2"></td><td>变换工种时间</td><td></td></tr>
<tr><td colspan="2">教 育 内 容</td><td>授课人</td><td>课时</td><td>考核分数</td><td>授课地点</td><td>受教育人签字</td></tr>
<tr><td></td><td colspan="2"></td><td></td><td></td><td></td><td></td><td>年　月　日</td></tr>
<tr><td></td><td colspan="2"></td><td></td><td></td><td></td><td></td><td>年　月　日</td></tr>
<tr><td></td><td colspan="2"></td><td></td><td></td><td></td><td></td><td>年　月　日</td></tr>
</table>

表 4.5　特种作业人员安全教育记录

<table>
<tr><td rowspan="2">项目
年月</td><td>工种</td><td></td><td>发证时间</td><td colspan="2"></td><td>操作证编号</td><td></td></tr>
<tr><td colspan="2">教 育 内 容</td><td>授课人</td><td>课时</td><td>考核分数</td><td>授课地点</td><td>受教育人签字</td></tr>
<tr><td></td><td colspan="2">学习安全生产法律法规、安全技术操作规程</td><td></td><td></td><td></td><td></td><td>年　月　日</td></tr>
<tr><td></td><td colspan="2"></td><td></td><td></td><td></td><td></td><td>年　月　日</td></tr>
</table>

表 4.6　经常性安全教育记录

项目 年月	教 育 内 容	授课人	课时	授课地点	受教育人签字
	(1) 本岗位的作业环境及使用的机械设备、工具的安全要求； (2) 班组安全活动制度及纪律				年　月　日
	(1) 本班组作业特点及安全操作规程； (2) 正确使用安全防护装置及个人劳动防护用品				年　月　日
	(1) 进行本工种岗位操作及班组安全制度纪律教育； (2) 宣传党和国家安全方针				年　月　日
	(1) 宣传防毒、防尘、防火知识及紧急情况的安全处理； (2) 如何抢救的相关知识				年　月　日

表 4.7　安全教育考核记录

工程名称					施工单位			
考核部门					考核时间			
序号	姓名	性别	年龄	职务	工种	进场时间	接受三级安全教育情况	考核成绩

填表人：　　　　　　　　　　　　　填表日期：　　　　　　　　　　年　　月　　日

4.7　特种作业人员持证上岗制度

4.7.1　特种作业人员的含义

按照《特种作业人员安全技术培训考核管理办法》的规定：特种作业是指容易发生人员伤亡事故，对操作者本人、他人及周围设施的安全可能造成重大危害的作业。直接从事特种作业的人员称为特种作业人员。特种作业人员应具备的条件：年满 18 周岁，但从事爆破作业和煤矿井下瓦斯检验的人员，年龄不得低于 20 周岁；工作认真负责，身体健康，没有妨碍从事本种作业的疾病和生理缺陷；具有本种作业所需的文化程度和安全、专业技术知识及实践经验。

4.7.2　特种作业人员的范围

特种作业的劳动者必须按照有关规定经过专门的安全作业培训，并取得特种作业资格证书后，方可上岗。根据国家安全生产监督管理局《关于特种作业人员安全技术培训考核工作的意见》（安监管人字[2002]124 号文）规定，涉及建筑施工企业的特种作业人员包括：

(1) 电工作业：含发电、送电、变电、配电工，电气设备的安装、运行、检修(维修)、试验工；

(2) 金属焊接、切割作业：含焊接工、切割工；

(3) 起重机械(含电梯)作业：含起重机械(含电梯)司机，司索工，信号指挥工，安装与维修工；

(4) 企业内机动车辆驾驶：含在企业内及码头、货场等生产作业区域和施工现场行驶的各类机动车辆的驾驶人员；

(5) 登高架设作业：含 2 m 以上登高架设、拆除、维修工，高层建(构)筑物表面清洗工；

(6) 锅炉作业：含承压锅炉的操作工，锅炉水质化验工；

(7) 压力容器作业：含压力容器灌装工、检验工、运输押运工，大型空气压缩机操作工；

(8) 制冷作业：含制冷设备安装、操作、维修工；

(9) 爆破作业：含地面工程爆破、井下爆破工；

(10) 危险物品作业：含危险化学品、民用爆炸品、放射性物品的操作工、运输押运工、储存保管员；

(11) 经国家安全生产监督管理局批准的其他作业工。

4.7.3 特种作业人员安全生产管理制度

(1) 凡属国家规定的特种作业人员,必须按住建部规定持证上岗。

(2) 特种作业人员,除应接受三级安全教育外,还应接受特种作业人员的专门的安全教育,严格执行安全技术操作规程,并经有关部门培训考试合格后凭操作证方可上岗操作。

(3) 工种发生变化时,应经企业有关安全部门同意后进行备案。一般工种转变为特殊工种时,应接受特殊工种安全技术教育,经有关部门考核合格后方可持证上岗。

(4) 特种作业人员必须责任心强,熟悉本工种业务技术和本工种安全知识及检查标准与操作规程,不冒险蛮干,发现问题及时处理。

(5) 特种作业人员必须保存好自己的上岗证件,如有丢失应及时汇报。

4.7.4 特种作业人员的培训、考核、发证、复审、奖惩

(1) 培训

从事特种作业的人员,必须进行安全教育和安全技术培训。培训方法有:企(事)业单位的自行培训;企(事)业单位的主管部门组织培训;考核、发证部门或指定的单位培训。培训的时间和内容,根据现行的特种作业安全技术考核办法和有关规定而定,专业(技工)学校的毕业生,已按现行的特种作业安全技术考核办法和有关规定进行教学、考核的,可不进行培训。

(2) 考核和发证

特种作业人员经安全技术培训后,必须进行考核,经考核合格取得操作证者,方准独立作业;考核的内容,由发证部门根据现行的特种作业安全技术考核办法和有关规定确定;考核分为安全技术理论和实际操作两部分。理论考试和实际操作都必须达到合格要求。考核不合格者,可进行补考;补考仍不合格者,须重新培训。特种作业人员的考核、发证工作,分别由下列有关部门负责:锅炉司炉、压力容器操作、电工、起重机械、金属焊接(气割)、建筑登高架设和厂矿企业内的机动车辆驾驶等作业人员,由地、市劳动部门或其指定的单位考核发证;爆破作业人员,由县以上公安部门考核发证;其他特种作业人员,由各主管部门或省、市、企(事)业主管部门指定单位考核发证。

(3) 复审

取得操作证的特种作业人员,必须定期进行复审。除机动车辆驾驶、机动船舶驾驶、轮机操作人员,按国家有关规定复审外,其他特种作业人员两年复审一次。复审内容包括:复试本种作业的安全技术理论和实际操作;进行体格检查;对事故责任者检查;复审由考核发证部门或其指定的单位进行;复审不合格者,可在两个月内再进行一次复审,仍不合格者,收缴操作证。凡未经复审者,不得继续独立作业;在两个复审期内,做到安全无事故的特种作业人员,经所在单位审查,报经发证部门批准后,可以免试,但不得连续免试;每次复审情况,负责复审的部门(单位)要在操作证上注明签章。

(4) 奖惩

依据国务院《企业职工奖惩条例》和有关规定,对特种作业人员给予奖励和处罚;对在安全生产和预防事故方面做出显著成绩者,所在单位应给予奖励,并记入操作证;对违章作业和造成事故者,企业安全机构和有关安全部门根据违章或事故情节,有权扣证 1～12 个月,并记入

操作证；对情节严重者，由发证部门吊销操作证，所在单位（有关部门）也可给予经济处罚或行政处分，甚至追究刑事责任。

4.7.5 建筑工程中主要特种作业人员的安全生产责任制

（1）电工安全生产责任制

认真学习电气安全技术操作规程，做到应知应会。熟知安全知识，按规定组装电气设备，不违章作业，不冒险蛮干，拒绝违章指挥；要坚持每日巡回检查制度，对漏电保护装置、电气设备，尤其是移动和手持电动工具、照明灯、拖地电缆线，定时进行全面检查，排除不安全因素，经验收符合安全要求后方可交付使用，并对电气设备进行定期维修保养；正确使用防护用品，做到衣着整齐，穿好绝缘鞋，戴好安全帽，整装上岗，在危险处作业时系好安全带；要严格执行安全技术施工方案和安全技术交底，不得任意变更、拆除安全防护设施；对各级检查提出的隐患，按要求及时整改；实行文明施工，不得从高处往地面抛掷物品；对流动式电线应及时回收、妥善保管，线路敷设规范；配电箱、开关箱应及时上锁，用电标志应明显。

（2）架子工安全生产责任制

认真学习架子工安全技术操作规程，做到应知应会。严格执行安全规章制度和措施，按规定搭拆脚手架、井架、各类垂直运输架、安全网及“四口”防护等，不违章作业，不冒险蛮干，拒绝违章指挥；要坚持每日巡回检查制度，对本工种组装的施工机械设备和搭设的防护设施进行全面检查，排除不安全因素，经验收符合安全要求后方可交付使用；要严格执行安全技术施工方案和安全技术交底，不得任意变更、拆除安全防护措施；接受安全教育，正确使用防护用品；要衣着整齐，穿戴好防护用品，系好安全带，戴好安全帽；对各级检查提出的隐患，按要求及时整改；实行文明施工，不得从高处往地面抛掷物品；所用的器材分类堆放，有条不紊。

（3）机械操作工安全生产责任制

认真学习机械施工安全技术操作规程，熟知安全知识，按规定组装各类施工设备，精心操作，严格执行“十不吊”，不违章作业，不冒险蛮干，拒绝违章指挥；坚持班前安全自检制度，对所操作的机械设备进行全面检查，排除不安全因素，不得使机械超负荷或带病运转，并在班前试运转或试吊，确认合格后方可正式作业，用完后及时切断电源，把闸箱锁好，同时对机械设备进行定期或不定期的维修保养，使机械始终保持良好的运转状态；要严格执行安全技术施工方案和安全技术交底，不得任意变更、拆除安全防护设施，并且不得动用电气和其他工种的机械施工设备；正确使用防护用品；衣着整齐，戴好安全帽，高处检修时应系好安全带，加强自我防护；对各级检查提出的隐患，按要求及时整改。

（4）起重工安全生产责任制

上岗前要衣着整齐，在吊装过程中不得撞击脚手架等任何防护设施；认真学习起重工的安全技术操作规程，懂得起重机机械性能，熟悉安全知识，按照起重工的操作规程进行操作；起重工每天上班前，首先要对塔吊进行全面检查，观察安全装置是否有效及其他方面有无异常，然后空载试运行，确认无问题后，方可正式作业；吊物运行过程中，应尽量避开人员比较集中的区域，起降重物时要响铃示警；塔吊工工作期间禁止喝酒，禁止疲劳作业；起重工要按照“十不吊”进行作业，起吊时坚决服从指挥人员的指挥，不得任意行动，不得把吊起的物件长时间停在空中。

4.8 专项施工方案专家论证审查制度

4.8.1 专项施工方案编制的目的

专项施工方案编制的目的有:加强建筑工程安全生产监督管理,保障人民群众生命财产安全;贯彻落实《中华人民共和国建筑法》、《中华人民共和国安全生产法》以及《建设工程安全生产管理条例》;规范建筑施工安全管理工作。

4.8.2 专项施工方案的编制

编制对象:依据《中华人民共和国建筑法》、《中华人民共和国安全生产法》、《建设工程安全生产管理条例》以及强制性行业标准《建筑施工安全检查标准》(JGJ 59—2011)的要求,对于危险性较大工程在施工前必须编写安全专项方案的分部分项工程。

(1) 危险性较大工程

① 基坑支护与降水工程:基坑支护工程是指开挖深度超过 5 m(含 5 m)的基坑(槽)并采用支护结构施工的工程;或基坑虽未超过 5 m,但地质条件和周围环境复杂、地下水位在坑底以上的工程。

② 土方开挖工程:指开挖深度超过 5 m(含 5 m)的基坑(槽)的土方开挖工程。

③ 模板工程:各类工具式模板工程,包括滑模、爬模、大模板等;水平混凝土构件模板支撑系统及特殊结构模板工程。

④ 起重吊装工程。

⑤ 脚手架工程:高度超过 24 m 的落地式钢管脚手架;附着式升降脚手架,包括整体提升式与分片提升式;悬挑式脚手架;门型脚手架;挂脚手架;吊篮脚手架;卸料平台等。

⑥ 拆除、爆破工程:采用人工、机械拆除或爆破拆除的工程。

⑦ 国务院建设行政主管部门或者其他有关部门规定的其他危险性较大的工程:建筑幕墙的安装施工;预应力结构张拉施工;隧道工程施工;桥梁工程施工(含架桥);特种设备施工;网架和索膜结构施工;6 m 以上的边坡施工;大江、大河的导流、截流施工;港口工程,航道工程;采用新技术、新工艺、新材料,可能影响建设工程质量安全,已经行政许可,尚无技术标准的施工等。

(2) 编审主体

施工单位应当在施工组织设计中编制安全技术措施和施工现场临时用电方案,对达到一定规模的危险性较大的分部分项工程编制专项施工方案,并附具安全验算结果,经施工单位技术负责人、总监理工程师签字后实施,由专职安全生产管理人员进行现场监督;建筑施工企业专业工程技术人员编制的安全专项施工方案,由施工企业技术部门的专业技术人员及监理单位专业监理工程师进行审核,审核合格并由施工企业技术负责人、监理单位总监理工程师签字后,方可实施。

(3) 方案的编写要求

① 针对性:针对工程特点、施工现场环境、施工方法、劳动组织、作业方法、使用的机械、动力设备、变配电设施、架设工具等确定采取的安全措施。

② 可行性:针对实际的条件和所投入的资源,采取切实可行的措施和方法,切实保证施工

安全,使方案具有可操作性。

③ 及时性:要在该项工程施工前,一般在工程投标时,就要对方案有所考虑。编制完成后,施工中加以贯彻实施。

(4) 方案的结构框架

① 工程概况。设计要求:位置,尺寸;施工环境:地形,地质,水文情况,地上地下障碍物,气象条件,交通状况;工程特点:结构,使用功能,新技术,新材料,新结构,新机具。

② 施工部署。包括施工程序,划分流水段,施工机械的选择,投入的资源,时间、空间的利用。

③ 施工方法。根据现场的实际情况,以及施工部署的安排,在施工方法上进行优化;技术措施要与时间、空间相结合。

④ 监控及救援预案。

4.8.3 专项施工方案的论证审查

对于满足以下条件的建筑工程,建筑施工企业在编制专项施工方案的基础上,还应当组织专家组进行论证审查。安全专项施工方案专家组必须提出书面论证审查报告,施工企业应根据论证审查报告进行完善。

(1) 深基坑工程:开挖深度超过 5 m(含 5 m)或地下室三层以上(含三层),或深度虽未超过 5 m(含 5 m),但地质条件和周围环境及地下管线极其复杂的工程。

(2) 地下暗挖工程:地下暗挖及遇有溶洞、暗河、瓦斯、岩爆、涌泥、断层等地质复杂的隧道工程。

(3) 高大模板工程:水平混凝土构件模板支撑系统高度超过 8 m,或跨度超过 18 m,施工总荷载大于 10 kN/m^2,或集中线荷载大于 15 kN/m 的模板支撑系统。

(4) 30 m 及以上高空作业的工程。

(5) 大江、大河中深水作业的工程。

(6) 城市房屋拆除、爆破和其他土石大爆破工程。

4.8.4 分部(分项)工程安全技术交底

安全技术交底工作是由施工单位项目技术负责人主持,向施工工长、班组长、施工作业人员等灌输职责落实的法律要求,是在施工方案的基础上进行的,按照施工方案的要求,对施工方案进行的细化和补充,也是对操作者的安全注意事项的说明,以保证操作者的人身安全。

安全技术交底工作应当在正式作业前进行,不但要口头讲解,同时要有书面文字材料,并履行签字手续,由项目技术负责人、生产班组长、现场安全管理员三方签字并各留一份。

安全技术交底的内容主要包括工程概况、施工的部位、作业特点、施工方法及要求、危险点安全隐患、安全操作规程、安全注意事项和要求、安全技术措施,以及发生事故后应及时采取的避难和应急救援方法等内容。交底内容不能过于简单、千篇一律、口号化,应按分部(分项)工程和针对作业条件的变化具体进行交底。

安全技术交底可以与质量交底、施工进度交底等同步进行。安全技术交底记录表如表4.8所示。

表 4.8 安全技术交底记录

工程名称		施工单位	
作业班组		施工部位	
工作内容		交底时间	
交底人		职　　务	
安全技术交底内容：			
接收交底人：			

注：由项目技术负责人负责安全技术交底工作，并认真填写此表。施工负责人、生产班组长、现场安全员三方各留一份。安全技术交底主要包括两方面的内容：一是在施工方案的基础上进行的，按照施工方案的要求，对施工方案进行细化和补充；二是要将操作者的安全注意事项讲明，确保操作者的人身安全。交底应按分部分项工程和针对作业条件的变化具体进行；交底内容根据安全技术操作规程要点，结合工种的具体情况制定。交底的内容应全面并具有针对性；安全技术交底随工程进度逐项进行；安全技术交底按时间或分部分项工程建立台账。

4.9 施工现场消防安全责任制度

4.9.1 施工现场的消防安全组织

(1) 建立消防安全领导小组，负责施工现场的消防安全领导工作。

(2) 成立消防安全保卫组(部)，负责施工现场的日常消防安全管理工作。

(3) 成立消防队，负责现场的日常消防安全检查、消防器材维护和初期火灾扑救工作。

(4) 项目经理是施工现场的消防安全责任人，对施工现场的消防安全工作全面负责；同时应确定一名主要领导为消防安全管理人，具体负责施工现场的消防安全工作；配备专(兼)职消防安全管理人员(消防干部、消防主管)，负责施工现场的日常消防安全管理工作。

4.9.2 施工准备阶段的消防安全管理要求

施工准备阶段是建设工程施工的初期阶段，主要进行“三通一平”(通路、通水、通电、平整土地)，并开始设置料场，搭建临时办公、住宿、仓库等配套设施。此阶段消防安全管理的重点是做好基础工作、完善基础设施，为实施有效管理打实基础。

(1) 制定完善的施工组织设计，将消防设施配置、消防技术措施纳入施工组织设计之中。

(2) 制定详细的、切实可行的施工现场消防安全保卫方案，方案中应包括：工程概况；平面布置图；消防安全领导小组、消防保卫组、义务消防队等消防组织及其职责；生活办公区、料场区、施工区、冬季施工、雨季施工、消防设施等的消防管理要求；电气焊、用火用电、木工、油漆及防水作业等专项消防安全制度。

(3) 在建设工程开工前将施工组织设计、施工现场消防安全保卫措施及相关技术资料，报送公安消防机构审查,待审查合格后方可施工。

(4) 明确消防安全责任,开展消防安全教育;甲、乙方及各分包单位应签订“消防安全责任书”,施工单位对全体施工人员进行消防知识普及教育率应达到 100%,对电气焊工等重点工种人员的消防专项教育培训率达到 100%。

(5) 严格落实生活及办公区的 8 项基本消防安全要求:不得支搭可燃建筑或用可燃材料做隔墙;不得在建设工程内设置宿舍;生活区应设置不小于 3.5 m 宽的消防车通道,并保持畅通;应设置满足消防用水量的消防给水管网及消火栓,并配备足够的消防器材;宿舍内要有防火措施,不得卧床吸烟;办公室、宿舍区应设置应急照明和疏散指示标志,并不得使用电热器具;照明及电气设施应由电工按《施工现场临时用电安全技术规程》安装;炉火应凭证启用,距床不应小于 1.5 m,烟囱距可燃物不应小于 0.7 m,设专人看管,定点倒炉灰并浇水。

(6) 落实料场仓库区的基本消防安全要求:不在工程区域内设仓库,应专设料场和周转库;料场仓库区应设置不小于 3.5 m 宽消防车通道,并保持畅通;应按规定设置消防给水网,配备足够的消防器材设施;按《施工现场临时用电安全技术规范》安装电气设备;不得使用电热器具;不得动用明火;应设专人负责消防安全工作;材料码放应满足消防安全要求。库内堆垛安全距离不应小于下列要求:垛与屋顶间距 0.5 m,垛与照明灯具间距 0.5 m,垛与墙间距 0.5 m,垛与垛间距1.0 m,垛与柱间距0.1 m;管理室不得设在库内;夏季应有防暴晒措施;雨季应有防雨淋、防雷击措施;库房应确保通风、降温、泄压面积;防止静电危害;化学性质相抵触物品不得混存。

4.9.3 基础施工阶段的消防安全管理要求

基础施工阶段是工程正式施工的开始阶段,主要进行主体工程的地下基础施工,工程配套的临时设施继续搭建,相关施工机械设施架设并部分投入使用,少数建筑材料进入场地。此阶段的消防安全管理应侧重防火间距,消防车通道,消防临时给水、用火、用电等。应落实以下消防安全要求:大型设备安装不得占用消防通道;应有满足用水量的临时消防给水;暂设支搭不得使用可燃材料;应设立禁烟标志;动用明火应履行用火手续,开具用火证,持有操作证,配备灭火器材,设置看火人;电气应有专人按《施工现场临时用电安全技术规范》安装,机电设备应使用电缆线;保温养护材料应使用难燃或非燃材料;应设立消防管理台账,强化消防安全管理。

4.9.4 结构施工阶段的消防安全管理要求

结构施工阶段是建设项目施工的关键阶段。用火、用电量大量增加,职工人数增多,可燃材料进场,如冬季保温材料也将进场,工程废料、包装料大量产生,配合单位及分包单位增加,消防安全管理应全面加强,并落实以下消防安全要求:大型设施安装应符合消防要求;建筑高度超过 24 m 的建设工程施工应安装临时消防竖管,设置并配备消防设施、器材;应严格控制用火,履行用火手续;严禁现场吸烟;保温养护应使用难燃材料;易燃易爆化学物品、易燃可燃材料等不得在工程内存放;可燃包装拆除后应及时清出现场;不得在工程区域内住人;大型设备要有避雷措施;电气应按《施工现场临时用电安全技术规范》安装,使用电缆线,并采取防雨措施;坚持定期组织义务消防队训练;消防安全检查每日应不少于 3 次;保持消防通道畅通;防水作业要建立并落实专项消防安全措施;定期召开消防安全领导小组会议,落实消防安全措施。

4.9.5 装饰施工阶段的消防安全管理要求

装饰施工阶段是建设项目施工的最后阶段，施工人员多集中在工程内，交叉作业多，使用火源、电源集中，设备、可燃材料大量进入工程内；油漆作业、包装废料、施工废料增多，参观人员增多，极易造成管理混乱，是消防安全管理的最关键阶段，必须采取切实有效的消防安全措施并严格落实以下消防安全要求：严格用火管理；严禁现场吸烟；施工现场严禁存放易燃材料；应每班清理可燃物；不得在工程内设加工间；严禁易燃作业与用火作业交叉；易燃作业要有通风、排风、防静电、防电气火花措施，特别是油漆作业；电气安装必须符合《施工现场临时用电安全技术规范》，不得乱拉电源线；成品保护，每层应派专人看管；应根据需要设立现场巡逻队；应发放并使用“出入证”，不得随意参观；应配备足够的轻便灭火器材；不得在工程内住人、办公；冬季施工不得生明火保温；应随时检查、发现并消除火险隐患；确保疏散通道和消防车道畅通；施工未完不得将设备及家具等存放在工程内。

4.9.6 消防安全责任制度

消防安全责任主要有：制定并落实消防安全制度、消防安全操作规程；对施工人员进行消防安全教育和培训；制定并落实消防安全检查制度和火灾隐患整改制度；制定易燃易爆化学物品使用与储存的防火、灭火制度和措施；按照有关规定配置消防器材；建立并落实消防设施、设备和器材的定期检查、维修、保养制度；建立消防档案。

(1) 项目部防火责任人职责

① 负责项目部的防火安全教育工作，普及消防知识，保证各项防火安全制度的贯彻执行。

② 定期组织一次防火安全检查，发现隐患立即督促整改。

③ 配制本项目部的消防器材，保证器材完整好用，不得随便挪用。

④ 本项目部内发生火灾事故，必须负责查明原因，分清责任，对事故责任者提出处理意见，并及时上报公司。

⑤ 定期召开各班组防火责任人会议，分析防火安全工作情况，布置防火安全工作。

(2) 班组防火责任人职责

① 落实项目部所布置的防火工作，检查和监督本班组人员执行防火安全制度情况。

② 负责检查本班组成员所操作的电气机械设备的防火安全装置、运转和安全使用，并监督和检查易爆物品的使用管理工作。

③ 督促做好本班组日常防火安全检查工作，发现问题及时处理。

④ 发生火灾事故立即扑救，并及时向公司防火责任人汇报。

(3) 仓库保管员防火安全管理制度

① 仓库内物资储存要分类、分堆、分垛，各类物资需标有色标，主通道不小于 1.5 m，次通道不小于 0.5 m；严禁超储。

② 仓库内要有足够的消防器材和充足的消防水源，在消防设施的附近严禁放其他物品，仓库职工会使用各类消防器材。

③ 仓库内要保持清洁，可燃废物要及时清除。

(4) 焊工防火安全管理制度

① 焊工必须经过专门培训，经考核合格后持证上岗。

② 焊工在工地现场操作时，必须按有关规定要求执行。

③ 对存有危险物资的场所，焊工应采用相应的防爆电气设备，掌握防爆电气设备的原理。

(5) 动火作业审批制度

在施工组织设计中，对施工工地要划分禁火区域及动火等级；禁火区域要挂牌明示，禁止一切火种的进入。施工现场按动火危险程度划分为三级动火等级，执行分级审批制度。

① 一级动火作业由所在单位行政负责人填写动火申请表，编制安全技术措施方案，报公司保卫部门及消防部门审查批准后方可动火作业。

② 二级动火作业由所在工地车间的负责人填写动火申请表，编制安全技术措施方案，本单位主管部门审查批准后方可动火作业。

③ 三级动火作业由所在班组填写动火申请表，经工地车间负责人及主管人员审批后方可动火作业。

4.10 生产安全事故报告制度

4.10.1 事故的概念及特性

从广义的角度讲，事故是指人们在实现有目的的行动过程中，由不安全的行为、动作或不安全的状态所引起的、突然发生的、与人的意志相反且事先未能预料到的意外事件，造成疾病、伤害、死亡，以及财产、设备、产品或环境的损坏或破坏。

从劳动保护的角度讲，事故主要是指伤亡事故，又称伤害。根据能量转移理论，伤亡事故指人们在行动过程中，接触了与周围条件有关的外来能量，这种能量在一定条件下异常释放，反作用于人体，致使人身生理机能部分或全部丧失的现象。

事故主要有以下四种特性：

(1) 因果性

事故的因果性指事故是由相互联系的多种因素共同作用的结果。引起事故的原因是多方面的。在伤亡事故调查分析过程中，应找出事故发生的主因，这对预防类似事故的重复发生将起到积极作用。

(2) 随机性

事故的随机性是指事故发生的时间、地点、事故后果的严重程度是偶然的。这就给事故的预防带来一定的困难。但是，事故随机性在一定范围内也遵循统计规律。从事故的统计资料中，我们可以找到事故发生的规律性。

(3) 潜伏性

表面上，事故是一种突发事件，但是事故发生之前有一段潜伏期。事故发生之前，系统(人、机、环境)所处的这种状态是不稳定的，也就是说系统存在着事故隐患，具有危险性。如果这时有一触发因素出现，就会导致事故的发生。人们应认识事故的潜伏性，克服麻痹思想。

(4) 可预防性

现代事故预防所遵循的原则即是事故是可以预防的，也就是说，任何事故，只要采取正确的预防措施，都是可以防止的。认识到这一特性，对坚定信心、防止伤亡事故发生有促进作用。因此，我们必须通过事故调查，找到已发生事故的原因，采取预防事故的措施，从根本上降低伤亡事故发生的频率。

4.10.2 事故的分类

根据我国有关劳动保护法规和标准，目前应用比较广泛的事故分类主要有以下几种。

(1) 按伤害程度分类

按伤害程度分类指事故发生后，按事故对受伤害者造成损伤以致劳动能力丧失的程度分类。此种分类是按伤亡事故造成损失工作日的多少来衡量的，而损失工作日是指受伤害者丧失劳动能力(简称失能)的工作日。

① 轻伤，指损失工作日为1个工作日以上(含1个工作日)，105个工作日以下的失能伤害；

② 重伤，指损失工作日为105个工作日以上(含105个工作日)的失能伤害，重伤的损失工作日最多不超过6000个工作日；

③ 死亡，其损失工作日定为6000个工作日，这是根据我国职工的平均退休年龄和平均死亡年龄计算出来的。

(2) 按事故严重程度及经济损失分类

根据2007年6月1日实施的《生产安全事故报告和调查处理条例》(国务院第493号令)，生产安全事故具体划分的方法是：

① 特别重大事故，是指造成30人以上死亡，或者100人以上重伤(包括急性工业中毒，下同)，或者1亿元以上直接经济损失的事故；

② 重大事故，是指造成10人以上30人以下死亡，或者50人以上100人以下重伤，或者5000万元以上1亿元以下直接经济损失的事故；

③ 较大事故，是指造成3人以上10人以下死亡，或者10人以上50人以下重伤，或者1000万元以上5000万元以下直接经济损失的事故；

④ 一般事故，是指造成3人以下死亡，或者10人以下重伤，或者1000万元以下直接经济损失的事故。

(3) 按事故类别分类

① 物体打击。指失控物体的惯性力造成的人身伤害事故。如落物、滚石、锤击、碎裂、崩块、砸伤等造成的伤害，不包括爆炸而引起的物体打击。

② 车辆伤害。指本企业机动车辆引起的机械伤害事故。如机动车辆在行驶中的挤、压、撞车或倾覆等事故，在行驶中上下车、搭乘矿车或放飞车所引起的事故等。

③ 机械伤害。指机械设备与工具引起的绞、碾、碰、割、戳、切等伤害。如工件或刀具飞出伤人，切屑伤人，手或身体被卷入，手或其他部位被刀具碰伤、被转动的机构缠压住等。但属于车辆、起重设备的情况除外。

④ 起重伤害。指从事起重作业时引起的机械伤害事故，包括各种起重作业引起的机械伤害，但不包括触电、检修时制动失灵引起的伤害，上下驾驶室时引起的坠落式跌倒。

⑤ 触电。指电流流经人体，造成生理伤害的事故。适用于触电、雷击伤害。如人体接触带电的设备金属外壳或裸露的临时线，漏电的手持电动手工工具；起重设备误触高压线或感应带电；雷击伤害；触电坠落等事故。

⑥ 淹溺。指因大量水经口、鼻进入肺内，造成呼吸道阻塞，发生急性缺氧而窒息死亡的事

故。适用于船舶、排筏等设施在航行、停泊、作业时发生的落水事故。

⑦ 灼烫。指强酸、强碱溅到身体上引起的灼伤，或因火焰引起的烧伤，高温物体引起的烫伤，放射线引起的皮肤损伤等事故。适用于烧伤、烫伤、化学灼伤、放射性皮肤损伤等伤害。不包括电烧伤以及火灾事故引起的烧伤。

⑧ 火灾。指造成人身伤亡的企业火灾事故。不适用于非企业原因造成的火灾，比如，居民火灾蔓延到企业。此类事故属于消防部门统计的事故。

⑨ 高处坠落。指出于危险重力势能差引起的伤害事故。适用于脚手架、平台、陡壁施工等高于地面的坠落，也适用于山地面踏空失足坠入洞、坑、沟、升降口、漏斗等情况。但排除以其他类别为诱发条件的坠落。如高处作业时，因触电失足坠落应定为触电事故，不能按高处坠落划分。

⑩ 坍塌。指建筑物、构筑物、堆置物等的倒塌以及土石塌方引起的事故。适用于因设计或施工不合理而造成的倒塌，以及土方、岩石发生的塌陷事故。如建筑物倒塌，脚手架倒塌，挖掘沟、坑、洞时土石的塌方等情况。不适用于矿山冒顶片帮事故，或因爆炸、爆破引起的坍塌事故。

⑪ 冒顶片帮。指矿井工作面、巷道侧壁由于支护不当、压力过大造成的坍塌，称为片帮；顶板垮落称为冒顶。两者常同时发生，简称为冒顶片帮。适用于矿山、地下开采、掘进及其他坑道作业发生的坍塌事故。

⑫ 透水。指矿山、地下开采或其他坑道作业时，意外水源带来的伤亡事故。适用于井巷与含水岩层、地下含水带、溶洞或与被淹巷道、地面水域相通时，涌水成灾的事故。不适用于地面水害事故。

⑬ 放炮。指施工时，放炮作业造成的伤亡事故。适用于各种爆破作业。如采石、采矿、采煤、开山、修路、拆除建筑物等工程进行的放炮作业引起的伤亡事故。

⑭ 瓦斯爆炸。是指可燃性气体瓦斯、煤尘与空气混合形成了达到燃烧极限的混合物，接触火源时，引起的化学性爆炸事故。主要适用于煤矿，同时也适用于空气不流通，瓦斯、煤尘积聚的场合。

⑮ 火药爆炸。指火药与炸药在生产、运输、贮藏的过程中发生的爆炸事故。适用于火药与炸药生产在配料、运输、贮藏、加工过程中，由于振动、明火、摩擦、静电作用，或因炸药的热分解作用，贮藏时间过长或因存药过多发生的化学性爆炸事故，以及熔炼金属时，废料处理不净，残存火药或炸药引起的爆炸事故。

⑯ 锅炉爆炸。指锅炉发生的物理性爆炸事故。适用于使用工作压力大于 0.7 倍地表大气压(0.07 兆帕)、以水为介质的蒸汽锅炉(以下简称锅炉)，但不适用于铁路机车、船舶上的锅炉以及列车电站和船舶电站的锅炉。

⑰ 容器爆炸。容器(压力容器的简称)是指比较容易发生事故，且事故危害性较大的承受压力载荷的密闭装置。容器爆炸是压力容器破裂引起的气体爆炸，即物理性爆炸，包括容器内盛装的可燃性液化气在容器破裂后立即蒸发，与周围的空气混合形成爆炸性气体混合物，遇到火源时产生的化学爆炸，也称容器的二次爆炸。

⑱ 其他爆炸。凡不属于上述爆炸的爆炸事故均列为其他爆炸事故，如：可燃性气体如煤气、乙炔等与空气混合形成的爆炸；可燃蒸气与空气混合形成的爆炸性气体混合物如汽油挥发引起的爆炸；可燃性粉尘以及可燃性纤维与空气混合形成的爆炸性气体混合物引起的爆炸；间

接形成的可燃气体与空气相混合，或者可燃蒸气与空气相混合（如可燃固体、自燃物品，当其受热、水、氧化剂的作用迅速反应，分解出可燃气体或蒸气与空气混合形成爆炸性气体）遇火源爆炸的事故。

⑲ 中毒和窒息。指人接触有毒物质，如误吃有毒食物或呼吸有毒气体引起的人体急性中毒事故。在废弃的坑道、暗井、涵洞、地下管道等不通风的地方工作，因为氧气缺乏，有时会发生突然晕倒甚至死亡的事故，称为窒息。两种现象合为一体，称为中毒和窒息事故。不适用于病理变化导致的中毒和窒息的事故，也不适用于慢性中毒的职业病导致的死亡。

⑳ 其他伤害。凡不属于上述伤害的事故均称为其他伤害，如扭伤、跌伤、冻伤、野兽咬伤、钉子扎伤等。

4.10.3 安全事故报告的要求和程序

(1) 安全事故报告的要求

根据《生产安全事故报告和调查处理条例》的规定，生产经营单位发生安全事故后，事故现场有关人员应当立即向本单位负责人报告；单位负责人接到报告后，应当于 1 h 内向事故发生地县级以上人民政府安全生产监督管理部门和负有安全生产监督管理职责的有关部门报告。情况紧急时，事故现场有关人员可以直接向事故发生地县级以上人民政府安全生产监督管理部门和负有安全生产监督管理职责的有关部门报告。事故报告应满足如下要求：

① 报告内容详细，应包括发生事故的单位、时间、地点、伤亡情况、初步分析的事故原因、报告人姓名和电话等。

② 报告迅速。伤亡事故发生后，应通过尽可能快的方式，如电话、传真等，立即报告有关部门。

③ 按照报告程序，逐级上报。

(2) 安全事故报告的程序

① 伤亡事故发生后，负伤者或者事故现场相关人员应当立即直接或者逐级报告企业负责人。

② 企业负责人接到重伤、死亡、重大死亡事故报告后，应当立即报告企业主管部门和企业所在地劳动保障行政部门、公安机关、人民检察院、工会。

③ 企业主管部门和劳动部门接到死亡、重大死亡事故报告后，应立即按规定逐级上报，死亡事故报至省、自治区、直辖市人民政府安全生产监督管理部门和负有安全生产监督管理职责的相关部门；重大死亡事故报至国务院安全生产监督管理部门和负有安全生产监督管理职责的有关部门。

④ 发生死亡、重大死亡事故的企业应当保护事故现场，并迅速采取必要措施抢救人员和财产，防止事故扩大。

⑤ 企业主管部门和当地劳动部门、工会收到“职工伤亡事故调查报告书”后，必须及时按规定逐级上报，其中重大和特大死亡事故的调查报告书需报至国务院安全生产监督管理部门和负有安全生产监督管理职责的有关部门。

⑥ 企业和企业主管部门对于“职工伤亡事故调查报告书”提出的改进措施所需的经费、物资和完成的时间必须给予保证。在改进措施完成后，厂长应和基层工会主席检查验收，并在验收书上签字盖章，报当地劳动保障行政部门和工会备查。

⑦ 企业必须按照规定在每月终填写“企业职工伤亡事故月报表”及其文字说明，并报送当地企业主管部门和劳动保障行政部门。

⑧ 当地企业主管部门应根据上述月报表填写企业系统的“职工伤亡事故综合月报表”连同文字说明，逐级上报，直至企业主管部门。

⑨ 各级企业主管部门的“职工伤亡事故综合月报表”应同时分送同级劳动保障行政部门和工会组织；各级劳动保障行政部门的“职工伤亡事故综合月报表”应同时分送同级统计部门，并抄送同级工会。

⑩ 当地劳动保障行政部门应根据企业主管部门的“职工伤亡事故综合月报表”和企业直接报来的“企业职工伤亡事故月报表”，填写地区性的“职工伤亡事故综合月报表”，逐级上报，直到省级劳动保障行政部门。

⑪ 省级劳动保障行政部门和国务院有关主管部门应当按照规定于每月终填写“职工伤亡事故综合月报表”报国务院安全生产监督管理部门。

⑫ 在伤亡事故发生后 1 个月内，如果有负伤人死亡，企业应立即向主管部门、当地劳动保障行政部门和工会组织补报。

⑬ 企业主管部门、当地劳动保障行政部门如果在报出“职工伤亡事故综合月报表”以后才收到上述补报资料，可以在报送综合年报表时予以补正。

⑭ 各省、自治区、直辖市劳动保障行政部门和国务院有关主管部门须在每年 1 月底以前将上年度的年报表报送国务院安全生产监督管理部门。

⑮ 企业发生职工伤亡事故，如有隐瞒、虚报或者故意延迟不报的，除责成补报外，对责任者应给予纪律处分，情节严重的要追究其法律责任。“企业职工死亡事故月报表”如有漏报、迟报的，要追究有关劳动局负责人的责任。

4.10.4 安全事故报告的内容

安全事故报告的内容一般包括：事故发生单位概况；事故发生的时间、地点以及事故现场情况；事故的简要经过；事故已经造成或者可能造成的伤亡（包括下落不明的人数）和初步估计的直接经济损失；已经采取的措施；其他应当报告的情况。

特大事故报告应当包括以下内容：事故发生的时间、地点、单位；事故的简要经过，伤亡人数，初步估计的直接经济损失；事故发生原因的初步判断；事故发生后采取的措施及事故控制情况；事故报告单位。

4.10.5 安全事故的法律责任

事故发生单位对事故发生负有责任的，依照下列规定处以罚款：发生一般事故的，处 10 万元以上 20 万元以下的罚款；发生较大事故的，处 20 万元以上 50 万元以下的罚款；发生重大事故的，处 50 万元以上 200 万元以下的罚款；发生特别重大事故的，处 200 万元以上 500 万元以下的罚款。事故发生单位对事故发生负有责任的，由有关部门依法暂扣或者吊销其有关证照；对事故发生单位负有事故责任的有关人员，依法暂停或者撤销其与安全生产有关的执业资格、岗位证书；事故发生单位主要负责人受到刑事处罚或者撤职处分的，自刑事处罚执行完毕或者受处分之日起，5 年内不得担任任何生产经营单位的主要负责人。

4.10.6 伤亡事故的预防原则

(1) 消除潜在危险的原则。这项原则在本质上是积极的、进步的。它是以新的方式、新成果或改良的措施，消除人体操作对象和作业环境的危险因素，从而最大可能的保证安全。

(2) 控制潜在危险数值的原则。比如采用双层绝缘工具、安全阀、泄压阀等控制安全指标等，均属此类。这些方法只能保证提高安全水平，但不能最大限度地防止危险和有害因素。在这项原则下，一般只能得到折中的解决方案。

(3) 坚固原则。以安全为目的，采取提高安全系数、增加安全余量等措施。如提高结构强度、提高钢丝绳的安全系数等。

(4) 自动防止故障的互锁原则。通过一些元器件的机械连锁，或电气连锁等手段，作为保证安全的条件。

(5) 代替作业者的原则。在不可能消除或控制危险和有害因素的条件下，以机器、机械手、自动控制器或机器人等代替人体的某些操作，摆脱危险和有害因素对人体的危害。

4.10.7 控制受害程度的原则

(1) 屏障的原则。在危险和有害因素的作用范围内，设置障碍，以保证对人体的防护。

(2) 以距离防护的原则。当危险和有害因素的伤害作用随着距离的增加而减弱时，可采用这个原则，达到控制伤害程度的目的。

(3) 时间防护原则。将受害因素或危险时间缩短至安全限度之内。

(4) 薄弱环节原则(亦称损失最小化原则)。设置薄弱环节，使之在危险和有毒因素还未达到危险值之前发生破坏，以最小的损失换取整个系统的安全。如电路中的保险丝，锅炉上的安全阀，压力容器用的防爆片等。

(5) 警告和禁止的信息原则。以光、声、色或标志等，设置传递组织或技术信息的目标，以保证安全。

(6) 个人防护原则。根据不同作业性质和使用条件(如经常使用或急救使用)，配备相应的防护用品和器具。

(7) 避难、生存和救护原则。离开危险场所，或发生伤害时组织积极抢救，这也是控制受害程度的一项重要内容，不可忽视。

4.10.8 安全事故的预防措施

事故预防，就是要消除人和物的不安全因素，实现作业行为和作业条件安全化。

(1) 消除人的不安全行为，实现作业行为安全化的主要措施有：

① 开展安全思想教育和安全规章制度教育，提高职工的安全认识。只有使作业人员在生产劳动过程中始终保持强烈的安全意识，把遵章守纪和安全操作变为自觉行动，才能有效地控制不安全行为的产生。

② 进行安全知识岗位培训，提高职工的安全技术素质。安全知识岗位培训的目的是使作业人员掌握安全生产的应知、应会和技能、技巧，以及对意外事故的应变能力，从而有效地避免因无知、不懂技术而发生事故或导致事故扩大。

③ 推广安全标准化操作和安全确认制活动，严格按照安全操作规程和程序进行作业。对

于重要设备和特种作业，为了避免因误操作导致事故，推广安全标准化操作和安全确认制，具有特别重要的意义。

④ 搞好均衡生产，注意劳逸结合，使作业人员保持充沛的精力，从而避免不安全行为。

(2) 消除物的不安全状态，实现作业条件安全化的主要措施有：

① 采用新工艺、新技术、新设备，改善劳动条件。如实现机械化、自动化操作，建立流水作业线，使用机械手和机械人等。

② 加强安全技术的研究，采用安全防护装置，隔离危险部位。

③ 采用安全适用的个人防护用具。

④ 开展安全检查，及时发现和整改安全隐患。对于较大的安全隐患，要列入企业的安全技术措施计划，限期予以解决。

⑤ 定期对作业条件(环境)进行安全评价，以便采取安全措施，确保符合作业的安全要求。如对厂房、设备、工具的安全性能进行定期检查和技术检验，对防尘防毒、防火防爆、防雷防风、防寒防暑、隔声防振、照明采光等情况进行检查评价。当作业性质、产品结构、产量发生较大变化或者作业人员组织发生变化时，更要对作业条件作出安全评价，做好安全防范工作。

4.11 生产安全事故应急救援制度

4.11.1 事故应急救援的概念及管理目标

事故应急救援是指在发生事故时，采取有效的措施消除、减少事故危害和防止事故扩大，最大限度降低事故损失。它是安全生产管理的内容，是项目经理部实行施工现场安全生产管理的具体要求，也是监理工程师审核施工组织设计与施工方案中安全生产的重要内容。安全事故发生后，应急救援工作至关重要，应急救援工作做得好可以最大限度地减少损失，可以及时挽救事故受伤人员的生命，可以尽快使事故得到妥善的处理与处置。

应急管理目标：各级各类生产经营企业要编制应急预案；建立健全企业应急管理组织体系，把应急管理纳入企业管理的各个环节；形成上下贯通、多方联动、协调有序、运转高效的企业应急管理机制；建立起训练有素、反应快速、装备齐全、保障有力的企业应急队伍；加强企业危险源监控，实现企业突发公共事件预防与处置的有机结合；政府有关部门完善相关法规和政策措施；企业应对事故灾难、自然灾害、公共卫生事件和社会安全事件的能力得到全面提高。

4.11.2 安全事故的应急救援预案

应急救援预案是指针对可能发生的、需要进行紧急救援的安全生产事故，事先制定好应对补救措施和抢救方案，以便及时救助受伤的和处于危险状态中的人员，减少或防止事态进一步扩大，并为善后工作创造好的条件。

事故应急救援预案有三个方面的含义：一是事故预防。通过危险辨识、事故后果分析，采用技术和管理手段降低事故发生的可能性，且使可能发生的事故控制在局部，防止事故蔓延。二是应急处理。当事故(或故障)一旦发生，有应急处理程序和方法，能快速反应处理故障或将事故消除在萌芽状态。三是抢险救援。采用预定的现场抢险和抢救的方式，控制或减少事故造成的损失。

(1) 县级以上地方人民政府建设行政主管部门应当根据本级人民政府的要求，制定本行政区域内建设工程特大生产安全事故的应急救援预案。

(2) 施工承包单位应当制定本单位生产安全事故应急救援预案，建立应急救援组织或者配备应急救援人员，配备必要的应急救援器材、设备，并定期组织演练；施工现场应当根据本工程的特点、范围，对施工现场易发生重大事故的部位、环节进行监控，制定施工现场生产安全事故救援预案；实行施工总承包的，由总承包单位统一组织编制建设工程生产安全事故救援预案，工程总承包单位和分包单位按照应急救援预案各自建立应急救援组织或者配备应急救援人员，配备应急救援器材、设备，并定期组织演练。

4.11.3 安全事故应急救援演练与急救

工程项目部按照假设的事故情景，每季度至少组织一次现场演练，将演练方案及经过记录在案。演练的形式有单项演练、组合演练以及综合演练等。

(1) 报警及疏散的演练

① 使应急人员了解并掌握如何利用身边的工具最快、最有效地报警，比如使用移动电话(手机)、固定电话或其他方式(哨音、警报器、钟声)报警。

② 使全体人员熟悉发布紧急情况通告的方法，如使用警笛、警钟、电话或广播等。

③ 为避免事故中不必要的人员伤亡，要求作业人员掌握在事故发生后紧急疏散的常识和方法。同时，应培训足够的应急人员在事故现场安全、有序地疏散被困人员或周围群众。

(2) 坍塌事故应急救援演练与急救

① 坍塌事故发生后安排专人及时切断有关闸门，立即组织抢险人员尽快到达事故现场。

② 事故现场周围应设警戒线，并及时将事故情况上报有关部门和人员。

③ 坚持统一指挥、密切协同的原则；坚持以快制快、行动果断的原则。

④ 强调科学施救、稳妥可靠的原则；坚持救人第一的原则。

⑤ 伤员抢救时应立即与附近急救中心和医院联系，请求出动急救车辆并做好急救准备，确保伤员得到及时医治。

⑥ 保护物证的原则；坚持自我保护原则。

(3) 高处坠落的应急救援演练与急救

① 救援人员首先根据伤者受伤部位立即组织抢救，促使伤者快速脱离危险环境，送往医院救治，并保护现场，察看事故现场周围有无其他危险源存在。

② 在抢救伤员的同时迅速向上级报告事故现场情况。

③ 抢救受伤人员时几种情况的处理：如确认人员已死亡，立即保护现场；如发生人员昏迷、伤及内脏、骨折及大量失血，应首先立即联系120急救车或距现场最近的医院，并说明伤情，为取得最佳抢救效果，还可根据伤情将其送往专科医院；其次，若外伤大出血，在急救车未到前，现场采取有效的止血措施；另外，若发生骨折，应注意转移时对伤员的保护，对昏迷，可能伤及脊椎、内脏或伤情不详者一律用担架或平板，禁止用搂、抱、背等方式运输伤员；一般性伤情应送往医院检查，防止破伤风。

(4) 触电事故应急救援的演练与急救

① 截断电源，关上插座上的开关或拔出插头，如果够不着插座开关，就关上总开关，切勿关错一些电器用具的开关，因为该开关可能正处于漏电保护状态。

② 若无法关上开关，可站在绝缘物上，如一叠厚报纸、塑料布、木板之类，或用扫帚或木椅等非导电体将电源与伤者断开，或用绳子、裤子或任何干布条绕过伤者腋下或腿部，把伤者拖离电源。切勿用手触及伤者，也不要用潮湿的工具或金属物质把电源拨开，更不要使用潮湿的物件拖动伤者。

③ 如果患者停止呼吸，应立即进行人工呼吸和胸外心脏按压。切记不能给触电的人注射强心针。若伤者昏迷，则将其身体放置成卧式。

④ 若伤者曾经昏迷、身体遭烧伤，或感到不适，必须打电话叫救护车，或立即送伤者到医院急救。

⑤ 高空出现触电事故时，应立即截断电源，并注意触电后的保护，避免二次伤害。把伤员抬到附近平坦的地方，立即对伤员进行急救。

⑥ 现场抢救触电者的原则：迅速、就地、准确、坚持。迅速——争分夺秒使触电者脱离电源；就地——必须在现场附近就地抢救，病人有意识后再就近送医院抢救。从触电时算起，1 min内就开始施救，救生率在 90%左右；6 min 以内及时抢救，救生率在 50%左右；12 min 后再开始抢救，此刻救活的希望已甚微。施救时人工呼吸法的动作必须准确，只要有百万分之一的希望就要尽百分之百的努力去抢救。

（5）小型设备伤害的应急救援演练与急救

① 发生各种机械伤害时，应先切断电源，再根据伤害部位和伤害性质进行处理。

② 迅速确定事故发生的准确位置、可能波及的范围、设备损坏的程度、人员伤亡等情况，以根据不同情况进行处置。

③ 根据现场人员被伤害的程度，一边通知急救医院，一边对轻伤人员进行现场救护。

④ 对重伤者，不明伤害部位和伤害程度的，不要盲目进行抢救，以免引起更严重的伤害。

⑤ 划出事故特定区域，非救援人员未经允许不得进入特定区域。迅速核实机械设备上作业人数，如有人员被压在倒塌的设备下面，要立即采取可靠措施加固四周，然后拆除或切割压住伤者的杆件，将伤员移出。

（6）火灾应急演练与急救

① 火灾事故发生后，发现人应立即报警。一旦启动本预案，相关责任人要以处置重大紧急情况为压倒一切的首要任务，绝不能以任何理由推诿拖延。各部门之间、各单位之间必须服从指挥、协调配合，共同做好灭火工作。因工作不到位或玩忽职守造成严重后果的，要追究有关人员的责任。

② 项目在接到报警后，应立即组织自救队伍，按事先制定的应急方案进行自救；若事态情况严重，难以控制和处理，应立即在自救的同时向专业队伍求救，并密切配合救援队伍。

③ 疏通事发现场道路，并疏散人群至安全地带，保证救援工作顺利进行。

④ 在急救过程中，遇有威胁人身安全情况时，应首先确保人身安全，迅速组织人员脱离危险区域或场所后，再采取急救措施。

⑤ 切断电源、可燃气体（液体）的输送，防止事态扩大。

⑥ 安全总监为紧急事务联络员，负责紧急事物的联络工作；紧急事故处理结束后，安全总监应填写记录，并召集相关人员研究防止事故再次发生的对策。

⑦ 在火灾事故的应急演练和急救时还应注意以下要求：

做好对施工人员的防火安全教育，帮助施工人员学习防火、灭火、避难、危险品转移等各种安全疏散知识和应对方法，提高施工人员对火灾、爆炸事故发生时的心理承受能力和应变能力。一旦发生突发事件，施工人员不仅可以沉稳自救，还可以冷静地配合外界消防员做好灭火工作，把火灾事故损失降到最低。

火灾事件发生时，在安全地带的施工人员应尽早做到早期警告，可通过手机、对讲机等方式向楼上施工人员传递火灾发生信息和位置。

高层建筑在发生火灾时，不能使用室内电梯和外用电梯逃生(因为室内电梯井会产生“烟囱效应”，外用电梯会发生电源短路情况)，最好通过室内楼梯或室外脚手架马道逃生；如果下行楼梯受阻，施工人员可以在某楼层或楼顶部耐心等待救援，打开窗户或划破安全网保持通风，同时用湿布捂住口鼻，挥舞彩色安全帽表明所处位置，切忌逃生时在马道上拥挤。

(7) 人工呼吸的演练与急救

人工呼吸是采取人工的方法来代替肺的呼吸活动，及时有效地使气体有节律地进入和排出肺脏，供给人体足够氧气并充分排出二氧化碳，促使呼吸中枢尽早恢复功能，恢复人体自动呼吸的急救方法。各种人工呼吸方法中，以口对口呼吸法效果最好。

(8) 体外心脏按压法的演练和急救

体外心脏按压法是指通过人工方法有节律地对心脏按压，来代替心脏的自然收缩，从而达到维持血液循环的目的，进而恢复心脏的自然节律，挽救伤员的生命的一种急救方法。与人工呼吸法一样，体外心脏按压法适用范围很广，除适用于触电伤害的急救外，对遭雷击、急性中毒、烧伤、心搏骤停等因素所引起的呼吸停止的伤员都可采用，必要人工呼吸和体外心脏按压可交替进行。

4.12 意外伤害保险制度

4.12.1 意外伤害保险的概念

意外伤害保险是指被保险人由于意外原因造成身体伤害或导致残废、死亡时，保险人按照约定承担给付保险金责任的人身保险合同。保险人的给付，通常包括丧失工作能力给付，丧失手足或失明的给付，因伤致死给付，以及医疗费用给付。

(1) 伤害必须是人体的伤害

这里的“身体”，是指人的天然躯体。人工装置以代替人体功能的假肢、假眼、假牙等，不是人身天然躯体的组成部分，不能作为意外伤害保险的保险对象。

(2) 伤害必须是意外事故所致

意外事故，既是伤害的直接原因，也是被保险人或受益人主张保险给付的根据。所谓意外事故，是指外来的剧烈的偶然发生的事故。只有同时具备“外来”、“剧烈”、“偶然”三个条件，才能构成该合同的保险事故。所谓“外来”，是指伤害纯系由被保险人人身外部的因素作用所致；所谓“剧烈”是指人体受到强烈而突然的袭击而形成的伤害；所谓“偶然”，是指被保险人不能预见、不希望发生的事故。

意外伤害保险合同与普通人寿保险合同的区别在于，伤害保险合同针对的是意外事故造成的伤害或因伤害引起的残疾或死亡。与健康保险合同的区别在于，伤害保险合同更重视外部原因导致的身体伤害，健康保险合同侧重于被保险人内在原因而导致的疾病，即身体健康的变化。

4.12.2 建筑业职工意外伤害保险的主要含义

根据《中华人民共和国建筑法》第四十八条规定，建筑职工意外伤害保险是法定的强制性保险，也是保护建筑业从业人员合法权益，转移企业事故风险，增强企业预防和控制事故能力，促进企业安全生产的重要手段。

(1) 建筑业意外伤害保险是一种强制性保险，不论建筑施工企业的经营状况如何，都必须依法为职工办理；

(2) 被保险人是施工现场从事施工作业的职工和与施工作业有关的人员；

(3) 投保人是在当地行政区域内从事房屋建筑及附属设施的建造和与之配套的线路、管道、设备、安装、装饰、装修活动，以及各专业建筑工程建造活动的施工企业；

(4) 投保费用开支计入建筑安装工程成本，不得向企业职工摊派；

(5) 县级以上人民政府建设行政主管部门负责建筑企业职工意外伤害保险的监督指导工作，各级建筑安全管理机构受同级建设行政主管部门的委托，负责建筑企业职工意外伤害保险的监督管理工作。

4.12.3 建筑业职工意外伤害保险的主要规定

(1) 建筑意外伤害保险的范围

建筑施工企业应当为施工现场从事施工作业和管理的人员，在施工活动过程中发生的人身意外伤亡事故提供保障，办理建筑意外伤害保险、支付保险费。保险范围应当覆盖工程项目。已在企业所在地参加工伤保险的人员，从事现场施工时仍可参加建筑意外伤害保险。各地建设行政主管部门可根据本地区实际情况，规定建筑意外伤害保险的附加险要求。

(2) 建筑意外伤害保险的保险期限

保险期限应涵盖工程项目开工之日到工程竣工验收合格日。提前竣工的工程，保险责任自行终止，凡已办理投保手续的项目工程，因故停工须办理停工手续，复工也应及时办理复工手续。

(3) 建筑意外伤害保险的保险金额

各地建设行政主管部门结合本地区实际情况，确定合理的最低保险金额。最低保险金额要能够保障施工伤亡人员得到有效的经济补偿。施工企业办理建筑意外伤害保险时，投保的保险金额不得低于此标准。

(4) 建筑意外伤害保险的保险费

施工企业和保险公司双方应本着平等协商的原则，根据各类风险因素商定建筑意外伤害保险费率，提倡差别费率和浮动费率。差别费率可与工程规模、类型、工程项目风险程度和施工现场环境等因素挂钩。浮动费率可与施工企业安全生产业绩、安全生产管理状况等因素挂钩。对重视安全生产管理、安全业绩好的企业可采用下浮费率；对安全生产业绩差、安全管理不善的企业可采用上浮费率。通过浮动费率机制，激励投保企业安全生产的积极性。

(5) 建筑意外伤害保险的投保

施工企业应在工程项目开工前办理完投保手续。鉴于工程建设项目施工工艺流程中各工种调动频繁、用工流动性大，投保应实行不记名和不计人数的方式。工程项目中有分包单位的由总承包施工企业统一办理，分包单位合理承担投保费用。业主直接发包的工程项目由承包企业直接办理。各级建设行政主管部门要强化监督管理，把在建工程项目开工前是否投保建筑意外伤害保险情况作为审查企业安全生产条件的重要内容之一；未投保的工程项目，不予发放施工许可证。投保人办理投保手续后，应将投保有关信息以布告形式张贴于施工现场，告之被保险人。

（6）建筑意外伤害保险的索赔

建筑意外伤害保险应规范和简化索赔程序，搞好索赔服务。各地建设行政主管部门要积极创造条件，引导投保企业在发生意外事故后即向保险公司提出索赔，使施工伤亡人员能够得到及时、足额的赔付。各级建设行政主管部门应设置专门电话接受举报，凡被保险人发生意外伤害事故，企业和工程项目负责人隐瞒不报、不索赔的，要严肃查处。

4.12.4 全面推行建筑业职工意外伤害保险制度的对策

（1）加大事故成本，迫使企业投保

伤亡事故经济损失包括直接经济损失和间接经济损失。事故处理政策与直接经济损失中的抚恤费用、补助及救济费用、事故罚款和赔偿费用直接相关，对这些费用的影响也最大。《建设工程安全生产管理条例》对事故罚款做了较大调整，基本能够满足当前实际需要。但是，有关部门对于抚恤费用、补助及救济费用、赔偿费用的调整力度还不是很大，不能很好地体现人的生命价值，安全事故的成本还处在企业能够承受的范围内，使得企业抱有侥幸心理和无畏心态。因此，安全事故政策研究制定部门要从充分肯定人的生命价值出发，在抚恤费用、补助及救济费用、赔偿费用等涉及人的生命价值方面加强调查研究，制定出较高的经济补偿标准，加大事故成本，让企业知道安全事故成本是出不起的，一旦发生了安全事故，有可能会使企业瘫痪，陷入资金、声誉、信用困境，甚至会破产、倒闭，迫使企业不得不树立以人为本的理念，维护劳动者的生命和尊严；不得不让出部分经济利益来增加安全投入；不得不加强安全生产工作。事故发生后，强大的事故成本迫使企业不得不投保，以较小的投入转嫁较大的风险。

（2）建立激励机制，鼓励投保

住建部《关于加强与规范建筑业意外伤害保险工作的若干意见》规定，建筑业企业投保费率可采用按合同总造价比例或按建筑面积为单位来确定，并与安全业绩挂钩，实行浮动费率。对连续两年经当地安全监督机构或当地建设行政主管部门考核为合格的企业，保险费率可适当下调，对考核不合格的，则上调费率。在实际操作过程中，主要表现在不能正确理解浮动费率的概念。大多数的投保方、承保方、监督管理部门认为，浮动费率就是由保险公司根据每年度收支情况确定，由投保方和承保方协商，按照一定的比率投保，反映的是多投多保的原则。这种理解不是浮动费率内涵的全部，只是一部分，这就不能从根本上激励投保方主动投保。浮动费率含义的另一部分是费率要和安全业绩挂钩，由投保方、承保方、监督管理部门三方协商制定切实可行的奖罚制度，从两个角度进行奖罚。一方面是降低保险费率而保险金额不变；另一方面是返还一部分保险费给安全业绩不断上升的企业，上升越快，返还越多。总之，承保方要出让一定的经济利益给投保方，才能从根本上激励投保方主动投保。

（3）保证安全经费，确保企业投保

安全生产经费严重不足，安全生产条件薄弱，安全生产科技进步缓慢，始终困扰着建筑施工企业安全生产的健康发展。即使有关部门调整了政策，加大了事故成本，企业在制约机制的约束下被迫投保，或者是建立了完善的激励机制，企业也愿意投保。但是，企业的安全经费无保障，无法支付保费，就会无可奈何而不为。这也就很好地回答了为什么经济较发达的地区发展较快，落后偏远的地区发展较慢的问题。如果断然采取行政手段强迫企业投保，就会阻碍企业的发展，以至于影响国家经济的整体发展。由此可见，安全经费无保障，是制约建筑业职工意外伤害保险制度健康发展的最大障碍和根本原因。因此，建设行政主管部门要加大建筑市场整顿规范力度，建立健全有形建筑市场，解决业主野蛮压级压价、恶意拖欠，施工企业违心垫资等问题；废除计划经济体制下的预算体系，充分考虑建筑工程成本受市场因素的影响，遵循市场经济规律，按规律办事，使施工企业在“公开、公正、公平”的经济环境中良性运行，健康发展，保证企业经费来源，确保企业投保。

（4）加强监督管理，促进企业投保

侥幸、冒险和“赌徒”心理是我国部分企业，特别是尚处于原始积累阶段的私营企业的典型特点。这些企业抵制不住经济利益的诱惑，即使有条件投保，也不愿投保，愿意冒险，愿意“赌一把”。因此，建设行政主管部门应加大监管力度，对于没有依法办理建筑业职工意外伤害保险的工程项目不予发放施工许可证；对不为建筑业职工办理意外伤害保险的企业不予颁发安全生产许可证，从源头督促企业投保。另外，也要教育企业正确处理企业发展与安全投入的关系，促进企业积极投保。

投保方、承保方、监督管理部门要按照市场运作、政府监控、社会中介参与的原则，加强调查研究，合理分工合作，进一步完善建筑意外伤害保险制度，切实保护建筑业从业人员的合法权益，分散企业的事故风险，增强企业预防和控制事故的能力，促进企业安全生产工作的健康发展。

复习思考题

1. 什么是安全生产责任制？怎样贯彻安全生产责任制？
2. 安全教育的对象有哪些人？
3. 哪些施工项目应当编制专项安全施工组织设计？
4. 安全技术交底有哪些要求？
5. 简述安全检查的目的、内容。简述安全检查的形式、方法与要求。
6. 重大事故分为几个等级？具体划分标准是什么？
7. 简述重大事故的报告程序和内容要求。简述安全事故调查处理的程序。
8. 应急救援预案分几个级别？简述应急救援预案编制的主要内容和编制程序。
9. 现场触电急救的关键是什么？急救的方法有哪几种？

5 建筑施工现场安全技术

本章提要

本章重点讲述建筑工程主要分部分项工程、建筑机械及施工现场的施工安全技术要求和事故预防措施。包括土方、基础工程安全生产技术,钢筋工程,模板工程,混凝土工程安全生产技术,装饰工程安全技术,建筑机械及脚手架工程安全技术,高处作业安全技术,防水防腐蚀工程,临时用电安全技术及季节性施工安全生产技术等内容。通过本章学习,掌握施工现场安全技术的内容及预防措施,减少事故的发生。

5.1 建筑工程安全防护

5.1.1 安全帽、安全带、安全网

为了预防高空坠落和物体打击事故的发生,在建筑施工现场强调和广泛使用避免人员受伤害的三件劳动保护用品:安全帽、安全带和安全网。这三种劳动保护用品简称为“三宝”。

5.1.1.1 安全帽

安全帽是用来保护使用者头部的防护用品。安全帽是由帽壳(帽外壳、帽舌、帽檐)、帽衬(帽箍、顶衬、后箍等)、下颏带三部分组成。制造安全帽的材料有很多种,帽壳可用玻璃钢、塑料、藤条等制作,帽衬可用塑料或棉织带制作。

安全帽的防护性能主要是对外物冲击的吸收性能、耐穿透性能。根据特殊用途和实际需要也可以增加一些其他性能要求,如耐低温性能、耐燃烧性能、电绝缘性能、侧向刚性性能等。

在人的头部受物体打击的情况下,如果正确戴好了安全帽,安全帽就会发挥其保护作用,减轻或避免发生伤亡事故。如果没有戴好安全帽就会失去它对头部的防护作用,使人受到伤害,甚至造成死亡。正确使用安全帽应做到如下几点:

(1) 选用与自己头型合适的安全帽,帽衬顶端与帽壳内顶必须保持 25～50 mm 空间。有了这个空间,才能形成一个能量吸收系统,才能使冲击力分布在头盖骨的整个面积上,减轻对头部的伤害。

(2) 必须戴正安全帽。如果戴歪了,一旦头部受到物体打击,就不能减轻对头部的伤害。

(3) 必须扣好下颏带。如果不扣好下颏带,一旦发生坠落或物体打击,安全帽就会离开头部,这样就起不到保护作用,或达不到最佳效果。

(4) 安全帽在使用过程中会逐渐损坏,要经常进行外观检查。如果发现帽壳与帽衬有异常损伤、裂痕等现象,水平垂直间距达不到标准要求的,就不能使用。

(5) 安全帽如果较长时间不用,则需存放在干燥通风的地方,远离热源,不受日光直射。

(6) 安全帽使用期限:藤条的安全帽不超过 2 年;塑料的安全帽不超过 2 年半;玻璃钢的

安全帽不超过 3 年半。到期的安全帽要进行抽查测试。

5.1.1.2　安全带

安全带是高处作业预防坠落的防护用品。由带子、绳子和金属配件组成。高处作业的工人由于环境的不安全状态或人的不安全行为，会造成坠落事故的发生。但有安全带的保护，就能避免造成严重伤害。

正确使用安全带时，必须注意：

(1) 新使用的安全带，必须有产品检验合格证明。安全带在实际使用中应高挂低用，注意防止摆动碰撞。安全带长度一般在 1.5～2 m 内。使用 3 m 以上长绳时应加缓冲器。

(2) 不准将绳打结使用。不准将钩直接挂在安全绳上使用，应挂在连接环上使用。

(3) 安全带上的各种部件不得任意拆掉。

(4) 存放安全带的位置要干燥、通风良好，不得接触高温、明火、强酸等。

(5) 使用频繁的安全带，要经常作外观检查，发现异常时应立即更换，使用期为 3～5 年。一般情况下，安全带使用 2 年后，应按批量购入的情况抽验一次。安全带各部件及安全带整体要做静负荷和冲击试验。

5.1.1.3　安全网

安全网是预防坠落伤害的一种劳动保护用品，安全网不仅能防止高处作业的人或处于高处作业面的物体发生坠落，而且当人或物发生坠落时，可以避免坠落事故的发生，或减轻伤害。

安全网一般由网体、边绳、系绳、筋绳、网绳、试验绳等组成。

正确使用安全网的要点是：

(1) 安全网安装后，必须经专人检查验收合格签字后才能使用。

(2) 在使用过程中，不能把网拖过粗糙的表面或锐边；不准在网内或网下方堆积物品；不得把物品等投入网内；不得让焊接或其他火星落入网内；安全网不许受到严重的酸、碱烟雾的熏烤。

(3) 对使用中的安全网，必须每星期进行一次定期检查。当受到较大冲击(人体或相当于人体质量的物体)后，应及时检查其是否有严重的变形、磨损、断裂，连接部位是否有松脱，以及是否有霉变等情况，以便及时更换或修整。

(4) 如使用中要对局部进行清理时，所用材料、编结方法应与原网相同。修理完后必须经专人检查合格后才可继续使用。

(5) 要经常清理网上落物。当网受到化学物品的污染，或网绳嵌入粗砂及其他可能引起磨损的异物时，应及时处理和清洗，洗后让其自然干燥。

(6) 必须保持试验绳始终穿在网上。安全网使用后，每隔 3 个月必须进行试验绳强力试验，试验完毕，应填写试验记录。如多张网一起使用，只需从其中任意抽取不少于 5 根试验绳进行试验即可。当安全网上没有试验绳供试验时，安全网即应报废。

5.1.2　洞口、临边的防护措施

(1) 预留洞口防护

1.5 m×1.5 m 以下的孔洞应预埋通长钢筋网或固定盖板。1.5 m×1.5 m 以上的孔洞，四周必须设两道护身栏杆，中间支挂水平安全网。

(2) 电梯井口防护

电梯井口防护必须设高度不低于 1.2 m 的金属防护门。电梯井内首层和首层以上每隔四层设一道水平安全网,安全网应封闭严密,未经上级主管技术部门批准,电梯井不得做垂直运输通道和垃圾通道。

(3) 楼梯踏步及休息平台口防护

楼梯踏步及休息平台处必须设两道牢固防护栏杆或用立挂安全网做防护。回转式楼梯间应支设首层水平安全网。

(4) 阳台边及楼层临边四周防护

① 阳台边防护。阳台栏板应随层安装,不能随层安装的,必须设两道防护栏,或立挂安全网封闭。

② 建筑物楼层临边四周防护。建筑物楼层临边四周无维护结构时,必须设两道防护栏,或立挂安全网加一道防护栏杆。

(5) 建筑物出入口及通道防护

建筑物的出入口应搭设长 3～6 m、宽于出入口通道两侧各 1 m 的防护棚,棚顶应满铺不小于 5 cm 厚的脚手板,非出入口和通道两侧必须封严。

临近施工区域,对于人和物构成威胁的地方,必须支搭防护棚,确保人和物的安全。

5.2 土方、基础工程安全生产技术

5.2.1 一般规定

(1) 土方开挖前,施工单位确认地下管线的埋置深度、位置及防护要求后,制定防护措施,经项目分管负责人审批签字后方可作业。土方开挖时,施工单位应对相邻建(构)筑物、道路的沉降和位移情况进行观测。

(2) 施工单位应编制深基坑(槽)、高斜坡、桩基和超高、超重、大跨度模板支撑系统等专项施工方案,并组织专家审查。

(3) 施工单位应作好施工区域内临时排水系统规划,临时排水不得破坏相邻建(构)筑物的地基和挖、填土方的边坡。在地形、地质条件复杂,可能发生滑坡、坍塌的地段挖方时,应由设计单位确定排水方案。场地周围出现地表水汇流、排泄或地下水管渗漏时,施工单位应组织排水,对基坑采取保护措施。开挖低于地下水位的基坑(槽)、边坡和基础桩时,施工单位应合理选用降水措施降低地下水位。

(4) 基坑(槽)、边坡设置坑(槽)壁支撑时,施工单位应根据开挖深度、土质条件、地下水位、施工方法及相邻建(构)筑物等情况设计支撑。拆除支撑时应按基坑(槽)回填顺序自下而上逐层拆除,随拆随填,防止边坡塌方或相邻建(构)筑物产生破坏,必要时应采取加固措施。

(5) 基坑(槽)、边坡和基础桩孔边堆置各类建筑材料的,应按规定距离堆置。各类施工机械距基坑(槽)、边坡和基础桩孔边的距离,应根据设备重量、基坑(槽)、边坡和基础桩的支护、土质情况确定,并不得小于 1.5 m。

(6) 基坑(槽)作业时,施工单位应在施工方案中确定攀登设施及专用通道,作业人员不得攀爬模板、脚手架等临时设施。

(7) 机械开挖土方时，作业人员不得进入机械作业范围内进行清理或找坡作业。

(8) 施工单位应防止地面水流入基坑(槽)内造成边坡塌方或土体破坏。基坑(槽)开挖后，应及时进行地下结构和安装工程施工，基坑(槽)开挖或回填应连续进行。在施工过程中，应随时检查坑(槽)壁的稳定情况。

(9) 基坑(槽)、边坡和基础桩施工及模板作业时，施工单位应指定专人指挥、监护，出现位移、开裂及渗漏时，应立即停止施工，将作业人员撤离作业现场，待险情排除后，方可作业。

(10) 挖土中发现管道、电缆及其他埋设物应及时报告，不得擅自处理。

(11) 挖土时要注意土壁的稳定性，发现有裂缝及倾、坍可能时，人员要立即离开并及时处理裂缝。

(12) 人工挖土时应由上至下，逐层挖掘，前后操作人员间距不应小于 2～3 m；堆土要在 1 m以外，且高度不得超过 1.5 m；严禁在孤石下挖土；夜间应有充足的照明。

(13) 在基坑或深井下作业时，必须戴安全帽，严防上面土块及其他物体下落砸伤头部；遇有地下水渗出时，应把水引到集水井加以排除。

(14) 每日或雨后必须检查土壁及支撑稳定情况，在确保安全的情况下继续工作，并且不得将土和其他物件堆在支撑上，不得在支撑下行走或站立。

(15) 在水下作业，必须严格检查电器的接地或接零和漏电保护开关，电缆应完好，并穿戴防护用品。

(16) 机械挖土，启动前应检查离合器、钢丝绳等，经空车试运转正常后再开始作业。

(17) 机械操作中进铲不应过深，提升不应过猛。

(18) 机械应停在坚实的地基上，如基础过差，应采取走道板等加固措施，不得将挖土机履带与挖空的基坑平行停、驶。运土汽车不宜靠近基坑平行行驶，防止塌方翻车。

(19) 电缆两侧 1 m 范围内应采用人工挖掘。

(20) 配合拉铲的清坡、清底工人，不准在机械回转半径内工作。

(21) 向汽车上卸土应在车子停稳后进行，禁止铲斗从汽车驾驶室上越过。

(22) 基坑四周必须设置 1.5 m 高护栏，并设置一定数量临时上下施工楼梯。

(23) 场内道路应及时整修，确保车辆安全畅通，各种车辆应有专人负责指挥引导。

(24) 车辆进出门口的人行道下，如有地下管线(道)，必须铺设厚钢板，或浇捣混凝土加固。

(25) 清坡、清底人员必须根据设计标高作好清坡、清底，不得超挖。如果超挖，不得将松土回填，以免影响基础质量。

(26) 挖土机械不得在施工中碰撞支撑，以免引起支撑破坏或拉损。

5.2.2 挖土方的安全保障措施

(1) 挖土前根据安全技术交底了解地下管线、人防及其他构筑物情况和具体位置，地下构筑物外露时，必须进行加固保护。作业过程中应避开管线和构筑物。在现场电力、通信电缆 2 m范围内和现场燃气、热力、给排水等管道 1 m 范围内挖土时，必须在主管单位人员监护下采取人工开挖。

(2) 开挖槽、坑、沟深度超过 1.5 m，必须根据土质和深度情况按安全技术交底放坡或加可靠支撑；遇边坡不稳、有坍塌危险征兆时，必须立即撤离现场，并及时报告施工负责人，采取安全可靠排险措施后方可继续挖土。

(3) 槽、坑、沟必须设置人员上下坡道或安全梯。严禁攀登固壁支撑上下，或直接从沟、坑边壁上挖洞攀登爬上或跳下。间歇时，不得在槽、坑坡底下休息。

(4) 挖土过程中遇到有古墓、地下管道、电缆或其他不能辨认的异物和液体、气体时应立即停止作业，并报告负责人，待查明处理后，再继续挖土。

(5) 槽、坑、沟边 1 m 以内不得堆土、堆料、停放机具。堆土高度不得超过 1.5 m。槽、坑、沟与建筑物、构筑物的距离不得小于 1.5 m。开挖深度超过 2 m 时，必须在周边设两道牢固护身栏杆，并张挂密目式安全网。

(6) 人工挖土的前后操作人员横向间距不应小于 2～3 m，纵向间距不得小于 3 m；严禁掏洞挖土。

(7) 每日或雨后必须检查土壁及支撑稳定情况，在确保安全的情况下继续工作，并且不得将土和其他物件堆在支撑上，不得在支撑上行走或站立。混凝土支撑梁底板上的粘贴物必须及时清除。

(8) 机械挖土，启动前应检查离合器、液压系统及各铰接部分等，经空车试运转正常后再开始作业；机械操作中进铲不应过深，提升不应过猛，作业中不得碰撞支撑。

(9) 机械不得在输电线路下和线路一侧工作，机械的任何部位与架空输电线路的最近距离应符合安全操作规程要求(根据现场输电线路的电压等级定)。

(10) 配合挖土机的清坡、清底工人，不准在机械回转半径内工作。

(11) 向汽车上卸土应在车子停稳后进行；禁止铲斗从汽车驾驶室上越过。

(12) 场内道路应及时整修，确保车辆安全畅通；各种车辆应有专人负责指挥引导。

(13) 车辆进出门口的人行道下，如有地下管线(道)，必须铺设厚钢板，或浇筑混凝土加固。车辆出门口前，应将轮胎冲洗干净，不污染道路。

(14) 在开挖杯基坑时，必须设有确实可行的排水措施，以免基坑积水，影响坑土结构。

(15) 基坑开挖前，必须摸清基坑下的管线排列和地质开采资料，以利考虑开挖过程中的意外应急措施(流沙等特殊情况)。

(16) 清坡、清底人员必须根据设计标高作好清坡、清底工作，不得超挖。如果超挖，不得将松土回填，以免影响基础的质量。

(17) 开挖处的土方，要严格按照组织设计堆放，不得堆于基坑外侧，以免引起地面堆载超荷引起土体位移、板桩位移或支撑破坏。

(18) 开挖土方必须有挖土令。

5.2.3 深基坑土方开挖安全保证措施

(1) 确保支护结构的安全。挖掘过程中，抓斗距围护体至少 30 cm 以上，避免撞击。

(2) 挖掘机、运输车只能停在路基箱上，不能直接停在水平支撑上。场内运输道路应按设计要求制作。

(3) 对围护体和管线进行监测，发现问题及时采取措施。

(4) 夜间施工要有足够的照度，进出口处有专人指挥，避免发生交通事故，挖机回转范围内不得站人，尤其是土方施工配合人员。

(5) 基坑周边用钢管扣件搭成高度 900 mm 的栏杆。

(6) 做好各级安全交底工作。

5.2.4 支护结构安全防护

(1) 对支护结构进行必要的监测。从支护结构施工开始起即开始监测，对监测结果进行跟踪分析，严格控制其发展变化动态，并将监测结果定期通报有关部门。

(2) 避免在支护结构附近堆放材料。

(3) 做好基坑内的排水降水工作，防止基坑内积水而使基坑土体恶化影响支护结构稳定。

(4) 做好局部范围内的支护结构补救工作，对于少量的支护结构渗漏水处，及时采取措施予以堵漏，防止其扩大；对于路面开裂也及时采取措施予以救治，防止危及整个支护结构。

5.2.5 回填土工程

(1) 装载机作业范围内不得有人平土。

(2) 打夯机工作前，应检查电源线是否有缺陷和漏电，机械运转是否正常，机械是否安装漏电开关保护，二级漏电保护要求按“一机、一闸、一漏、一箱”设置；机械不准带病运转，操作人员应戴绝缘手套，并有专人负责电源线的移动。

(3) 基坑(槽)的支撑，应按回填土的速度，按施工组织设计要求及时依次拆除，即回填土时应从深到浅分层进行，填好一层拆除一层，不能事先将支撑拆掉。

5.2.6 安全事故警示

5.2.6.1 坍塌事故案例 1

(1) 事故简介

2003 年 4 月 2 日，贵州省纳雍县某加油站工程在修建过程中发生土方坍塌事故，造成 6 人死亡。

(2) 事故发生经过

纳雍县某石油公司在没有进行工程招投标，未办理质量监督手续和施工许可证的情况下，将工程直接发包给纳雍县某建筑公司，并于 3 月 23 日签订了施工合同，施工单位于 3 月 28 日进场施工。由于建设单位没有采用纳雍县规划设计室的图纸，而是将一张无设计单位、无设计人的“某加油站挡土墙剖面图”交给施工单位施工。施工单位在施工过程中，没有采取任何安全措施，就在 13m 高的边坡底部开挖挡土墙基槽。同时建设单位为了方便收方，在没有考虑施工安全的情况下，要求施工单位将基槽全部挖好才收方。4 月 2 日上午，建设单位有关领导到施工现场检查工程进度和质量时，对挡土墙基础进行验收。经丈量，挡土墙基础中段约 10 m长的部分不符合设计要求，于是要求施工单位加快进度，确保工程完工。施工单位立即组织工人对宽度不足的部分进行施工。下午 14 时左右，当工人吃完午饭陆续返回作业地点施工时，挡土墙基槽上方 13m 高的边坡土方突然坍塌，造成 6 人死亡。

(3) 事故原因分析

① 技术方面

该加油站挡土墙基础土质由于存在淤泥和松软土质，开挖基础后，造成底部空虚，难以承受上部压力。在该土方工程施工中，边坡高度已达 13 m，没有按照规范要求放坡或加可靠支撑，导致事故发生，是此次事故的技术原因。

② 管理方面

承包该土方工程的施工单位施工前未编写施工方案，施工中不懂基坑支护技术。作业人员不懂安全技术知识，现场安全管理指导不力，没有落实安全防范措施，违章指挥，违章作业。

该工程没有进行招投标，在施工队伍选择上没有严格按照规定审查，工程违法承包。没有规范的施工图纸，施工作业存在随意性。违法施工建设，没有办理相关开工手续。建设行政主管部门监督管理不力。

(4) 事故的结论与教训

纳雍县某建筑公司忽视安全生产，将挡土墙基础工程违法分包给没有施工资质的人员，对事故隐患没有采取安全防范措施，违章指挥，对此次事故应负直接责任。

建设单位违法进行工程建设，违法发包工程，并且没有提供合法的施工图纸，该单位对此次事故应负主要责任。

(5) 事故的预防对策

当地建设行政主管部门和安全生产监督管理部门，应当认真学习《中华人民共和国建筑法》、《安全生产法》和《建设工程安全生产管理条例》。建筑施工企业应当建立健全安全生产责任制，强化安全生产的监督管理。

事故责任单位和责任人要认真吸取事故教训。建设行政主管部门要举一反三，依照有关法律法规，本着"四不放过"原则坚决严肃查处，决不姑息。同时加强对安全生产的监管力度，争取建立一支专门的安全生产监督队伍。

建设单位和施工单位要认真吸取事故教训，尽快提高自己的安全防范意识和安全管理水平。建设单位要规范自己的行为，依法按照基本建设程序进行工程建设。

5.2.6.2 坍塌事故案例 2

(1) 事故概况

2001 年 8 月 20 日，由上海某建筑公司土建主承包、某土方公司分包的上海某地铁车站工程工地上(监理单位为某工程咨询公司)，正在进行深基坑土方挖掘施工作业。下午 18 点 30 分，土方分包项目经理陈某将 11 名普工交予领班褚某，19 点左右，褚某向 11 名工人交代了生产任务，11 人就下基坑开始在 14 轴至 15 轴处平台上施工(褚某未下去，电工贺某后上基坑未下去)。大约 20 点左右，16 轴处土方突然开始发生滑坡，当即有 2 人被土方掩埋，另有 2 人埋至腰部以上，其他 6 人迅速逃离至基坑上。现场项目部接到报告后，立即组织抢险营救。20 时 10 分，16 轴至 18 轴处，发生第二次大面积土方滑坡。滑坡土方由 18 轴开始冲至 12 轴，将另外 2 人也掩没，并冲断了基坑内钢支撑 16 根。事故发生后，虽经项目部极力抢救，但被土方掩埋的 4 人终因窒息时间过长而死亡。

(2) 事故原因分析

① 直接原因

该工程所处地基软弱，开挖范围内基本上均为淤泥质黏土，其平均厚度达9.65 m，土体抗剪强度低，灵敏度高达 5.9，这种饱和软土受扰动后，极易发生触变现象。且施工期间遭百年一遇特大暴雨影响，造成长达 171 m 基坑纵向留坡困难。而在执行小坡处置方案时未严格执行有关规定，造成小坡坡度过陡，是造成本次事故的直接原因。

② 间接原因

目前，在狭长形地铁车站深基坑施工中，对纵向挖土和边坡留置的动态控制过程尚无比较成熟的量化控制标准。设计、施工单位对复杂地质地层情况和类似基坑情况估计不足，对地铁施工的风险意识不强和施工经验不足，尤其对采用纵向开挖横向支撑的施工方法，纵向留坡与支撑安装到位之间合理匹配的重要性认识不足。该工程分包土方施工的项目部技术管理力量薄弱，在基坑施工中，采取分层开挖横向支撑及时安装到位的同时，对处置纵向小坡的留设方法和措施不力。监理单位、土建施工单位对基坑施工中的动态管理不严，是造成本次事故的重要原因，也是造成本次事故的间接原因。

(3) 事故预防及控制措施

土方施工单位：

① 在公司范围内，进一步健全完善各部门安全生产管理制度，开展一次安全生产制度执行情况的大检查，在内容上重点突出各生产安全责任制到人、权限和奖惩分明。

② 建立完善纵向到底、横向到边的安全生产网络。公司安全设备部要增设施工安全主管岗位，选配懂建筑施工的、具有工程师职称和项目经理资质的专业技术人员担任。

③ 加强技术和施工管理人员的培训。通过规范的培训和进修，获取施工员、项目经理等各种施工管理上岗资格，并加大引进专业技术人才的力度。

④ 严格每月一次的安全生产领导小组例会制度，部门和员工的考核、评优、续约、奖励等均严格实行安全生产一票否决制。

⑤ 由公司施工安全负责人负责，细化项目安全生产管理制度，重点弥补过去制度中在安全交底、民工安全教育、与甲方及各施工单位协调配合等方面存在的不足。

⑥ 严格规范公司项目管理、工艺技术管理、安全生产管理、用工管理等工作。

⑦ 在全公司上下，特别是公司领导班子和中层以上干部中，开展一次安全生产的大教育，重点解决如下认识问题：安全生产与企业生存的关系；安全投入与经济效益的关系；安全生产的原则与实际施工中和甲方可能发生的碰撞等，做到把思想统一到"三个代表"的高度上来，把认识统一到企业的生死存亡的实际上来，以利于举一反三，将整改措施真正落实到位，警钟长鸣。

监理单位：

① 吸取此次基坑塌方事故的深刻教训，"安全第一、预防为主"的方针必须贯穿于监理工作的全过程中。切实加强对施工方的监控力度，尤其要强化安全生产监控，发现问题，及时签发书面监理通知，责令施工方整改，做到防微杜渐，确保安全生产。

② 强化各项管理制度的落实，一切按规章制度办事，监理内业资料与施工同步进行，包括做好书面安全技术交底，确保每一项工作均处于可控和可追溯状态，确保每位监理人员的工作均有效可靠。

③ 进一步加强对工地安全监理工作的检查，定期和不定期对监理人员进行安全监理工作教育。组织进行安全监理工作的心得交流，不断提高每位监理人员的技术和监控水平，及早发现存在的不安全因素，防止各类事故发生。

土建主承包单位：

① 积极配合各方查找、分析事故原因，并开展全面安全检查，对公司在安全生产中的薄弱环节进行整改，进一步加强安全防范措施。

② 全面建立安保体系，落实各级安全生产责任制；通过对各施工现场全面进行安全保证体系贯标，进一步落实安全生产责任制，促进施工现场文明施工；进一步突出以项目经理为安

全生产第一责任人的新的安全管理模式；明确安全生产人人有责，各岗位管理人员真正知道自己在安全管理上应该做什么，怎么做；做到安全生产的各个环节事事有人管，处处有人抓，促使安全生产真正有保证；改变安全管理靠突击应付的短期行为，做到持之以恒；实现对安全目标实施过程的有效控制；扭转施工组织设计中安全措施无实质性内容的弊病，强调安全策划的针对性和可操作性，特别是规范和完善专业性较强、施工危险性较大项目的施工组织设计中安全措施的编制。

③ 加强深基坑施工的管理。为确保深基坑施工安全，公司就地铁车站基坑事故后的状况，勒令技术部门在现场修改西部基坑的施工方案，且通过有关专家委员会的技术方案评审，并严格按照评审后的方案进行施工。同时对公司目前施工的深基坑工程，安全部门及技术部门从方案到具体施工都加强审查力度，建立深基坑工程跟踪监控制度，加强现场的监控频率。基坑支护设计方案严格执行上海市建设委员会关于《上海市深基础工程管理暂行规定》的通知。

④ 强化方案审批与执行的管理力度，强调无施工方案不施工，施工方案审批手续不全不施工，有方案没交底不施工。当实际施工情况与施工方案有变化时，应及时做好对原施工方案的变更手续，待手续完善后方可开工。

⑤ 突出安全交底的必要性和技术性。技术部门必须将编制的质量计划（施工方案）向施工负责人进行书面安全技术交底；分包队伍进场，施工负责人必须根据本工程特点，向分包单位进行书面安全总交底。对每个职工进行工种安全技术操作规程交底及企业安全规章制度交底，并进行书面确认签字手续；分包单位在上岗前必须对施工人员进行安全交底，并在上岗记录上填写清楚，使安全交底纵向到底、横向到边；同时，加强总包对分包队伍的施工安全、施工技术交底的监督。

⑥ 加强对分包队伍的管理，把好分包单位资质关，使分包单位资质与所分包的项目匹配。施工人员须经安全教育培训后持有效证件方可上岗。特别加强对专业分包队伍的安全管理。

⑦ 加强管理人员对安全技术标准的学习，加强安全教育培训工作，对在岗人员通过自办、外送等形式来提高管理岗位人员的安全技术知识，突出对项目经理、施工员及技术员的安全培训教育。提高全员安全防范意识，摆正安全生产与经济效益的关系。

建设单位：

① 实行专项整治检查，加强监控力度。公司组织力量，由三位副总经理带队分成三组对在建的地铁车站工程、高架工程、轻轨工程的施工现场进行安全专项整治检查。通过检查初步扭转了部分施工单位现场管理不力、有章不循的不良倾向，严格了总包对分包队伍的管理，消除了不少安全隐患。并且对在检查中发现的个别监理单位的实际工作与投标时及合同承诺不符，对现场监控严重不到位的监理人员，监理单位终止其监理任务，清退出场。

② 进行专业技术培训，认识工程风险。地铁工程建设的安全风险很大，如何正确地认识才能行之有效地避免风险、杜绝事故。为此公司利用两个双休日，举办深基坑业务培训班。由技术权威刘院士、公司总经理、副总经理总工程师、同济大学刘教授分别为公司的项目负责人、主任工程师、相关的技术管理人员以及监理单位的现场监理工程师，专题讲解地下车站的安全风险、职责要求，深基坑开挖、支撑、放基坡、垫层、围护、加固、降水、险情征兆、抢险措施等内容。通过专业学习使各级管理人员正确认识工程的安全风险，掌握有关的知识，为杜绝类似事故的发生打下了扎实的基础。

③ 落实整改措施，消除安全隐患。公司职能部门对安全专项检查中暴露出的不足，进行销项回访验证。在安全检查中共查出各类问题438个。针对这些不足，逐条进行销项验证，消除了这些不安全因素，确保了施工现场的安全。

④ 充实管理力量，完善监控机制。为加强对施工现场的管理力度，公司充实了各项管部的管理力量，各项管理部门都设立了专职安全管理人员。地铁车站项目管理部门成立了总监组，加强对施工现场的日常巡查，对施工单位和监理单位提出相应的安全管理要求。双管齐下，完善工程建设的监控机制，为工程建设的顺利进展提供有力的保证。

⑤ 运用激励机制，开展百日竞赛。为更好地推动工程建设的安全生产，公司分别在三个项管部所属工地开展"安全生产百日无事故竞赛"活动，对在"安全生产百日无事故竞赛"活动中的优秀单位进行物质奖励，运用激励机制来调动施工单位的安全生产积极性，取得了较好的效果。

(4) 事故处理

① 本起事故直接经济损失约为140万元。

② 事故发生后，总承包单位、分包单位根据事故调查小组的意见，对本次事故负有一定责任者进行了相应的处理：

土方施工单位现场项目部领班褚某，在小坡施工中未能严格执行施工方案，造成小坡坡度过陡引发事故，对本次事故负有直接责任，决定对其作留厂察看1年处分。

土方施工单位现场项目经理陈某，未能根据工况实际对领班和操作人员作针对性的安全技术交底，同时也未能认真执行放坡规定，对本次事故负有直接管理责任，决定撤销其三级项目经理资质，并给予行政记大过处分。

土方施工单位总经理周某，对职工的日常安全教育和培训不够，对项目部及管理人员监管不力，对本次事故负有领导责任，决定给予行政警告处分。上海市建设和建筑管理委员会决定对土方施工单位暂扣资质证书6个月。

监理单位现场总监张某、监理马某对施工单位施工过程中的关键点、危险点未能以书面形式下达，对施工动态监控、管理不严，对本次事故均负有一定责任，决定撤销张某担任的地铁车站监理组总监职务，决定给予马某行政记过处分并调离地铁车站工作。上海市建设和建筑管理委员会决定对监理单位暂扣资质证书6个月。

总承包单位项目部副经理朱某，对分包队伍日常施工过程中的动态管理与安全技术交底的执行情况检查、督促不力，对本次事故负有管理责任，决定对其给予行政记大过处分。

总承包单位项目部经理鲁某，对项目部及管理人员的日常监管不严，对本次事故负有领导责任，决定给予行政记过处分。上海市建设和管理委员会决定对总承包单位暂扣企业资质证书6个月。

5.3 模板工程安全生产技术

5.3.1 施工方案

(1) 施工方案内容应该包括模板及支撑的设计、制作、安装和拆除的施工程序、作业条件，以及运输、堆放的要求等，并须经审批通过方可实施。

（2）模板工程施工应针对混凝土的施工工艺（如采用混凝土喷射机、混凝土泵送设备、塔吊浇注罐、小推车运送等）和季节施工特点（如冬季施工保温措施等）制定出安全、防火措施，一并纳入施工方案之中。

5.3.2 模板和支撑系统

（1）模板和支撑系统的设计计算、材料规格、接头方法、构造大样及剪刀撑的设置要求等均应详细注明并绘制施工详图。

（2）支撑系统的选材及安装应按设计要求进行，支撑点应牢固平整，支撑在安装过程中应考虑必要的临时固定措施，以保证稳定性。

5.3.3 立柱稳定

（1）立柱材料可用钢管、门型架、木杆等，其材质和规格应符合设计要求。

（2）立柱底部支承结构必须具有支承上层荷载的能力。由于模板立柱承受的施工荷载往往大于楼板的设计荷载，因此，常需要保持两层或多层立柱（应计算确定）。为合理传递荷载，立柱底部应设置木垫板，禁止使用砖及脆性材料铺垫。当支承在地基上时，应验算地基土的承载力。

（3）为保证立柱的整体稳定，应在安装立柱的同时，加设水平支撑和剪刀撑。立柱高度大于 2 m 时，应设两道水平支撑，满堂红模板立柱的水平支撑必须纵横双向设置。其支架立柱四边及中间每隔四跨立柱设置一道纵向剪刀撑。立柱每增高 1.5～2 m 时，除再增加一道水平支撑外，尚应每隔 2 步设置一道水平剪刀撑。

（4）立柱的间距应经计算确定，按照施工方案要求进行。当使用直径为 48 mm 钢管时，间距不应大于 1 m。若采用多层支模，上下层立柱要垂直，并应在同一垂直线上。

5.3.4 施工荷载

（1）现浇式整体模板上的施工荷载一般按 2.5 kN/m^2 计算，并以 2.5 kN 的集中荷载进行验算，新浇的混凝土按实际厚度计算重量。当模板上荷载有特殊要求时，按施工方案设计要求进行检查。

（2）模板上堆料和施工设备应合理分散堆放，不应造成荷载的过度集中，尤其是滑模、爬模等模板的施工，应使每个提升设备的荷载相差不大，保持模板平稳上升。

5.3.5 模板存放

（1）大模板应存放在经专门设计的存放架上，应采用两块大模板面对面存放，并确保地面的平整坚实。当存放在施工楼层上时，应满足其自稳角度，并有可靠的防倾倒措施。

（2）各类模板应按规格分类堆放整齐，地面应平整坚实，当无专门措施时，叠放高度一般不应超过 1.6 m。叠放高度太高，模板不易稳定且操作不便。

5.3.6 模板安装

5.3.6.1 大模板工程

（1）大模板放置时，下面不得有电线和气焊管线。

(2) 平模叠放运输时，垫木上下对齐，绑扎牢固；车上严禁坐人。

(3) 大模板组装或拆除时，指挥、拆除和挂钩人员，应站在安全可靠的地方才可操作；严禁任何人员随大模板吊装；安装外模板的操作人员应佩戴安全带。

(4) 大模板应设操作平台、上下梯道、防护栏杆等设施。大模板安装就位后，为方便浇筑混凝土，两道墙模板平台间应搭设临时走道；严禁在外墙板上行走。

(5) 模板安装就位后，应采取防止触电的保护措施，由专人将大模板串联起来，并同避雷网接通，防止漏电伤人。

(6) 当风力达 5 级时，仅允许吊装 1～2 层模板和构件。风力超过 5 级，应停止吊装。

5.3.6.2　现浇整体式模板工程

(1) 模板的支设应严格按工序进行，模板没有固定前，不得进行下道工序的施工。模板及其支撑系统在安装过程中必须设置临时固定设施，而且牢固可靠，严防倾覆。

(2) 小钢模在运输传递过程中，要放稳接牢，防止倒塌或掉落伤人。

(3) 使用吊装机械吊装单片柱模时，应用卡环和柱模连接，严禁用钢筋钩代替，以避免柱模翻转时脱钩造成事故；待模板立稳并拉支撑后，方可摘取卡环。

(4) 严禁在模板的连接件和支撑件上攀登上下；严禁在同一垂直面上同时安装模板。

(5) 支设高度在 3 m 以上的柱模板和梁模板时，应搭设工作平台，不足 3 m 的，可使用马凳作业，不准利用拉杆、支撑攀登上下。模板在 6 m 以上不宜单独支模，应将几个柱子模板拉成整体。主柱超过 4 m 时，不宜用工具式钢支柱，宜采用钢管式架立柱或门式脚手架。若采用多层支架支模时，各层支架本身应成为整体结构，支架的层间垫块要牢固，各层支架的立柱应垂直，上下层立柱应在同一条垂直线上。

(6) 用钢管和扣件搭设双排立柱支架支承梁模时，扣件应拧紧，横杆步距统一，严禁随意增大。

(7) 墙模板在未安装对拉螺栓前，板面向后倾斜一定角度并撑牢，以防倒塌。安装过程中随时加固支撑或增加支撑，以保持墙模板处于稳定状态。模板未支撑稳固前不得松开卡环。

(8) 平板模板安装就位时，在支架搭设稳固、板下横楞与支架连接牢固后进行。U 形卡按设计规定安装，以增强整体性，确保模板结构安全，防止整体倒塌。

(9) 上下层楼盖模板的支柱应在同一条垂直线上。底层支模地面应夯实平整，立柱下面垫长垫板。冬季不能在冻土或潮湿地面上支立柱。

5.3.7　模板拆除

(1) 主要部位模板的拆除必须严格遵守有关规定，按工艺程序进行。

(2) 高处、特殊结构模板的拆除，应有专人指挥和切实的安全措施，并在下面标出工作区，严禁非操作人员进入作业区。

(3) 模板拆除前，作业人员要事先检查所使用的工具是否完好牢固。

(4) 作业人员在拆除模板过程中，如发现已浇筑混凝土有影响结构安全的质量问题时，应暂停拆除，报告施工员经过验证后方可继续拆除。

(5) 拆除模板一般使用长撬杠，严禁作业人员站在正在拆除的模板上或在同一垂直面上拆除模板。

(6) 已拆除的模板、拉杆、支撑应及时运走或妥善堆放，模板拆除后其临时堆放处距离楼层边沿不小于 1 m，且堆放高度不得超过 1 m。楼层边口、通道口、脚手架边缘处，严禁堆放任何拆下的物件。

(7) 模板拆除间隙应将已活动的模板、拉杆、支撑等固定牢固，严防突然掉落、倒塌等意外伤人事故。

(8) 拆除基础及地下工程模板时，先检查基槽(坑)土壁，发现有松软、龟裂等不安全因素时，应在采取防范措施后方可作业，拆下的模板和支承杆件不得在离槽(坑)1 m 以内堆放，并随拆随运。

(9) 拆除高度在 3 m 以上的模板时，应搭设脚手架或操作平台，并设防护栏杆。拆除时应逐块拆卸，不得成片撬落和拉倒。严禁作业人员站在悬臂结构上敲拆底模。

5.3.8 模板验收

(1) 模板工程安装后，应由现场技术负责人组织，按照施工方案进行验收。

(2) 对验收结果应逐项认真填写，并记录存在的问题和整改后达到合格的情况。

(3) 应建立模板的审批制度，模板拆除前应有批准手续，防止随意拆除发生事故。

(4) 模板安装和拆除工作必须严格按施工方案进行，正式工作之前要进行安全技术交底，确保施工过程的安全。

5.3.9 混凝土强度

(1) 现浇整体模板拆除之前，应对照拆除的部位查阅混凝土强度试验报告，必须在混凝土强度达到拆模强度后方可进行；滑升模板提升时，混凝土强度必须达到方案的要求。

(2) 承重结构应按照不同的跨度确定其拆模强度；预应力结构必须达到张拉强度，并张拉、灌浆完毕后方可拆模。

5.3.10 混凝土运输道路

(1) 混凝土运送小车道应垫板，不得直接在模板上运行，避免对模板重压。当需在钢筋网上通过时，必须搭设车行通道。

(2) 混凝土运输小车的通道应坚固稳定，脚手架应将荷载传递到建筑结构上，脚手架板应铺平绑牢，以便于小车运行；通道两侧设置防护栏杆及挡脚板。

5.3.11 作业要求

(1) 进入施工现场人员必须戴好安全帽，高空作业人员必须佩戴安全带，并应系牢。

(2) 经医生检查认为不适宜高空作业的人员，不得进行高空作业。

(3) 工作前应先检查使用的工具是否牢固，扳手等工具必须用绳链系挂在身上，钉子必须放在工具袋内，以免掉落伤人。工作时要思想集中，防止钉子扎脚和空中滑落。

(4) 安装与拆除 3 m 以上的模板，应搭脚手架，并设防护栏杆，防止上下在同一垂直面操作。

(5) 高空、复杂结构模板的安装与拆除，事先应有切实可行的安全措施。

(6) 遇六级以上的大风时，应暂停室外的高空作业；雪、霜、雨后应先清扫施工现场，略干不滑时再进行工作。

(7) 两人抬运模板时要互相配合，协同工作。传递模板时，工具应用运输工具或绳子系牢后升降，不得乱抛。组合钢模板装拆时，上下应有人接应。钢模板及配件应随装拆随运送，严禁从高处掷下。高空拆模时，应有专人指挥，并在下面标出工作区，用绳子和红白旗加以围栏，暂停人员过往。

(8) 不得在脚手架上堆放大批模板等材料。

(9) 支撑、牵杠等不得搭在门窗框和脚手架上。通路中间的斜撑、拉杆等应设在 1.8 m 高度以上。

(10) 支模过程中，如需中途停歇，应将支撑、搭头、柱头板等钉牢。

(11) 模板上有预留洞者，应在安装后将洞口盖好，混凝土板上的预留洞应在模板拆除后立即将洞口盖好。

(12) 拆除模板一般使用长撬杠；人不许站在正在拆除的模板上；在拆除楼板模板时，要防止整块模板掉下，尤其是用定型模板做平台模板时，更要注意；拆模人员要站在门窗洞口外拉支撑，防止模板突然全部掉落伤人。

(13) 在组合钢模板上架设电线和使用电动工具，应用 36 V 低压电源或采取其他有效的安全措施。

(14) 高空作业要搭设脚手架或操作台，上、下脚手架或操作台时要使用梯子；不许站立在墙上工作，不准在大梁底模上行走。操作人员严禁穿硬底鞋及有跟鞋作业。

(15) 装拆模板时，作业人员要站立在安全地点进行操作，防止上下在同一垂直面工作；操作人员要主动避让吊物，增强自我保护和相互保护的安全意识。

(16) 拆模必须一次性拆清，不得留下无撑模板。拆下的模板要及时清理，堆放整齐。

(17) 拆除的钢模作平台底模时，不得一次将顶撑全部拆除，应分批拆下顶撑，然后按顺序拆下搁栅、底模，以免发生钢模在自重荷载下一次性大面积脱落。

(18) 在钢模及机件垂直运输时，吊点必须符合绑扎要求，以防坠落伤人。模板顶撑排列必须符合施工荷载要求，尤其遇地下室模板吊装，地下室顶模板、支撑还另需考虑大型机械行走因素，必须根据载荷要求确定每平方米支撑数。拆模时，临时脚手架必须牢固，不得用拆下的模板作脚手板。脚手板搁置必须牢固平整，不得有空头板，以防踏空坠落。混凝土模板上的预留孔，应在施工组织设计时就作好技术交底(预设钢筋网架)，以免操作人员从孔中坠落。

(19) 封柱子模板时，不准从顶部往下套。

(20) 禁止使用 2 cm×4 cm 木料作顶撑。

5.3.12 安全事故警示

(1) 事故简介

2000 年 10 月 25 日上午 10 时，南京某建筑公司承建的南京某电视台演播中心裙楼工地发生一起重大职工因工伤亡事故。大演播厅舞台在浇筑顶部混凝土施工中，因模板支撑系统失稳，大演播厅舞台屋盖坍塌，造成正在现场施工的民工和电视台工作人员 6 人死亡，35 人受伤(其中重伤 11 人)，直接经济损失达 70 余万元。

(2) 事故经过

南京市电视台演播中心工程由市电视台投资兴建，某大学建筑设计院设计，某建设监理公司对工程进行监理。该工程在该市招标办公室进行公开招投标，该市某建筑公司于 1 月 13 日中标，并于3月31日与电视台签订了施工合同。该建筑公司组建了项目经理部，史某任项目经理，成某任项目副经理。4月1日工程开工，计划竣工日期为2001年7月31日。工地总人数约250人，民工主要来自南方各地。

电视台演播中心工程地下2层、地上18层，建筑面积34000 m^2，采用现浇框架-剪力墙结构体系。演播中心工程的大演播厅总高38 m（其中地下8.70 m，地上29.30 m），面积为624 m^2。7月份开始搭设模板支撑系统支架，支架钢管、扣件等总重约290 t，钢管和扣件分别由甲方、市建工局材料供应处、某物资公司提供或租用。计划9月底前完成屋面混凝土浇筑，预计10月25日下午4时完成混凝土浇筑。

在大演播厅舞台支撑系统支架搭设前，项目部在没有施工方案的情况下，按搭设顶部模板支撑系统的施工方法，先后完成了三个演播厅、门厅和观众厅的搭设模板和浇筑混凝土施工。该建筑公司工程师茅某编制了“上部结构施工组织设计”，并经项目副经理成某和分公司副主任工程师赵某批准实施。

7月22日开始搭设施工后时断时续。搭设时没有施工方案，没有图纸，没有进行技术交底。由项目副经理成某决定支架立杆、纵横向水平杆的搭设尺寸按常规（即前5个厅的支架尺寸）进行搭设，由项目部施工员丁某在现场指挥搭设。搭设开始约15天后，分公司副主任工程师赵某将“模板工程施工方案”交给丁某。丁某看到施工方案后，向项目副经理成某作了汇报，成某答复还按以前的规格搭架子，到最后再加固。模板支撑系统支架由该建筑公司的劳务公司组织进场的朱某工程队进行搭设（朱某是某标牌厂职工，以个人名义挂靠在该建筑公司劳务公司，6月份进入施工工地从事脚手架搭设，事故发生时朱某工程队共17名民工，其中5人无特种作业人员操作证），地上25～29 m最上边一段由木工工长孙某负责指挥木工搭设。10月15日完成搭设，支架总面积约624 m^2，高度38 m。搭设支架的全过程中，没有办理自检、互检、交接检、专职检的手续，搭设完毕后未按规定进行整体验收。

10月17日开始进行模板安装，10月24日完成。23日木工工长孙某向项目部副经理成某反映水平杆加固没有到位，成某即安排架子工加固支架，25日浇筑混凝土时仍有6名架子工在继续加固支架。

10月25日6时55分开始浇筑混凝土，8时多，项目部资料质量员姜某才补填混凝土浇捣令，并送监理公司总监韩某签字，韩某将日期签为24日。浇筑现场由项目部混凝土工长邢某负责指挥。该建筑公司的混凝土分公司负责为本工程供应混凝土，为B区屋面浇筑C40混凝土，坍落度16～18 cm，用两台混凝土泵同时向上输送（输送高度约40 m，泵管长度约60 m×2）。浇筑时，现场有混凝土工工长1人，木工8人，架子工8人，钢筋工2人，混凝土工20人，以及电视台3名工作人员（为拍摄现场资料）等。自10月25日6时55分至10时10分，输送机械设备一直运行正常。到事故发生止，输送至屋面混凝土约139 m^3，重约342 t，占原计划输送屋面混凝土总量的51%。

10时10分，当浇筑混凝土由北向南单向推进，浇至主次梁交叉点区域时，模板支架立杆失稳，引起支撑系统整体倒塌。屋顶模板上正在浇筑混凝土的工人纷纷随塌落的支架和模板坠落，部分工人被塌落的支架、模板和混凝土浆掩埋。

事故发生后，该建筑项目经理部向有关部门紧急报告事故情况。闻讯赶到的领导指挥公安民警、武警战士和现场工人实施了紧急抢险工作，将伤者立即送往医院进行救治。最后，仍造成正在现场施工的民工和电视台工作人员6人死亡、35人受伤（其中重伤11人），直接经济损失达70余万元。

(3) 事故原因分析

① 支撑体系搭设不合理。在主次梁交叉点区域的每平方米钢管支撑的立杆数应为6根，实际上只有3根立杆受力，又由于梁底模下木方呈纵向布置，使梁下中间排立杆的受荷过大，有的立杆受荷最大达4 t多；有部分立杆底部无扫地杆、步距过大(达2.6 m)，造成立杆弯曲，加之输送混凝土管的冲击和振动等影响，使节点区域的中间单立杆首先失稳，并随之带动相邻立杆失稳。

② 模板支撑与周围结构连接点不足，在浇筑混凝土时造成了顶部晃动，加快了支撑失稳的速度。

③ 未按《中华人民共和国建筑法》的要求，对专业性较强的分项工程——现浇混凝土屋面板的模板支撑体系的施工编制专项施工方案；施工过程中，有了施工方案后也未按要求进行搭设。

④ 没有按照规范的要求，对扣件或钢管支撑进行设计和计算，因此，在后补的施工方案中模板支架设计方案过于简单，且无计算书，缺乏必要的细部构造大样图和相关的详细说明。即使按照施工方案施工，现场搭设时也是无规范可循。

⑤ 监理公司驻工地总监理工程师无监理资质，工程监理组没有对支架搭设过程严格把关，在没有对模板支撑系统的施工方案审查认可的情况下同意施工，没有监督对模板支撑系统的验收，就签发了浇捣令，工作严重失职，导致工人在存在重大事故隐患的模板支撑系统上进行混凝土浇筑施工，是造成这起事故的重要原因。

⑥ 在上部浇筑屋盖混凝土情况下，民工在模板支撑下部进行支架加固是造成事故伤亡人员扩大的原因之一。

⑦ 该建筑公司领导安全生产意识淡薄，个别领导不深入基层，对各项规章制度执行情况监督管理不力，对重点部位的施工技术管理不严，有法有规不依。施工现场用工管理混乱，部分特种作业人员无证上岗作业，对民工未进行三级安全教育。

⑧ 施工现场支架钢管和扣件在采购、租赁过程中质量管理把关不严，部分钢管和扣件不符合质量标准。

⑨ 建筑安全管理部门对该建筑工程执法监督和检查指导不力；对监理公司的监督管理不到位。

(4) 事故的结论与教训

① 该建筑公司项目部副经理成某，具体负责大演播厅舞台工程，在未见到施工方案的情况下，决定按常规搭设顶部模板支架，在知道支撑系统的立杆、纵横向水平杆的尺寸与施工方案不符时，不与工程技术人员商量，擅自决定继续按原尺寸施工，盲目自信，对事故的发生应负主要责任，送交司法机关追究其刑事责任。

② 监理公司驻工地总监理工程师韩某，违反“项目监理实施程序”中的规定，没有对施工方案进行审查认可，没有监督对模板支撑系统的验收，对施工方的违规行为没有下达停工令，无监理工程师资格证书上岗，对事故的发生应负主要责任，送交司法机关追究其刑事责任。

③ 该建筑公司项目部施工员丁某，在未见到施工方案的情况下，违章指挥民工搭设支架，对事故的发生应负重要责任，送交司法机关追究其刑事责任。

④ 朱某，违反国家关于特种作业人员必须持证上岗的规定，私招乱雇部分无上岗证的民

工搭设支架，对事故的发生应负直接责任，送交司法机关追究其刑事责任。

⑤ 该建筑分公司兼项目部经理史某，负责电视台演播中心工程的全面工作，对该工程的安全生产负总责，对工程的模板支撑系统重视不够，未组织有关工程技术人员对施工方案进行认真的审查，对施工现场用工混乱等管理不力，对这起事故的发生应负直接领导责任。

⑥ 监理公司总经理张某，违反建设部《监理工程师资格考试和注册试行办法》(1992 年第 18 号令)的规定，严重不负责任，委任没有监理工程师资格证书的韩某担任电视台演播中心工程的总监理工程师；对驻工地监理组监管不力，工作严重失职，应负有监理方的领导责任。有关部门按行业管理规定对该监理公司给予处罚。

⑦ 该建筑公司总工程师郎某，负责公司的技术质量全面工作，并在公司领导内部分工负责电视台演播中心工程，深入工地解决具体的施工和技术问题不够，对大型或复杂重要的混凝土工程施工缺乏技术管理，监督管理不力，对事故的发生应负主要领导责任。

⑧ 该建筑公司安全技术处处长李某，负责公司的安全生产具体工作，对施工现场安全监督检查不力，安全管理不到位，对事故的发生应负安全管理上的直接责任。

⑨ 该建筑公司某分公司副总工程师赵某，负责分公司技术和质量工作，对模板支撑系统的施工方案的审查不严，缺少计算说明书、构造示意图和具体操作步骤，未按正常手续对施工方案进行交接，对事故的发生应负技术上的直接领导责任。

⑩ 项目经理部项目工程师茅某，负责工程项目的具体技术工作，未按规定认真编制模板工程施工方案，施工方案中未对“施工组织设计”进行细化，未按规定组织模板支架的验收工作，对事故的发生应负技术上的重要责任。

⑪ 该建筑公司副总经理万某，负责该建筑公司的施工生产和安全工作，深入基层不够，对现场施工混乱、违反施工程序缺乏管理，对事故的发生应负领导责任。该建筑公司总经理刘某，负责公司的全面工作，对公司安全生产负总责，对施工管理和技术管理力度不够，对事故的发生应负领导责任。

(5) 事故预防措施与对策

① 组织措施

A. 决定召开全市大会，通报事故情况、公布对责任者的处理意见、对全市建筑行业下一步安全生产工作提出具体明确的要求。

B. 相关部门认真吸取事故教训，举一反三，按国家行业管理的各项法律法规的要求，强化行业管理，采取有力措施，加强技术管理工作，针对薄弱环节和存在的问题，完善各项规章制度和责任制。

C. 加强对施工企业的管理力度，规范企业的施工现场管理、技术管理、用工管理，坚决制止私招乱雇现象；新入场工人，必须进行严格的三级安全教育，特别是对特种作业人员持证上岗情况，一定要严格履行必要的验证手续，如审查备案证书的原件；对农民工应加强对施工现场危险危害因素和紧急救援、逃生方面知识的教育。

D. 加强对监理单位的管理工作，严格按规范建设监理市场，严禁无证监理；禁止将监理业务转包或分包；监理人员必须持证上岗；监理公司应充实安全技术专业监理人员，对施工过程中的每个环节，特别是对技术性强、工艺复杂、危险性较大的项目一定要监理工作到位。

② 技术措施

A. 按照《中华人民共和国建筑法》的规定，对专业性较强的分部分项工程，必须编制专项施工方案，在施工中遵照执行。

B. 专项施工方案必须具有按规范规定的计算方法的设计计算书，具有符合实际的、有可操作性的构造图及保证安全的实施措施。

C. 对特殊、复杂、技术含量高的工程，技术部门要严格审查、把关；健全检查、验收制度，提高防范事故的能力。

D. 严格履行现场施工技术管理程序，认真执行签字、验收责任制度，依法追究责任。

E. 在购买和使用建筑用材料、设备时，必须有产品合格证、检测报告书、生产许可证（若需要时）等，签订购置、租赁合同时要明确产品质量责任，必要时可委托有资质的单位进行检验。

5.4 钢筋工程安全生产技术

5.4.1 一般安全规定

（1）作业前必须检查机械设备、作业环境、照明设施等，并试运行，确保其符合安全要求。作业人员必须经安全培训考试合格后才上岗作业。

（2）脚手架上不得集中堆放钢筋，应随时使用随运送。

（3）操作人员必须熟悉钢筋机械的构造件性能和用途，并应按照清洁、调整、紧固、防腐、润滑的要求，维修保养机械。

（4）机械运行中停电时，应立即切断电源。收工时应按顺序停机、拉闸，锁好电箱门，清理作业场所。电路故障必须由专业电工排除，严禁非电工拆、修电气设备。

（5）操作人员作业时必须扎紧袖口，理好衣扣，严禁戴手套。

（6）电动机械转动齿轮、皮带盘等高速运转部分，必须安装防护罩或防护板。

（7）电动机械的电箱必须按规定安装漏电保护器的专用开关箱。

（8）工作完毕后，应用工具将铁屑、钢筋头清除，严禁用手抹或嘴吹。切好的钢材半成品必须按规格堆放整齐。

（9）钢筋断料、配料、弯料等工作应在地面进行，不准在高空操作。

（10）搬运钢筋要注意附近有无障碍物、架空电线和其他临时电气设备，防止钢筋在回转时碰撞电线或发生触电事故。

（11）钢筋绑扎安装：

① 在高处（2 m 或 2 m 以上）或深基坑绑扎钢筋和安装钢筋骨架，必须搭设脚手架操作平台，临边应搭设防护栏杆。

② 绑扎立柱和墙体钢筋时，不得站在钢筋架上或攀登钢筋骨架上下。

③ 绑扎在建工程的圈梁、挑梁、挑檐、外墙和边柱钢筋时，应站在脚手架或操作平台上作业，无脚手架时必须搭设水平安全网。悬空大梁钢筋的绑扎，必须站在满铺脚手架板的脚手架上或操作平台上操作。

④ 绑扎基础钢筋，应设钢筋支架或马凳。深基础或夜间施工应使用低压照明灯具。

⑤ 钢筋骨架安装时，下方严禁站人，必须在骨架降落到楼、地面 1 m 以内方准靠近，就位支撑好，方可摘钩。

（12）起吊钢筋时，规格必须统一，不准长短参差不一，细长钢筋不准一点吊。

(13) 绑扎和安装钢筋,不得将工具、箍筋或短钢筋随意放在脚手架或模板上。

(14) 雷雨天气必须停止露天操作,预防雷击钢筋伤人。

(15) 钢筋骨架不论其固定与否,都不得在其上行走,禁止从柱子的箍筋上上下。

5.4.2 钢筋工程操作安全要求

(1) 高处作业时,必须遵守高处作业安全技术操作规程。

(2) 工作前必须检查使用工具、各种操作台和机械设备安装是否平稳牢固。明齿轮、转轴、皮带应设安全防护罩。

(3) 电气设备和线路应绝缘良好,并应接地或接零。电源开关应设箱加锁,箱内不准堆放工具或其他东西。

(4) 人工切断钢筋时,短于 30 cm 的钢筋头应用钳子夹紧,且与打锤人站成斜角,禁止面对面打锤,以免钢筋弹起伤人。

(5) 深坑作业应登梯子上下,不准攀登模板和站在支撑上工作,并应戴安全帽。

(6) 用机械切断钢筋、弯钢筋或拉直钢筋等作业,要设置标志或划出安全区,禁止非工作人员进入;短于 30 cm 的钢筋,不得用机械切断。

(7) 在用胶轮车运输长钢筋时,料要装稳妥,下坡时不要猛冲,防止料车撞人。

(8) 搬运长钢筋时,要几人一起抬,行动必须一致,要同起同落,防止伤人。

(9) 冷拉钢筋时,两端须设挡板或围栏,以免钢筋被拉断而冲击伤人。在钢筋周围不准有人作业与通行。

(10) 钢筋绑扎前要进行除锈,不许在高空除锈。现场绑扎钢筋要注意周围带电体。施工现场有裸线、破皮电线时,要通知电工采取措施后方可作业。

(11) 绑扎钢筋,柱身每升高 1.8 m 要设一层脚手架。绑扎钢筋和进行纵横梁配筋工作时,应站在密铺的脚手板和有安全栏杆的脚手架上操作,并系好安全带和戴好安全帽。禁止站在模板和脚手架的横杆上操作与通行。传递钢筋时要打招呼,注意周围作业人员的安全。

(12) 柱子钢筋骨架直立定位后,必须将四角用绳索拉紧。

(13) 进行钢筋焊接作业时,应遵守焊工安全技术操作规程的有关规定。

(14) 预应力施工用各种机具,应由专人妥善保管、使用、维护和校验。张拉时,两端严禁站人,并应有防护措施。

(15) 工作完毕后把所有的设备工具检查一遍,并完整地放在指定的地点。

(16) 起吊钢筋骨架时,应遵守起重工安全技术操作规程中的有关规定。

5.4.3 钢筋机械操作

5.4.3.1 使用钢筋切断机应遵守的规定

(1) 操作前必须检查切断机刀口,确定安装正确,刀片无裂纹,刀架螺栓紧固,防护罩牢靠,然后手扳动皮带轮检查齿轮咬合间隙,高速刀刃间隙,空运转正常后再进行操作。

(2) 钢筋切断应在调直后进行,断料时要握紧钢筋。多根钢筋一次切断时,总截面面积应在规定范围内。

(3) 切断钢筋时,手与刀口的距离不得小于 15 cm。断短料时,手握端小于 40 cm 时,应用套管或夹具将钢筋短头压住或夹住,严禁用手直接送料。

(4) 机械运转中严禁用手直接清除刀口附近的断头和杂物。在钢筋摆动范围内和刀口附近,非操作人员不得停留。

(5) 发现机械运转异常、刀片歪斜等,应立即停机检修。

(6) 切断钢筋时,禁止超过机械的负荷能力,切断低合金钢等特殊钢筋时,应用高硬度刀片。

(7) 切长钢筋应有专人扶住,操作时动作要一致,不得任意拖拉。切断钢筋须用套管或钳子夹住送料,不得直接送料。

(8) 切料机旁应设有放料台,切断的料头随时清除。

5.4.3.2 使用钢筋调直机应遵守的规定

(1) 调直机必须设专人操作,非操作人员禁止使用。

(2) 机械运转正常后,才能工作。

(3) 机械上不准堆放工具和其他物品。

(4) 钢筋装入底滚,手与滚筒应保持一定距离,机器运转中不得调整滚筒,严禁戴手套操作。

(5) 钢筋调直到末端时,要严防端头甩出伤人。

(6) 短于 2 m 或直径大于 9 mm 的钢筋调直,应低速加工。

5.4.3.3 弯曲机应遵守的规定

(1) 机械运转正常后,方能工作。

(2) 钢筋要贴紧挡板,注意放入插头的位置和回转方向,不得错开。

(3) 弯曲长钢筋,应有专人扶住,并站在钢筋弯曲方向的外面互相配合,不得拖拉。

(4) 调头弯曲,防止碰撞人和物。

(5) 工作台和弯曲工作盘台应保持水平,操作前应检查芯轴、成型轴、挡铁轴、可变挡架有无裂纹或坏防护罩、板牢固。待空运转正常后,方可作业。

(6) 操作时要熟悉定向开关控制工作盘运转的方向,钢筋放置要和挡架、工作盘旋转方向配合,不得反放。

(7) 改变工作盘旋转方向时必须在停机后进行,即从正转—停—反转,不得直接从正转—反转或反转—正转。

(8) 弯曲机运转中严禁更换芯轴、成型轴或变换角度及调速,严禁在运转时加油或清扫。

(9) 弯曲钢筋时,严禁超过该机对钢筋直径、根数及机械转速的规定。

(10) 严禁在弯曲钢筋的作业半径内和机身不设固定销的一侧站人。弯曲好的钢筋应堆放整齐,弯钩不得朝上。

5.4.3.4 点焊、对焊机(包括墩头机)应遵守的规定

(1) 操作工人应遵守焊工安全技术操作规程的有关规定。

(2) 焊接前应根据钢筋截面调整电流。发现焊头漏电,应立即更换,禁止使用。

(3) 工作棚要用防火材料搭设,棚内严禁堆放易燃、易爆物品,灭火器材应保持良好状态。

(4) 对焊机断路器的接触点、电极(铜头)要定期检查修理。冷却水管保持畅通,不得漏水和超过规定温度。

(5) 对焊机应有可靠的接零保护和漏电保护装置,多台对焊机并列安装时,间距不得小于 3 m,并应接在不同的相线上,有各自的控制开关。

(6) 作业前进行检查,对焊机的压力机构应灵活,夹具必须牢固,气、液压系统应无泄漏,正常后方可施焊。

(7) 焊接前应根据所焊钢筋截面调整二次电压,不得焊接超过对焊机规定直径的钢筋。

(8) 应定期磨光短路器上的接触点、电极,短路器应定期紧固,二次电路全部连接螺栓,冷却水温不得超过 40 ℃。

(9) 焊接较长钢筋时应设置托架,焊接时必须防止火花烫伤其他人员。在现场焊接竖向柱钢筋时,焊接后应确保焊接牢固后再松开卡具,进行下道工序。

5.4.3.5 预应力钢筋制作与安装

(1) 在测钢筋伸长或拧紧螺帽时,应站在两侧,并停止操作千斤顶或开动卷扬机,严防钢筋断裂伤人。

(2) 进行冷拉钢筋时,两端人员把钢筋卡好,离开后方可开车冷拉。

(3) 用卷扬机冷拉钢筋时,操作人员应穿戴好防护用品。冷拉机两侧附近不许站人,卷扬机棚前应设防护栏杆。

(4) 当进行粗钢筋施工时,应在横梁内侧钢筋端头加螺帽或焊接上绑条,以防钢筋拉断伤人。

(5) 冷拉钢筋时,其两端均应装有安全防护装置,并设明显的警示标志,不许用手摸或脚踩钢筋。

(6) 进行钢筋时效处理时,应严防烫伤。

(7) 进行冷拉工作,要有专人操作。

(8) 卷扬机使用完毕或遇到停电时,应切断电源,并遵守卷扬机的有关安全技术操作规程。

5.4.4 安全事故警示

(1) 事故简介

重庆市某工程在施工过程中由于墩柱钢筋笼失稳,压倒施工排架,导致正在钢筋笼和脚手架上作业的 9 名作业人员全部坠地,造成 3 人死亡,6 人受伤。

(2) 事故发生经过

2001 年 4 月 20 日上午 7 时 30 分,重庆市沙坪坝某工程 A 标段施工现场,8# 轴施工部位因 8# A 墩柱钢筋失稳歪倾,压倒施工排架,并将与之相连的 8# A 墩柱钢筋笼及其排架一同带倒,导致正在钢筋笼和排架上作业的 9 名作业人员全部坠地,造成 3 人死亡,6 人受伤。

(3) 事故原因分析

① 技术方面

技术文件编制欠周全,只用一个总的“施工措施”来指导施工,没有针对单项工程的特殊环境编制单项施工方案或安全技术措施,造成施工作业无章可循。

因独立墩柱钢筋笼自身刚度不够,与脚手架的连接方式不可靠,造成钢筋笼结构稳定性较差;因长期阴雨连绵,作业人员为图方便,违章攀笼作业,加剧钢筋笼的失衡,最终导致了事故的发生。

② 管理方面

项目部安全生产意识淡薄,安全管理机制不能有效运转,项目陷入失控局面,各项安全生产管理制度未能真正落实到位，对现场职工的安全教育培训流于形式，导致施工作业人员违章作业；由于没有专项施工技术方案，施工班组无法按照有关规范要求的间距搭设脚手架，导致脚手架的稳定性减弱。

(4) 事故的结论与教训

这是一起重大责任事故。一是对从业人员的生命安全造成了重大威胁，使部分人员失去了宝贵的生命。二是事故造成的直接经济损失近41万元，给单位和社会造成了恶劣的影响。三是迫使某集团不得不因此退出重庆市建筑市场，对某集团的生存与发展造成了极大的威胁。

此次事故深刻而惨痛的教训：施工安全是建筑企业的生命线，每时每刻都不能放松安全管理、教育，谁放松了安全管理，谁就要受到生产安全事故的无情惩罚；施工安全是一门技术，没有翔实、科学的安全技术措施作指导，仅凭经验搞安全管理，是不能确保施工安全的；安全生产必须依靠自上而下的安全管理网络，扎扎实实地落实各项安全生产法律、法规、规章制度和标准，施工安全才能得到保障。

(5) 事故的预防对策

① 调整项目领导班子，充实管理、技术力量，免除该项目部项目经理的职务，派一名公司副经理担任项目经理，并从集团抽调一名注册桥梁结构工程师担任项目总工程师，质量安全保证部增加一名经验丰富的专职安全员。

② 加强专项施工方案的编制和安全技术交底。该事故使我们充分认识到只有做到有章可循，才不会违章冒险蛮干或仅凭经验办事，因此，项目部为每个单元工程编制了专项施工方案。即：桩板式挡墙专项施工方案、盖梁专项施工方案、预制箱梁专项施工方案、墩柱专项施工方案、连续箱梁专项施工方案、桥面系专项施工方案等，并在每个专项施工方案中，编制专门的安全技术措施和进行安全技术交底。

5.5 混凝土工程安全生产技术

5.5.1 混凝土工程一般安全规定

(1) 工作前应先检查工具、脚手架、各种操作台和机械设备是否安装稳固。外露齿轮应设防护罩，投料口两侧应设安全栏杆。

(2) 搅拌机转动时，严禁用铁锹等物伸入搅拌筒内扒搅(混凝土)。

(3) 传送机运转时，严禁清理卷轮、滑车和传送带上的附着物。

(4) 电气设备和线路应绝缘良好，并应接地和接零。电源开关箱应加锁，箱内不准放工具及其他东西。

(5) 搅拌机司机和水泥投料人员应戴口罩和风镜。

(6) 使用捣固器或平板振动器的人员应穿绝缘胶靴，湿手不得接触电源开关。在连续浇灌混凝土的振捣中，平板振动器工作约30 min后应休息5 min。如发现振动器发热或临时出现故障，应立即停止使用。当每次移动位置或工作中断时，都应先把捣固器及平板振动器的电源及开关关闭。

(7) 浇灌基础(地下室底板)不得踩在模板或钢筋上作业。浇灌悬臂梁(板)、阳台时，应先检查钢筋是否符合实际要求位置、模板支撑是否牢固。作业时要确保钢筋位置不变。

(8) 在基坑内浇灌混凝土时应戴安全帽，并在混凝土滑槽处有防护措施。

(9) 浇灌屋面或楼面混凝土板时，外围必须有脚手架及安全护栏。

(10) 运输混凝土用的脚手架、跳板应搭设平稳、牢固，并有防护措施。运输车应中速行驶，下坡转弯应缓行。卸载时，应在卸料设备或模板与之接通处设立挡木，以免车辆后退撞坏或撞动设备及模板。

(11) 使用吊斗(车辆)向上运送混凝土时，吊斗(车辆)下面严禁人员通过、停留或放工具等物。

(12) 对于化工厂建筑中的特种混凝土工程，在施工、配料过程中，操作人员应注意防毒。

(13) 高处作业应遵守高处作业安全技术操作规程。

5.5.2 混凝土施工安全技术

5.5.2.1 材料运输

(1) 搬运袋装水泥时，必须逐层从上层往下阶梯式搬运，严禁从下抽拿。存放水泥时，必须压碴堆放，并不得堆放过高(一般以不超过 10 袋为宜)，水泥堆放不得靠近墙壁。

(2) 使用推车运料，向搅拌机料斗内倒砂石时应设挡掩，不得撒把倒料；运送混凝土时，装运混凝土量应低于车厢 5～10 cm。不得抢跑，空车应让重车，并及时清扫撒落的材料，保持现场环境整洁。

(3) 垂直运输使用井架、龙门架、外用电梯运送混凝土时，车把不得超过吊盘(笼)以外；外用吊送混凝土时，车必须焊有牢固吊环，吊点不得少于 4 个，并保持车身平衡；使用专用吊斗时，吊环应牢固可靠，吊索具应符合起重机械安全规程要求。

(4) 用塔机运料斗浇捣混凝土时，起重指挥、扶斗人员与塔吊驾驶员应密切配合，当塔吊放下料斗时，操作人员应主动避开，随时防止料斗碰头。

5.5.2.2 混凝土浇灌

(1) 浇灌混凝土使用的溜槽节间必须连接牢靠，操作部位应设护身栏杆，不得直接站在溜槽上操作。

(2) 离地面 2 m 以上浇捣过梁、雨篷、小平台等，不准站在端头上操作，如无可靠、安全的设施时，必须戴好安全带，并扣好保险钩。

(3) 浇灌弓形结构，应自两边拱脚对称同时进行；浇灌圈梁、雨篷、阳台时，应设置安全防护设施。

(4) 使用泵送混凝土时应由 2 人以上牵引。管道接头、安全阀、管架等必须安装牢固，运输前试送，检修时必须卸压。

(5) 预应力灌浆应严格按照规定压力进行，输浆管道应畅通，阀门接头应严密牢固。

(6) 混凝土振捣器使用前必须经电工检验确认合格后方可使用。移动开关箱内必须装设漏电保护器，插座插头应完好无损，电源线不得破皮漏电；操作者必须穿绝缘鞋(胶鞋)，戴绝缘手套。

(7) 夜间施工时，应有足够的照明，并经二级漏电保护。灯具应架空或用固定支架，离地不低于 2.4 m。

5.5.2.3 混凝土养护

(1) 使用覆盖物养护混凝土时，预留孔洞必须按规定设牢固盖板或围栏，并设安全标志。

(2) 使用电热法养护混凝土时应设警示牌、围栏，无关人员不得进入养护区域。

(3) 用软管浇水养护时，应将水管接头连接牢固，移动皮管不得猛拽，不得倒行拉移皮管。

(4) 蒸气养护时，操作人员和冬季施工测温人员不得在混凝土养护坑(池)边沿站立和行走，应注意脚下孔洞和磕绊物等。

(5) 覆盖物养护材料使用完毕后，必须及时清理并存放到指定地点，堆放整齐。

5.5.3 主要专用设备安全操作

5.5.3.1 搅拌机

(1) 禁止非工作人员操作。

(2) 在操作前必须检查各零件是否完好，是否接地可靠，各油路是否畅通，各种螺栓中是否有异物，并进行试运转。

(3) 每次搅拌的混凝土不得超过所规定的数量，在滚筒内有料没倒出时不得启动，以免损坏电机。

(4) 发现机器出现故障时要及时报告，及时进行修理，现场修理时，应切断电源。进入滚筒内工作时，外面应设专人监护。

(5) 搅拌时不准把铁锹或其他工具插入滚筒内。

(6) 混凝土搅拌机的离合器、制动器、料斗上升限位器，必须灵敏可靠。料斗保险链条、传动皮带罩、电器防护罩等防护装置，应齐全有效。

(7) 不得采用闸刀直接启动，搅拌筒旋转方向与箭头指示方向相符。

(8) 进料斗钢丝绳应符合安全规定，绳端固定处必须牢固可靠。

(9) 上料台高度应便于操作，料台宽度不得小于 1 m，斜道坡度不大于 1∶3。

(10) 清洗时，严禁头、手伸入搅拌筒内。

5.5.3.2 振动器与风镐

(1) 振动器使用前要进行检查，并要专人负责。

(2) 在振动中不可超过棒头和钢筋，不能相碰以免损坏。

(3) 振动器的电机不准接触水泥和浸水，防止人身触电和损坏电机。

(4) 振动器使用前必须由电工检查，否则不能使用。

(5) 振动器导线不能有破损和漏电现象，应尽量将软线架空，吊起使用。

(6) 操作振动器的人员应戴绝缘手套。

(7) 在工作间歇或振动器转移地点时，必须切断电源。

(8) 使用风镐时按说明书规定和要求来用，如发现缺少机件和有损坏处应及时进行修理，否则不准使用。

5.5.3.3 混凝土泵

(1) 液压系统卸荷阀启动压力必须按使用说明书调至规定值。

(2) 进料斗上必须装有完整的防护栅栏。

(3) 各指示仪表必须灵敏可靠，指示正确。

(4) 作业前必须将泵送设备停放在水平位置，并楔紧轮胎，防止泵车偏移造成翻车。

(5) 随机须配备金属网篮，以收集因清理管道而排出的泡沫、橡胶及砂石。

(6) 泵车料斗注料的最低位置应在搅拌轴以上，否则空气涡流会将混凝土从集中料斗中吹出伤人。

(7) 高层泵送泵机出口处压力较大,管道易磨损,故易发生管道爆裂事故,除应经常检查外,一般在补充新管时,应首先装在泵机出口处。

5.6 砌筑工程安全生产技术

(1) 在操作之前必须检查操作环境是否符合安全要求,道路是否畅通,机具是否完好,安全设施和防护用品是否齐全,经检查符合要求后方可施工。

(2) 砌筑深度 1.5 m 的基础时,应经常检查和注意基坑土质变化情况,有无崩裂现象,堆放砖块材料应离开坑边 1 m 以上。当深基坑装设挡板支撑时,操作人员应设梯子上下,不得攀跳,运料不得碰撞支撑,也不得踩踏砌体支撑上下。运料、砂浆要设有溜槽,严禁向下猛倒、抛掷物料和工具等。

(3) 墙身砌体高度超过地坪 1.2 m 以上时,应搭设脚手架,脚手架未经交接验收不得使用。验收使用后不准随便拆改。

(4) 在架子上砍砖时,操作人员必须面向里,把砖头斩在架子上。挂线用的坠物必须绑扎牢固。作业环境中的碎料、落地灰、杂物、工具集中下运,做到日产日清,自产自清,工完、料净、场地清。

(5) 脚手架上堆放料量不得超过规定荷载(均布荷载不得超过 3 kN/m,集中荷载不得超过 1.5 kN)。

(6) 不准站在墙顶上做画线、刮缝和清扫墙面或检查大角垂直等工作。

(7) 不准用不稳固的工具或物体在脚手板面垫高操作,更不准在未经过加固的情况下,在一层脚手架上随意再叠加一层,脚手板不允许有探头现象,不准用 50 mm×100 mm 木料或钢模板作站人板。

(8) 采用里脚手架砌墙时,不准站在墙上清扫墙面和检查大角垂直等作业。不准在刚砌好的墙上行走。

(9) 在同一垂直面上上下、交叉作业前,必须设置安全隔离层。

(10) 用起重机吊运砖时,砖笼往楼板上放砖,要均匀分布,并必须预先在楼板底下加设支柱及横木承载。砖笼严禁直接吊放在脚手架上。垂直运输的吊笼、绳索具等,必须满足负荷要求,牢固无损,吊运时不得超载,并须经常检查,发现问题及时处理。

(11) 吊砂浆的料斗不能装得过满,吊物回转范围内不得有人停留。

(12) 砖料运输车辆两车前后距离,在平道上不小于 2 m,坡道上不小于 10 m,装砖时要先取高处,后取低处,防止倒塌伤人。

(13) 砌好的山墙,应将临时联系杆(如檩条等)放置各跨山墙上,使其联系稳定,或采取其他有效的加固措施。

(14) 冬期施工时,脚手板上有冰霜、积雪,应清除后才能上架子进行操作。

(15) 如遇雨天及每天下班时,要做好防雨措施,以防雨水冲走砂浆,使砌体倒塌。

(16) 人工垂直向上或往下(深坑)传递砖块,架子上的站人板宽度应不小于 60 cm。

5.7 装饰工程安全生产技术

5.7.1 饰面作业

(1) 操作前应先检查脚手架是否稳固,操作中也应随时检查。

(2) 室内粉刷,应使用木制或钢木组合的活动脚手架。采用马凳搭设脚手板的距离不超过 2 m,马凳下禁止垫砖、石、木等物。室外粉刷必须搭外脚手架或设专用跳板。脚手架要搭牢固才能工作。

(3) 禁止在暖气片、洗面盆、化工管路等器物上搭设脚手架,在楼梯间进行工作时禁止使用靠梯,不许将工作梯放在楼梯或斜坡上进行工作。

(4) 灰桶、工具放在脚手板上,应平稳牢固;禁止多人集中在一块脚手板上操作。

(5) 墙壁抹灰要平行作业,上下同时作业时,位置要错开。工作时应戴安全帽。

(6) 淋灰、筛灰时应戴必要的防护用品。石灰池周围应有防护措施,取灰时应在有防滑条的站板上操作,不要站在灰膏上面。

(7) 机磨水磨板面时应穿胶靴,经常检查橡皮线,严防触电伤人。

(8) 喷胶和刷浆时必须注意周围的电气设备,以免触电。

(9) 灰浆内掺和其他化学含毒成分时,须做好相应的保护措施。

(10) 贴面使用的预制件、大理石、瓷砖等,应堆放整齐平稳,边用边运。安装要稳拿稳放,待灌浆凝固稳定后,方可拆除临时设施。

(11) 6 级以上大风时,应暂停高空作业。

5.7.2 楼地面工程作业

(1) 施工前,应逐级做好安全技术交底,检查安全防护措施。并对现场所使用的脚手架材料、机械设备和电气设施等,进行认真检查,确认其符合安全要求后方能使用。

(2) 进入施工现场必须戴好安全帽。进入施工地点应按照施工现场设置的禁止、警告、提示等安全标志和路线行走。在有害于身体健康的区域内施工,必须戴好防护面具,还应采取相应的防范措施。

(3) 严禁任意拆除或变更安全防范设施。若施工中必须拆除时,须经工地技术负责人批准后方可拆除或变更。施工完毕,应立即恢复原状,不得留有隐患。

(4) 使用外加剂(如氢氧化钠、盐酸、硫酸等)时,不准赤手拿取,应穿鞋套、戴手套和口罩,以防烧伤皮肤。

(5) 机电设备的操作人员,必须经过专门培训,持有操作合格证。电工的所有绝缘、检验工具应妥善保管,严禁他用,并应定期检查、校验。每种施工机械,应专线专闸,线路不得乱搭。

(6) 使用磨石机时应戴绝缘手套并穿胶靴,电源线应完整,金刚砂块安装必须牢固,经试运正常,方可操作。

(7) 操作手电钻时,应先启动后接触工件。钻薄板要垫平垫实,钻斜孔应防止滑钻。操作时应用杠杆压住,不得用身体直接压在上面。

(8) 处理地面和楼面基层时,不得从窗口向外乱抛杂物,以免伤人。

(9) 搬运陶瓷锦砖等易碎面砖时,宜用木板整联托住。

(10) 陶瓷砖板加热或粉末材料烘干地点,要有专人看管。

(11) 使用塑料板、拼花硬木等材料进行地面与楼面操作时应遵守下列规定:

① 在施工地点和贮存塑料板材、胶粘剂的仓库内外,必须置备足够的消防用品。施工现场存放丙酮、松节油、汽油、胶粘剂等的数量,不得多于当天用量,用后必须及时盖严。

② 施工场所必须空气流通,必要时可用人工通风。使用氯丁橡胶胶粘剂和其他带毒性、刺激性的胶粘剂时,操作人员应戴防毒口罩。刷胶人员还应在手上涂防腐蚀油膏。一般连续作业 2 小时后,应到户外休息半小时。有心脏病、气管炎、皮肤过敏者不宜进行此项施工。

③ 木材、刨花板、沥青及其他胶粘剂均属易燃品,在操作过程中严禁吸烟,现场必须置备足够消防设施。

(12) 夜间操作场所照明,应有足够的照度,临时照明电线及灯具的高度应不低于 2.5 m。易爆场所应用防爆灯具。对于危险区段,必须悬挂警戒红灯,并有专人负责安全工作。

5.7.3 裱糊工程作业

(1) 使用合梯时,由下向上的第一挡应用绳子拉牢,梯脚应有防滑护套。用两个合梯搭跳板施工时,跳板不得放在最高一挡,以防滑倒。

(2) 施工中使用易燃物或有害物质时,应采取相应的防护措施。

(3) 遵守安全技术操作规程,进入施工现场应戴好安全帽;登高操作应穿软底鞋,根据操作条件,必要时应系好安全带。

5.7.4 吊顶、隔断施工

(1) 吊顶工程作业时,脚手架及脚手板铺设应牢固稳定,使用人字梯时应将中间拉绳系牢。

(2) 电动、电焊等设备工具在使用时应由专人保管,并应按照电气安全操作规定进行操作,不得随意乱拉电线,不得违章作业。

(3) 多工种交叉作业时,应注意上下工序的配合,不得任意扔掷工具及材料,以免伤人。

(4) 施工用的临时马道应架设或吊挂在结构受力构件上,严禁以吊顶龙骨作支撑点。

(5) 隔断骨架施工中,在其未与墙体基层连接固定之前,应设有适当的临时支撑。

(6) 厚玻璃隔断完成后,应有明显的警示标志。

5.7.5 油漆涂料施工

(1) 油漆工的作业场地严禁存放易燃物品。工作场地不许吸烟并必须备有防毒面具。熟练掌握消防知识,不准进行焊接和一切明火作业。

(2) 无论是喷漆或刷擦作业,严禁踏在未干的构件或设备上,以防滑倒。

(3) 工作时使用的梯子、跳板必须坚固,要有防滑措施,否则不准使用。

(4) 油漆涂料凝结时,不准用火熔化。

(5) 两人在同一工件作业时,应互相协作,以防碰撞。

(6) 在离地 2 m 以上高处作业和二层以上窗扇外面刷油漆时应系好安全带,并须把安全绳拴在可靠的安全地点。天窗、屋架、屋面板等处刷油漆和刷浆,应搭悬空脚手架。室内净高

4.5 m以上刷天棚油漆时，应搭满堂架子，不准在暖气片或设备管线、配件上搭设跳板。在车辆行人经过的地方工作时，附近应设临时挡物、警示标志或派人监护。

(7) 刷有毒性油漆时，通风应良好，并使用必要的防护用品。在容器或封闭的地沟内刷防锈漆或挥发性油类时，应轮换作业，采取通风措施和防爆措施，并不准穿带铁钉的鞋进入工作场所。

(8) 油漆涂料、稀释剂应由专人妥善保存管理，并注意防火。油棉纱一定要放在桶内，不得乱存乱放。

(9) 机器在转动时，不准进行刷油漆和喷漆工作。

(10) 在涂刷油漆时，必须避免油漆滴在脚手板上，如有油滴要抹净，并用干灰吸干，防止滑倒伤人。

(11) 处理废酸、废物或废旧煤油、汽油、松节油、硝基漆等易燃物时，必须由有经验的工人负责。

(12) 熬油漆或向熔化物投放挥发性溶剂时，须先熄火，以降低溶剂的温度，不使它达到沸点。

(13) 在易燃易爆生产环境中清除油垢应遵守有关规定。

(14) 用锅熬油漆不得超过容量的3/4。锅内不能沾水。熬油漆工作结束后，应将锅下余下的火熄灭。

(15) 工作结束后，应做好现场和个人的清洁卫生。下班或餐前一定将手洗净，涂凡士林的部位也全部洗净。

(16) 登高作业必须遵守高处作业安全技术操作规程。

(17) 在化工车间工作防止泄漏中毒，常压、敞口、易燃物料储槽除锈工作应按动火要求办理手续。其他容器内作业，事先必须办理作业许可证。

5.7.6 玻璃安装

(1) 在安装玻璃时，必须两人操作；不要用力过猛，手指不能沿玻璃边缘移动，防止伤手；装配大量玻璃应在固定地点进行，碎玻璃要集中堆放。

(2) 在高处作业安装玻璃时，必须两人操作，并须设有防止玻璃及工具掉下的防护措施；所有玻璃必须在下面没人时往上递，严禁自己随身携带玻璃上梯子，作业垂直下方禁止有行人，并要遵守高处作业安全技术操作规程。

(3) 将玻璃割完时必须倒棱，防止安装时割手。安装玻璃时应将玻璃放置稳妥。安装门窗玻璃时，应检查门窗是否牢固，然后再上玻璃防止门窗倾倒伤人，禁止将梯子靠在门窗或玻璃上。

(4) 工作完毕，必须检查所使用的工具，应完整地放在指定地点，不得乱扔，将工作场地清理干净后，方可离开工作场地。

(5) 门窗扇安装完后，应随即将负钩或插销挂上，以免因刮风而打碎玻璃。

(6) 在更换旧玻璃时，禁止随意乱扔乱砸。

5.7.7 门窗安装

(1) 经常检查所用工具是否牢固，防止脱柄伤人。

(2) 安装二层楼以上外墙门窗时，外侧防护应齐全可靠，操作人员必须系好安全带，工具应随手放进工具袋内。

(3) 立门窗时必须将木楔背紧，作业时不得一人独立操作，不得碰触临时电线。

(4) 安装上层窗扇，不得向下乱扔东西，工作时注意脚要踩稳，不要向下看。

(5) 搬运门窗时应轻放，不得使用木料穿入框内吊运至操作位置。

(6) 门窗不得平放，应该竖立，竖立坡度不大于 20°，并且不准以人字形堆放。

(7) 工作完毕后，必须将操作地点的杂物清理干净，并运至指定地点集中堆放。

5.7.8 外装饰抹灰工程作业

(1) 高空作业时，应检查脚手架板是否破损，挡脚板、拉结等确认合格，方可作业。

(2) 对脚手板不牢固之处和跷头板等及时处理。

(3) 在架子上工作，工具和材料要放置稳当，不准随便乱扔。

(4) 用塔吊上料时，要有专职指挥，遇六级以上大风时暂时停工作业。

(5) 砂浆机应有专人操作维修、保养，电气设备应绝缘良好并接地，并做到二级漏电保护。

(6) 严格控制脚手架施工负载。

(7) 不准随意拆除、斩断脚手架软硬拉结，不准随意拆除脚手架上安全设施，如妨碍施工必须经项目部负责人批准后，方能拆除妨碍部位。

5.7.9 室内水泥砂浆抹灰工程作业

(1) 室内抹灰使用的木凳、金属支架应平稳牢固，脚手板离地高度不大于 2 m，宽度不得少于两块(50 cm)脚手板，架子上堆放材料不得过于集中，存放砂浆的灰斗、灰桶要放稳。

(2) 搭设脚手板时不得有跷头板，并严禁脚手板支搁在门窗及非承重的物器上。

(3) 操作前应检查架子、高凳等是否牢固，如果发现不安全地方应立即加固处理，不准用 50 mm×100 mm、50 mm×200 mm 木料(2 m 以上跨度)、钢模板等作为站人板。

(4) 搅拌与抹灰时(尤其在抹顶棚时)，应防止灰浆溅落眼里。

(5) 在室内推运输小车时，特别是在过道中，拐弯时要注意小车挤手。在推小车时不准倒退。

(6) 严禁从窗口向下随意抛掷东西。

(7) 使用井架，井架篮吊起或放下时，必须关好井架安全门，头、手不得伸入井架内，待吊篮停稳，方可进入吊篮内工作。

(8) 夜间或阴暗处作业，应用 36V 以下安全电压照明。

5.8 起重吊装安全生产技术

5.8.1 一般规定

(1) 起重设备司机必须经过专业培训，并经过有关部门考核批准，发给合格证件后，方准单独操作。严禁无证人员动用起重设备。

(2) 必须遵守一切交通管理规则和有关规章制度，严禁酒后开车，驾驶时不准吸烟、饮食和闲谈。在禁火区内作业必须装阻火器。

(3) 工作前必须检查各操作装置是否正常,钢丝绳是否符合安全规定,制动器、液压装置和安全装置是否齐全和灵敏可靠,严禁车辆带病运行。

(4) 司机与起重工必须密切配合,听从指挥人员的信号,操作前,必须先鸣喇叭,如发现指挥手势不清或错误时,司机有权拒绝执行。工作中,司机对任何人发出的紧急停车信号都必须执行,立即停车,待消除不安全因素后按指挥人员信号继续工作。

(5) 起重机在运行时,严禁无关人员进入驾驶室和上下塔梯。

(6) 在松软地面上工作的起重机,应在使用前将地面垫平、压实。机身必须固定平稳,支撑必须安放牢固,防止倾倒。作业区内应有足够的空间和场地。

(7) 在起吊重物时,应先将重物吊离地面 10 cm 左右,检查起重机的稳定性和制动器等是否灵活有效,在确认正常后方可继续工作。

(8) 起重机在进行满负荷或接近满负荷起吊时,禁止同时进行两种或两种以上的操作动作。起重臂左右旋转角度都不能超过 45°,并严禁斜吊、拉吊和快速起落,不准吊拔埋入地面的物件。

(9) 汽车、履带起重机不得在斜坡上横向运行,更不允许朝着坡的下方转动起重臂,如果必须运行或转动时,必须将机身先垫平。

(10) 起重机在工作时,起重臂下、吊钩和被吊重物下面严禁站人。作业区内禁止无关人员停留或通行。

(11) 起重机在带电线路附近工作时,应与带电线路保持一定的安全距离,在最大回转半径范围内,其允许与输电线路的最近距离要符合有关规定,雨雾天工作时安全距离还应适当放大。起重机在输电线下面通过时,应先将起重臂放下。

(12) 起重机严禁超载使用,如果用两台起重机同时起吊一件重物时,必须有专人统一指挥;两车的升降速度要保持相等,其物件的质量不得超过两车所允许的起重量总和的 75%;绑扎吊索时要注意负荷的分配,每车分担的负荷不能超过所允许的最大起重量的 80%。

(13) 起重机在工作时,吊钩和滑轮之间应保持一定的距离,防止卷扬机过限把钢丝绳拉断或重臂后翻,在起重臂起到最大仰角和吊钩在最低位置时,卷扬筒上的钢丝绳应至少保留 3 圈以上。

(14) 起重臂仰角不得小于 30°,起重机有载荷情况下尽量避免起落起重臂,绝对禁止在起重臂起落稳妥前变换操纵杆。

(15) 严禁乘坐或利用起重机载人升降,工作中禁止触摸钢丝绳和滑轮。

(16) 起重机在工作时,不准检修和调整机件。

(17) 无论停工或休息时,都不得将吊物悬挂在空中,夜间作业要有足够的照明。

(18) 工作完毕,吊钩和起重臂应放在规定的稳妥位置,将所有控制手柄放至零位,并切断电源。塔吊、平板吊应停在轨道中间位置,并用轨钳锁住。

(19) 司机必须熟悉所操作起重机的工作原理,各安全装置的功能及其调整办法,掌握该起重机性能的操作方法以及该起重机的维修、保养技术。

(20) 司机必须认真做好起重机的使用、维修、保养和交接班的记录工作。

(21) 严禁司机酒后上机操作。

5.8.2 塔吊起重机安全操作要求

(1) 起重机的路基和轨道铺设，必须严格按原厂规定，路基两旁应有较好的排水措施；轨距偏差不超过名义值的0.1%，两轨道间每隔6 m应设置水平拉杆，在纵横方向上钢轨顶面的倾斜度不大于0.1%；轨道接头必须错开，钢轨接头间隙在3～6 mm内，接头应大于行走轮半径；轨道防雷接地应可靠，接地电阻不大于10 Ω。

(2) 安装完毕，在无荷载的情况下，塔身的垂直偏差不得超过0.3%，压重配重应符合原厂规定。

(3) 多台起重机在同一作业面工作时，两机之间操作的安全距离不得小于5 m。

(4) 起重机各传动机构应工作正常，制动器应灵敏可靠，夹轨器应完好。钢丝绳应符合起重机设计标准，长度满足使用要求，缠绕在卷筒上应排列整齐；当吊钩处于最低位置时，卷筒上应至少保留3圈钢丝绳。

(5) 起重机控制室内各种指示灯、电流表、电压表齐全完好。机上应设信号装置，如电铃、喇叭等；高度在45 m以上时，应增设高空指示灯、风速仪、幅度指示及重量指示装置。

(6) 起重机必须安装行走、变幅、吊钩高度、力矩等限制器。配备升降驾驶室的起重机，应安装驾驶室上下高度限位及断绳保险装置。各种装置应保证灵敏可靠。

(7) 附着式起重机各附着装置的间距和附墙距离应按原厂规定设置，并对建筑物进行必要的结构复算。

(8) 作业完毕，起重机应停放在轨道中间位置，臂杆应转到顺风方向，并放松回转制动器。吊钩小车及平衡杆应转到顺风方向，并放松回转制动器，吊钩升到离臂杆顶端2～3 m处，锁紧夹轨器，使起重机与轨道固定。如遇8级以上大风时，塔身上部应拉四根缆风绳并与地锚固定。

5.8.3 自立式起重机安全操作要求

(1) 地面上料通道处与施工面停机通道口两侧必须架设符合要求的防护棚和安全护栏。

(2) 必须安装钢丝绳断绳保险装置。

(3) 必须安装吊钩高度限位开关。

5.8.4 履带起重机安全操作要求

(1) 操作人员应参加现场班前施工交底会，熟悉现场环境和安全生产要求，多班作业时，做好交接班工作方可离岗。

(2) 上班前应检查机械安全防护装置和紧固情况，确保安全可靠。

(3) 起吊重物时，要平稳操作，防止机件遭受冲击，引起零件损坏。

5.8.5 轮胎起重机安全操作要求

(1) 起重机作业时，支腿必须全部伸出，并铺平垫实。当回转动作时，应平稳地接合回转离合器，减小重物摆动。

(2) 负荷时严禁伸缩臂杆。起落臂杆时，动作应缓慢。

5.8.6 机械伤害事故案例

(1) 事故简介

2000 年 2 月 22 日山东济南章丘市某住宅小区工地，在安装塔式起重机时，起重臂滑落，其上的 5 名安装工人同时从 25 m 高处坠落，造成 4 人死亡，1 人重伤。

(2) 事故发生经过

山东章丘市某住宅小区工地上，明水镇某建筑公司购入的 QTG25A 型塔式起重机，由章丘市某起重机厂雇用李某带领 8 人对该厂生产的该型号塔式起重机进行首次安装。

李某受雇用单位委派组织人员进行现场安装。在按顺序安装塔身、塔顶、平衡臂后，着手安装起重臂。起重臂是典型的细长构件，吊装时对吊点位置、吊索的拴系方式、重心所处位置均有严格的技术要求。按照规定应该设置 3 个吊点，6 根吊索，而李某等人仅设了 2 个吊点、4 根吊绳，并且在吊索未拴牢靠的情况下，将起重臂吊起。起重臂根铰点销轴安装完毕后，5 名工人爬上起重臂，安装 2 根连接起重臂与塔顶的拉杆。这时，一处吊点的钢丝绳将起重臂 2 根侧向斜腹杆拉断，起重臂向塔身方向水平移动约 400 多毫米，起重臂瞬间下沉，起吊钢丝绳断裂，起重臂以臂根铰点为轴心旋转滑落，起重臂上的 5 名工人随之坠地，4 人死亡，1 人重伤。

(3) 事故原因分析

① 技术方面

章丘市某起重机厂生产的 QTG25A 型起重机是无技术图纸、无生产工艺、无产品检验报告、无材质保证单、无产品合格证、无整机安装说明书的非法生产的不合格产品。该塔机是参照比其小一个型号的 QTZ20A 的图样，随意放大后生产的。其断裂的两根腹杆的钢管为直径 20mm，厚度仅为 2mm。经过计算，无论强度还是稳定性均不能满足起重机设计规范的要求，更不能承受正常的工作载荷，产品属不合格产品。无安装指导文件，再加上安装时吊点设置不合理，少设了 1 个吊点，使这 2 根腹杆承受的安装自重载荷比正常工作时的载荷还大，从而导致事故发生。

② 管理方面

起重设备安装的施工组织人员和施工指挥人员不熟悉塔机安装程序，作业人员无资质，无证上岗，高处作业无任何安全保护措施，安全素质低，自我保护意识差。

(4) 事故结论与教训

这是一起典型的非法生产、非法制造、非法安装、违章操作、冒险蛮干所造成的重大责任事故。

① 章丘市某起重机厂在工业产品生产许可证临时证超期的情况下，超范围非法生产销售不合格塔机，并雇用无营业执照、无安装资质的李某非法安装塔机，应负主要责任。

② 李某非法承揽塔机安装工程，私招乱雇民工，安装过程中不采取任何安全措施，冒险蛮干，违章指挥，应负直接责任。

③ 明水镇某建筑公司对塔机生产单位的资质、产品出厂资料及安装单位资质未进行审查，对施工现场监管不力，应负管理责任。

④ 济南市有关部门对章丘市某起重机厂审查把关不严，在该厂生产许可证过期后，于 2001 年 2 月份下文推荐其塔机产品进入济南市场，客观上纵容了该厂家非法生产，负有重要的管理责任。

(5) 事故的预防对策

① 施工单位在购入塔机前一定要审核生产厂家的资质，重点考察其产品技术来源是否通过了国家指定的权威检验机构的检验确认，是否取得了国家批准的生产许可证，必要时还应该到生产单位考察生产条件、质量保证体系、质量检验仪器，保证购入产品的出厂质量。

② 必须委托有资质、有能力的安装队伍施工。

③ 施工过程中必须派有资质、专业能力强的管理人员对施工现场进行严格管理。

④ 政府有关主管部门应加大对建筑机械的监督检查力度，严禁非法产品和淘汰产品进入市场，同时对因产品质量引起事故的生产企业亮出红牌，禁止其产品进入建筑市场，从根本上切断事故根源。

⑤ 政府有关主管部门应严格自律，严肃查处在行政审批过程中的玩忽职守和腐败行为。

5.9 建筑施工机械安全生产技术

5.9.1 建筑施工机械安全生产一般规定

(1) 现场施工机械必须按施工平面图布置，如需移动，必须经现场施工负责人同意方可移动。

(2) 现场机械安装应稳固，带有胶轮胎的机械应将轮胎拆下并垫离地面。按规定搭设操作平台、防护栏杆，保证进出料安全，整机应搭设安全可靠的操作棚。

(3) 机械安装或检修完毕，必须经试运转正常后，办理交接签证手续后方准使用。

(4) 一切机械、电气设备的金属外壳和行车轨道必须接零、接地线，电阻不大于 10 Ω。在同一供电系统中，不准有的设备接零线，有的设备接地线。

(5) 按《施工现场临时用电安全技术规范》(JGJ 46—2005)规定，所有的施工机械都应安装漏电保护器。特别是移动型机具，不安装漏电保护器不得使用。

(6) 实行一机一闸制，所有机械都应设独立的开关箱，箱内不得存放杂物。开关距所控设备水平距离不宜超过 3 m。

(7) 机械操作人员要事先经过培训，操作工要持证上岗。严禁违章作业，严格执行操作规程，实行定机定人定责任制。

(8) 操作工应做到“四懂”、“三会”，即懂构造、懂原理、懂性能、懂用途，会操作、会维修保养、会排除故障。

(9) 工作前必须按规定穿戴好防护用品，操作旋转机时严禁戴手套。女工要戴女工帽，长发不得外露。

(10) 使用移动型机具，操作人员应严格执行穿绝缘鞋、戴绝缘手套的规定，禁止在未穿戴任何防护用品的情况下进行工作。

(11) 机械设备使用前应检查各部位零配件、防护装置，尤其是离合器、制动器、限位器等是否齐全有效，并进行试运转，确认安全后方可使用。

(12) 使用移动型机具应按规定设辅助人员，多机同时作业时要设监护人。两人以上共同作业时，必须有从有主，统一指挥。

(13) 工作中精力要集中，不准开玩笑、打闹，不准睡觉和看书，不做与本职无关的事。

(14) 各种机械不准超载运行,运行中发现有异声、杂音或电机过热(超过电机铭牌规定温度),应停机检修或降温,严禁在运行中检修、保养。

(15) 按时做好各种机械的维修、保养工作,按规定加注润滑油。严禁机械带病运转。若中途停电,应切断电源。

(16) 检修机械、电气设备时,应拉闸、断电、锁箱,并挂"有人检修、禁止合闸"字样的警示牌,最好设监护人,停电牌应谁挂谁取。

(17) 严格执行交接班制度,下班(或工作完毕)后应切断电源,关箱加锁,并做好"十字"作业(清洁、润滑、调整、紧固、防腐)。

(18) 操作人员应做好本机的使用、停用、维修、保养记录。

5.9.2 施工机械安全技术

5.9.2.1 施工机械安全防护一般规定

(1) 各种机械设备的操作人员,都必须经过专业培训与安全技术培训,经有关部门考核合格后方准上岗。严禁无证人员操作机械设备。

(2) 各种机械操作人员,必须懂得所操作机械的性能、安全装置,熟悉安全操作规程,能排除一般故障和做好日常维护保养。

(3) 工作时,操作人员必须穿戴好防护用品,集中思想、服从指挥、谨慎操作,不得擅离职守或将机械随意交给他人操作。

(4) 交付现场使用的机械设备,必须性能良好,防护装置齐全,生产及安全所需品配套,并经设备部门和现场负责人认可,方能使用。

(5) 起重机行驶与停置时,必须与沟渠、基坑、输电线保持规定的安全距离(按计算)。

(6) 机械设备进入作业点,单位工程负责人应向操作人员进行作业任务和安全技术措施的详细交底。

5.9.2.2 电焊工程安全操作规定

(1) 操作时应穿电焊工作服、绝缘鞋和戴电焊手套、防护面罩等安全防护用品;高处作业时应系安全带。

(2) 电焊、气割严格遵守"十不烧"规程。

(3) 操作前应检查所有工具、点焊机、电源开关及线路是否良好,金属外壳应有安全可靠的接地或接零,进出线应有完整的防护罩,进出线端应用铜接头焊牢。两侧加装空载降压保护装置。

(4) 每台电焊机应采用自动空气开关。开关的保险丝容量应为该机的 1.5 倍,严禁用其他金属丝代替保险丝,完工后切断电源。

(5) 电气焊的弧火花点与氧气瓶、乙炔瓶、木料、油类等危险物品的距离必须不少于10 m,与易爆物品的距离不少于 20 m。

(6) 乙炔瓶、氧气瓶均应设有安全回火防火器,橡皮管连接处需用专用扎头固定。

(7) 沾染油脂的衣服、手套等禁止与氧气瓶、减压阀、氧气软管接触。

(8) 清除焊渣时,面部不应正对焊缝,防止焊渣溅入眼内。

(9) 经常检查氧气瓶与减压阀表头处的螺纹是否滑牙,橡皮管是否漏电,焊割炬嘴和炬身有无阻塞现象。

(10) 注意安全用电，电线不准乱拖乱拉，电源线均应架空扎牢。

(11) 焊割点周围和下方应采取防火措施，并应指定专人防火监护。

5.9.2.3 木工机械安全操作规定

(1) 使用木工机械时应遵守以下规定：

① 操作人员应经过培训，熟悉使用的机械设备构造、性能和用途，掌握有关使用、维修、保养的安全操作知识。用电故障必须由专业电工排除。

② 作业前应试机，各部件运转正常后方可作业。开机前必须将机械周围及脚下作业区的杂物清理干净，必要时应在作业区铺垫板。

③ 作业时必须扎紧袖口，整理好衣角，扣好衣扣，不得戴手套。

④ 机械运转过程中出现故障时，必须立即停机，切断电源。

⑤ 链条、齿轮和皮带等转动部分，必须安装防护罩或防护板。

⑥ 电源必须使用二级漏电保护，严禁使用倒顺开关。

⑦ 清理机械台面上的刨花、木屑，严禁直接用手清理。

⑧ 每台机械应挂机械验收牌和安全操作规程牌。

⑨ 作业后必须拉闸断电，锁好箱门。

(2) 使用平刨机必须遵守下列规定：

① 必须设置可靠的安全防护装置。

② 机械的基座必须稳固，部件必须齐全，机械的运动和危险部位按规定安装防护装置，不准任意换粗保险丝，特别对机械的刀盘部分要严格检查，刀盘螺丝必须旋紧，以防刀片飞出伤人。

③ 刨料时应保持身体平衡，双手操作。刨大面时，手应按在木料上面，手指应不低于料高的一半，并不得小于 3 cm。

④ 每次刨削量不得超过 1.5 mm。进料速度应均匀，严禁在刨刀上方回料。

⑤ 被刨木料的厚度小于 3 cm，长度小于 40 cm 时，应用压板或压棍推进。厚度小于 1.5 cm，长度小于 25 cm 的木料不得在平刨机上加工。

⑥ 刨旧料时必须先将铁钉、泥砂等清除干净。遇有节疤时应减慢送料速度，严禁手按节疤送料。

⑦ 两人操作时，进料速度应配合一致。当木料前端越过刀口 30 cm 后，下手操作人员方可接料。木料刨至尾端时，上手操作人员应注意早松手，下手操作人员不得猛拉。

⑧ 换刀片前必须拉闸断电，并挂“有人操作，严禁拉闸”的警示牌。

⑨ 同一台平刨机的刀片重量、厚度必须一致，刀架与刀必须匹配；严禁使用不合格的刀具。紧固刀片的螺钉应嵌入槽内，且距离刀前不得小于 10 mm。

(3) 使用压刨机必须遵守下列规定：

① 两人操作，必须配合一致，接送料应站在机械的一侧，操作人员不得戴手套。

② 进料必须平直，发现木料走偏或卡住，应停机降低台面，调正木料。遇有节疤时应减慢送料速度。送料时手指必须与滚筒保持 20 cm 以上距离。接料时，必须待料出台面方可上手。

③ 刨料长度小于前后滚中心距的木料，禁止在压刨机上加工。

④ 木料厚度差 2 mm 的不得同时送料，刨削吃刀不得超过 3 mm。

⑤ 清理台面杂物时必须停机(停稳)、断电。

(4) 使用圆盘锯(包括吊截锯)作业必须遵守以下规定:

① 圆盘锯必须装设分料器,锯片上应有防护罩和滴水设备,开料锯与截料锯不得混用。

② 作业前应检查锯片不得有裂纹,不得连续缺齿,螺帽必须拧紧。

③ 必须紧贴靠尺送料,不得用力过猛,遇硬节疤时应慢推,必须待出料超过锯片 15 cm 时方可上手接料,不得用手硬拉。

④ 短窄料应用推棍,接料使用刨钩。严禁锯小于 50 cm 长的短料。

⑤ 木料走偏时,应立即切断电源,停机调正后再锯,不得猛力推进或拉出。

⑥ 锯片运转时间过长应用水冷却,直径 60 cm 以上的锯片工作时应喷水冷却。

⑦ 必须随时清除锯台面上的遗料,严禁直接用手清除。清除锯末及调整部件,必须先拉闸断电,待机械停止运转后方可进行。

⑧ 严禁使用木棒或木块制动锯片的方法停机。

(5) 木工机械必须有专人负责,操作人员必须熟悉该机械性能,熟悉操作技术,做到持证上岗;严禁机械无人负责或随便动用。

(6) 木工车间、木库、木料堆场严禁吸烟或动用明火;废料应及时清理归堆,做到落手即清,以免发生意外。

5.9.2.4 井架提升机安全操作要求

(1) 井架应架设在平整夯实的基础上,井架底部的埋设深度不少于架高的 1%,但不得少于 30 cm。

(2) 井架安装必须保持垂直、无扭曲,其垂直度偏差不得大于井架高度的 0.2%。

(3) 高度在 20 m 以下的井架,设一道缆风绳,高度在 20 m 以上时,每增高 10 m 加设一道缆风绳,各道缆风绳均不得少于 4 根,并对角线设置,松紧适度。

(4) 缆风绳必须拴接在专用的地锚上,严禁拴接在树木、电杆、砖墙等物体上,上下两道缆风绳不得拴接在同一个地锚上。

(5) 缆风绳必须使用钢丝绳,禁止以钢筋或其他纤维类绳索代替,缆风绳与输电导线必须保持规定的安全距离,跨越道路时离地面高度不得小于 1.5 m。

(6) 摇臂的铰接点与吊篮进出料口不得布置在同一平面上。地面进出料口必须设安全防护门,吊篮必须装设断绳及冲顶限位保险装置。

(7) 附着式井架的附着装置和上部自由端高度,应按井架生产厂设计规定安装。

5.9.2.5 挖掘机安全操作要求

(1) 施工前应做好地质、水文和地下设施的调查和勘察工作,并熟悉施工方案。

(2) 开挖作业应从上至下分层进行,禁止超越该机规定的作业高度。

(3) 挖掘机作业时,禁止铲斗从运土车辆驾驶室顶上越过。

(4) 挖掘机履带到工作面边缘,最少保持 1 m 以上的安全距离。

(5) 挖掘机停置或下班后应离开工作面,挖斗须落地放置。

5.9.2.6 推土机安全操作要求

(1) 行驶时,驾驶室外不得载人。

(2) 推土机在边坡推土时,刀片不得超过坡边,并在换好倒挡后,才能提升刀片倒车。上下坡度不得超过 35°。横坡行驶不得超过 1°。

(3) 停止作业后,铲刀应落地放置。

5.9.2.7　装载机安全操作要求

(1) 装载机作业前，应做好各项检查和试车后，方可作业。

(2) 作业时机身周围及铲斗、动臂下方不得站人或有人走动。行驶时，驾驶室外严禁站人，下坡禁止脱挡滑行，遇有坡道与急弯应低速行驶。

(3) 公路行驶时，应注意瞭望，低速前进，严格执行交通规则。

(4) 停置时应选择平地放置，并将铲斗落下。

5.9.2.8　压路机安全操作要求

(1) 作业前必须注意观察机械周围是否有人或其他障碍，缓慢起步。

(2) 两台以上压路机进行碾压作业或行驶时应保持 3 m 以上距离。

(3) 压路机禁止在坡道上停车，必须停车时，应将制动器制动住，并楔紧滚轮。

(4) 在新开道路上碾压时，应从中间向两侧碾压，距路基边缘不少于 0.5 m，上坡时变速应在制动后进行，下坡时不得脱挡滑行。

(5) 振动式压路机必须在压路机行走后起振碾压，停振必须在压路机停车前进行，碾压松软地基时，应先在不振动情况下碾压 1～2 遍，然后再进行振碾。

(6) 作业结束后，应将机械停放在平坦坚实地面，并制动住，不得停放在土路边缘及斜坡等处。

5.9.2.9　蒸汽打桩机安全操作要求

(1) 桩架组装起扳(或拆放)时，应严格按该机所规定的要求进行操作：

① 设附加配重的桩架，应先将配重装置好；

② 平台前端及导杆铰座的下面应铺平垫实；

③ 作业前所用连接螺栓、销子应有专人检查紧固；

④ 作业时，桩锤在高处，桩机不得行走，起锤时不得在锤下作业；

⑤ 桩机周围 5 m 以内应无高压线路，作业区应设明显标志。

(2) 蒸汽机桩机的锅炉安全附件(压力表、水位仪、安全阀)应齐全完好，卷扬机等传动部位应有防护罩，并及时清理炉渣，注意防火。

(3) 行走桩架的方木应对称搭接铺设，方木接头应错开、铺平；桩机滑移走管倾斜度不得大于 1°；桩机横移至走管终端的距离不得小于 1 m；走管端头应垫实，并设专人收紧左右缆风绳。

(4) 卷扬机卷筒钢丝绳应排列整齐。

(5) 液压滑船式桩机，前后油缸应交替循环顶升或下降，每次动作的油缸行程不得超过 10 cm；严禁单向一次大距离动作，确保桩机稳定。

(6) 各类蒸汽打桩机在 30 m 以上时，应设缆风绳。

(7) 作业停止时，应将桩锤落下，切断电源；走管式桩机用左右缆风绳固定好。

5.9.2.10　柴油打桩机安全操作要求

(1) 轨道式柴油打桩机轨道高差不超过 5 cm，纵向坡度不大于 100∶1，路轨每隔 6 m 设一道拉杆，桩架移动到最后一根桩位，路轨最少应保留 3 m 以上安全距离，并有限位器。

(2) 正面吊桩时，桩与导杆中心距离不得大于 4 m，并夹紧轨钳。

(3) 桩机原设置的安全防护装置等应灵敏可靠。

(4) 履带式打桩机不得与履带成 90°侧向吊桩，吊桩钢丝绳与导杆夹角不得大于 30°。

(5) 工作停止时应将锤落下，切断电源；轨道式桩机应夹好轨钳。

5.9.2.11　砂浆机安全操作要求

(1) 砂浆机操作人员(司机)应经过安全技术培训，考试合格才能持证上岗。

(2) 砂浆机的安全应平稳牢固，行走轮应架空，机座应垫高并高出地面，并搭设防砸、防雨篷。

(3) 作业前检查电气设备、漏电保护器和可靠的接零和接地保护；传动部分、安全防护装置齐全有效，确认无异后方可试运转。

(4) 操作时先启动，待运转正常后，方可加料和水进行搅拌，不得先加足料后再启动。沙子应过筛，投料严禁超量。

(5) 加料时，使用工具应高于搅拌叶，严禁运转中把工具伸进搅拌筒内扒料。

(6) 搅拌筒内落入大的杂物时，必须停机后再检查，严禁运转中伸手去捡捞。

(7) 运转中严禁维修保养，发现卡住或异常时，应停机拉闸断电后再排除故障。

(8) 作业完毕，必须切断电源，拔去电源插头(销)，并用水将灰浆搅拌机内外清洗干净(清洗时严禁电气设备进水)，方可离开。

(9) 砂浆机的传动皮带、进料口防护棚、开关箱及防护罩必须安全有效。

(10) 砂浆机应使用单向开关，拌灰叶片不应松动和摩擦料筒。

(11) 电源线必须架空，绝缘良好，机械外壳必须接地(零)，接地电阻不大于 4Ω。

5.9.2.12　机动翻斗车安全操作要求

(1) 在施工现场行驶时最高时速不得超过 15 km/h。

(2) 料斗必须安装预防意外自翻保险装置。

(3) 各种制动与灯光必须齐全有效。

(4) 方向器自由行程必须调整到标准值且不大于 10°。

(5) 卸料时应距坑边 1 m 以上停车卸料，并设置挡墩。

5.9.2.13　蛙式打夯机安全操作要求

(1) 必须安装偏心块防脱保险和电源线防拉脱紧固装置。

(2) 用电安全按《施工现场临时用电安全技术规范》中的规定条款执行。

5.9.2.14　锤式粉碎机安全操作要求

(1) 室外作业时，离建筑物的水平距离应不小于 10 m，必要时应设机棚。

(2) 进料口防护挡板应转动灵活，并能在加料后自动定位。

5.9.2.15　磨石子机安全操作要求

(1) 砂轮磨块必须安装牢固可靠，磨头周围应有防护罩壳。

(2) 用电要求按《施工现场临时用电安全技术规范》中有关条款来执行。

5.9.2.16　空气压缩机安全操作要求

(1) 固定式空气压缩机必须安装稳固，基础应符合要求。移动式空压机放置时，应保持水平，轮胎应用楔块垫塞并制动。

(2) 空压机作业环境应保持清洁、干燥。贮气罐须通风良好，周围 15 m 以内不得进行焊接和热加工。

(3) 贮气罐和输气管应按规定进行水压试验。气压表、安全阀和调节器等每年至少做一次检验。

(4) 各连接部位应紧固，阀门启闭灵活，传动部位应有防护装置。

(5) 电动空气压缩机运行中如遇断电，应及时切断电源，通电后经检查方可重新启动。停机时应及时卸去负荷，放出各级冷却器和贮气罐内的油水和存气。

(6) 不得用汽油或煤油清洗机身或管道上的油污，不得用火烤清除油污和辅助发动机器。

5.10 运输机械安全生产技术

5.10.1 提升机、龙门架安装验收规定

垂直运输机械安装后，应由主管部门按照规范和设计规定组织进行检查验收，确认合格发给使用证后，方可使用。使用前和使用中的检查宜包括下列内容：

(1) 使用前的检查

① 金属结构有无开焊和明显变形；

② 架体各节点连接螺栓是否紧固；

③ 附墙架、缆风绳、地锚位置和安装情况；

④ 架体的安装精度是否符合要求；

⑤ 安全防护装置是否灵敏可靠；

⑥ 卷扬机的位置是否合理；

⑦ 电气设备及操作系统的可靠性；

⑧ 信号及通讯装置的使用效果是否良好清晰；

⑨ 钢丝绳、滑轮组的固接情况；

⑩ 提升机与输电线路的安全距离及防护情况。

(2) 定期检查

定期检查每月进行一次，由有关部门和人员参加。检查内容包括：

① 金属结构有无开焊、锈蚀、永久变形；

② 扣件、螺栓连接的紧固情况；

③ 提升机构磨损情况及钢丝绳的完好性；

④ 安全防护装置有无缺少、失灵和损坏；

⑤ 缆风绳、地锚、附墙架等有无松动；

⑥ 电气设备的接地(或接零)情况；

⑦ 断绳保护装置的灵敏度试验。

(3) 日常检查

日常检查由作业司机在班前进行，在确认提升正常时，方可投入作业。检查内容包括：

① 地锚与缆风绳的连接有无松动；

② 空载提升吊篮做一次上下运行，验证是否正常，并同时检查碰撞限位器和观察安全门是否灵敏完好；

③ 在额定荷载下，将吊篮提升至离地面 1～2 m 高度停机，检查制动器的可靠性和架体的稳定性；

④ 安全停靠装置和断绳保护装置的可靠性；

⑤ 吊篮运行通道内有无障碍物；

⑥ 作业司机的视线或通信装置的使用效果是否清晰良好。

5.10.2 使用龙门架及井架提升机时应符合的规定

(1) 物料在吊篮内应均匀分布，不得超出吊篮。当长料在吊篮中立放时，应采取防滚落措施；散料应装箱或装笼。严禁超载使用。

(2) 严禁人员攀登、穿越提升机架体和乘吊篮上下。

(3) 高架提升机作业时，应使用通信装置联系。低架提升机在多工种、多楼层同时使用时，应专设指挥人员，信号不清不得开机。作业中不论任何人发出紧急停车信号，均应立即执行。

(4) 闭合主电源前或作业中突然断电时，应将所有开关扳回零位。在重新恢复作业前，应在确认提升机动作正常后方可继续使用。

(5) 发现安全装置、通信装置失灵时，应立即停机修复。作业中不得随意使用极限限位装置。

(6) 使用中要经常检查钢丝绳、滑轮工作情况。如果发现磨损严重，必须按照有关规定及时更换。

(7) 采用摩擦式卷扬机为动力的提升机，吊篮下降时，应在吊篮行至离地面 1～2 m 处，控制其缓缓落地，不允许吊篮自由落下直接降至地面。

(8) 装设摇臂把杆的提升机，作业时，吊篮与摇臂把杆不得同时使用。

(9) 作业后，将吊篮降至地面，各控制开关扳至零位，切断主电源，锁好闸箱。

5.10.3 施工电梯安全操作要求

(1) 施工电梯的基础、导轨架的垂直度及顶部自由端高度、附墙间距，必须符合使用说明书规定。

(2) 各施工作业面上下梯笼的通道口两侧，必须设停机标志和安全防护栏杆。

(3) 导轨架上必须安装梯笼上下行程限位开关。电梯门安装单开门或双开门保险开关及联锁装置和机械、电气联动限速器。

(4) 标准节加节时，必须安装电梯笼超高限位开关。

(5) 必须设防雷接地保护装置，电阻不大于 10 Ω。

(6) 施工电梯司机必须经过培训，经考试合格取得许可证后方可上岗操作。

(7) 认真做好日常保养工作。在运行中发生故障，必须立即设法排除，故障未经排除，不得继续运行。

(8) 施工电梯每运行三个月，应进行一次全面安全检查，并按规定进行一次满载坠落试验，以杜绝隐患。

5.10.4 其他管理要求

(1) 提升机使用中应进行经常性的维修保养，并符合下列规定：

① 司机应按使用说明书的有关规定，对提升机各润滑部位进行注油润滑；

② 维修保养时，应将所有控制开关扳至零位，切断主电源，并在闸箱处挂“禁止合闸”标

志，必要时应设专人监护；

③ 提升机处于工作状态时，不得进行保养、维修，排除故障应在停机后进行；

④ 更换零部件时，零部件必须与原部件的材质性能相同，并应符合设计与制造标准；

⑤ 维修主要结构所用焊条及焊缝质量，均应符合原设计要求；

⑥ 维修和保养提升机架体顶部时，应搭设上人平台，并应符合高处作业要求。

(2) 提升机应由设备部门统一管理，不得对卷扬机和架体分开管理。

(3) 金属结构码放时，应放在垫木上，在室外存放，要有防雨及排水措施。电气、仪表及易损件的存放，应注意防震、防潮。

(4) 运输提升机各部件时，装车应垫平，尽量避免磕碰，同时应注意各提升机的配套性。

5.10.5 安全事故警示

(1) 事故简介

2002 年 6 月 28 日，河南省郑州市某工程 1 号楼发生一起施工升降机(人货两用外用电梯)吊笼冒顶事故，造成 5 人死亡，1 人受伤。

(2) 事故发生经过

郑州市某工程，建筑面积 32487 m^2，高 33 层，建筑高度 109 m，框架-剪力墙结构。该工程由中建某局一公司总承包，工程监理单位为河南某工程建设监理公司，土建由南通市某建筑公司分包，施工机械由南通市某建筑公司负责提供，垂直运输采用了人货两用的外用电梯。2002 年 6 月工程主体进行到第 24 层，6 月 28 日电梯司机上午运输人员至下午上班期间，见电梯无人使用便擅自离岗回宿舍睡觉，但电梯没有拉闸上锁。此时有几名工人需乘电梯，因找不到司机，其中一名机械工便私自操作，当吊笼运行至 24 层后发生冒顶，从 66 m 高处出轨坠落，造成 5 人死亡，1 人受伤的重大事故。

(3) 事故原因分析

① 技术方面

未能及时接高电梯导轨架。事故发生时建筑物最高层作业面为 72.5 m，而施工升降机导轨架安装高度为 75 m，此高度已不能满足吊笼运行安全距离的要求，如不及时接高导轨架，当施工至最上层时，吊笼容易发生冒顶事故。

未按规定正确安装安全装置。按《施工升降机安全规则》(GB 10055—2007)规定，升降机"应安装上、下极限开关"，当吊笼向上运行超过越程的安全距离时，极限开关自动切断提升电源，使吊笼停止运行。吊笼应设置安全钩，防止在出事故时吊笼脱离导轨架。

② 管理方面

分包单位南通市某建筑公司管理混乱。施工升降机安装后不进行验收。对施工升降机的安装、使用，国家及行业早已颁发标准，而南通市某建筑公司在电梯安装前不制定方案，电梯安装后不经验收确认，在安装不合格及安全装置无效的情况下冒险使用。

对作业人员缺乏严格管理。该公司对电梯司机没有严格的管理制度，致使工作时间内司机擅自离岗且不锁好配电箱，导致他人随意动用电梯。公司对其他工种人员缺少安全教育培训和严格的约束制度，致使无证人员擅自操作电梯。由于存在诸多安全隐患的施工电梯由无证人员随意操作，当吊笼发生意外时，安全装置又失去作用，导致发生事故。

总包单位和监理单位工作失职。《建设工程安全生产管理条例》明确规定，建设工程项目实行总承包的，由总承包单位对施工现场的安全生产负责。工程监理单位应按照规范，监督安全技术措施的实施。该工程电梯安装前没有编制实施方案，安装后也不报验，自5月8日安装至6月28日发生事故前的50天中无人检查、无人过问，致使电梯未安装上极限限位挡板，当吊笼越程运行时无安全限位保障；电梯安全钩安装不正确，吊笼发生脱轨时保险装置失效。以上重大隐患，未能在总包管理、监理监督下得以发现和提早解决，导致电梯原有的安全装置因失效而未能起到避免意外事故和减少事故损失的作用。

(4) 事故结论与教训

① 事故主要原因

本次事故发生的表面原因是因电梯司机离岗，非司机擅自操作电梯造成，但实质上完全是由于施工管理混乱而发生的事故。电梯从安装无施工方案，到安装后不经验收试验便冒险使用，因安全装置不合格未能及早发现导致失效。另外，违章混乱长期存在，无人管理，直到发生事故方引起关注。

② 事故性质

本次事故属于责任事故。该工程建筑面积32487 m^2，建筑高度109 m，这在郑州市应该算是较大的工程项目，在施工管理上应该引起各级重视，不但从开工准备时应引起重视，在整个施工过程中，也会有分包公司自查、总包检查、监理的监督检查、市安监站的检查，如果各级切实严肃认真地监督检查，本应该可以及早发现隐患，避免如此重大的事故。

③ 主要责任

南通市某建筑公司的项目负责人对施工升降机的安装、使用、管理违反规定，严重失职，应负违章指挥责任。该施工公司主要负责人管理失控，应负全面管理责任。

(5) 事故的预防措施

① 应加强对机械设备的管理。机械设备、施工用电等管理工作在土建项目经理的日常管理中属于弱项，由于专业性强，不十分熟悉，尤其对相关标准不清楚，往往会疏于管理，不能预见问题，工作容易被动。为此，应适当配备机械设备专业人员协助项目进行管理，这些专业管理人员应该熟悉相关标准、规范，赋予相关权利和责任，尤其较大工程项目，像塔吊、外用电梯、物料提升机以及混凝土泵车等，设备品种多、数量多，应针对不同设备特点加强机械设备管理，使各种机械设备得以合理使用，提高机械设备完好率，这样不仅有利于安全施工，同时也会促进生产任务的顺利完成。

② 应加强对各个司机、操作手的培训管理。各种机械设备的最直接使用者就是司机和操作手，他们不仅是操作者，同时还是机械设备的保养人和监护人，许多机械事故的发生都与司机和操作手分不开。一个单位的机械设备的面貌如何，实际上也从另一角度展示了这个单位的管理水平和能力。应该健全制度，定期培训，经常检查，使操作机械的司机成为遵章守纪的第一人，不能成为违章违纪的带头人。

(6) 事故警示

施工升降机、塔式起重机、物料提升机是目前建筑施工中的主要垂直运输设备，由于危险性大，管理上存在问题多，所以《建筑施工安全检查标准》(JGJ 59—99)已将其列入专项检查内容，要求各单位认真管理。

由于这些设备高大，所以每次转移工地时必须拆除后运输，运到新工地重新组装，因此，重新组装后的检查验收是非常重要的，不能带病运转、冒险作业。按载重1t的吊笼每次可载10

人计算，如果万一发生事故，那将是重大损失，所以绝不可忽视。

安装及拆除必须由具有相应资质的专业队伍进行，安装、拆除前必须按说明书规定和现场条件编制作业方案。为保证安全运行，施工升降机专门设计了安全装置，包括限速器、上下限位器、安全钩、门联锁等，重新组装后必须逐项试验(包括吊笼坠落试验)，每班使用前应进行检查。为确认重新组装后是否已达到原机械性能，必须做运行试验，包括静载、动载及超载试验，在做运行试验的同时，检验各安全装置。

5.11 脚手架工程安全生产技术

5.11.1 施工方案

(1) 根据工程实际编制脚手架专项施工方案，方案要有针对性，能有效地指导施工，明确安全技术措施。

(2) 搭设高度在 25 m 以下的外脚手架应有搭拆方案，绘制架体与建筑物拉结详图、现场杆件立面和平面布置图。

(3) 搭设高度超过 25 m 且不足 50 m 的外脚手架，应采取双钢管立杆或缩小间距等加强措施，除应绘制架体与建筑物拉结详图、现场杆件立面和平面布置图外，还应说明脚手架基础做法。

(4) 搭设高度超过 50 m 的外脚手架，应有设计计算书及卸荷方法详图，绘制架体与建筑物拉结详图、现场杆件立面和平面布置图，并说明脚手架基础做法。

(5) 外脚手架专项施工方案(包括计算书及卸荷方法等)必须经企业技术负责人审批并签字盖章。

5.11.2 立杆基础

(1) 脚手架立杆需深埋地下 30 cm 以上并支在垫木(块)上。基础夯实后，落地顶撑支设在木板或水泥垫块上，并设纵横相连扫地杆。立杆基础埋深上部分采用混凝土浇筑的可不设扫地杆。

(2) 钢管脚手架基础平整夯实，混凝土硬化，落地立杆垂直稳放在金属底座、混凝土地坪、混凝土预制块上，设纵横相连扫地杆。

(3) 立杆基础外侧设置截面不小于 20 cm×20 cm 的排水沟，并在外侧设 80 cm 以上混凝土路面。

(4) 外脚手架不宜支在屋面、雨篷、阳台等处，确因工程需要搭设的脚手架，要分别对外架和屋面、雨篷、阳台等部位的结构稳定性进行计算并采取有效安全措施。其设计计算书和安全措施须经企业技术负责人审批并签字盖章。

5.11.3 架体与建筑物拉结

(1) 脚手架与建筑物按水平方向不大于 7 m、垂直方向不大于 4 m 设一拉结点。拉结点在转角和顶部处加密，即在转角 1 m 以内范围按垂直方向不大于 4 m 设一拉结点，顶部 80 cm 以内范围按水平方向不大于 7 m 设一拉结点。

(2) 钢管外脚手架拉结点应刚性拉结；外脚手架采用2根并联8号铅丝加套管的柔性拉结(既拉又撑)。拉结点应保证牢固，防止其移动变形，且尽量设置在外脚手架大、小横杆接点处。

(3) 外墙装饰阶段拉结点也须满足要求，确因施工需要需除去原拉结点时，必须重新补设可靠、有效的临时拉结，以确保外架安全可靠。

(4) 拉结点或临时拉结点必须画出制作详图。

5.11.4 立杆间距与剪刀撑

(1) 脚手架步距不大于1.8 m，立杆纵距不大于1.5 m，横距不大于1.3 m，架子总高度不得超过25 m。

(2) 钢管脚手架步距底部高度不大于2 m，其余不大于1.8 m，立杆纵距不大于1.8 m，横距不大于1.5 m。如搭设高度超过25 m，须采用双立杆或缩小间距的方法搭设，超过50 m应进行专门设计计算。

(3) 架子转角处立杆间距应符合搭设要求。

(4) 脚手架外侧设置剪刀撑，由脚手架端头开始按水平距离不超过9 m设置一排剪刀撑，剪刀撑杆件与地面成45°～60°角，自下而上、左右连续设置。设置时与其他杆件的交叉点应互相连接(绑扎)，并应延伸到顶部大横杆以上。脚手架剪刀撑底部斜杆应深埋超过30 cm。

(5) 脚手架必须设置顶撑，顶撑能有效地搁在小横杆上，不得移位、偏离。

(6) 严禁搭设单排脚手架。

5.11.5 脚手板与防护栏杆

(1) 25 m以下建筑物的外脚手架的脚手板除操作层以及操作层的上下层、底层、顶层必须满铺外，还应在中间至少满铺一层。25 m以上建筑物的外架应层层铺设脚手板。装饰阶段必须层层满铺脚手板。

(2) 满铺层脚手板必须垂直墙面横向铺设，满铺到位，不留空位，不能满铺处必须采取有效防护措施。

(3) 脚手板须用不细于18#的铅丝双股并联绑扎不少于4点，要求绑扎牢固，交接处平整，无探头板。脚手板完好无损，破损的要及时更换。

(4) 脚手架外侧必须用建设主管部门认证的合格的密目式安全网封闭，且应将安全网固定在脚手架外立杆里侧，不宜将网围在各杆件的外侧。安全网应用不小于18#的铅丝张挂严密。

(5) 脚手架外侧自第二步起必须设1.2 m高同材质的防护栏杆和30 cm高踢脚杆，顶排防护栏杆不少于2道，高度分别为0.9 m和1.3 m。脚手架内侧形成临边的(如遇大开间门窗洞等)，在脚手架内侧设1.2 m高的防护栏杆和30 cm高踢脚杆。

(6) 脚手架的高度，里立杆低于檐口50 cm，平屋面外立杆高于檐口1.0～1.2 m，坡屋面高于檐口1.5 m以上。

5.11.6 交底与验收

(1) 脚手架搭设前应对架子工进行安全技术交底，交底内容要有针对性，交底双方履行签字手续。

(2) 脚手架搭设后由公司组织分段验收(一般不超过 3 步架),办理验收手续。验收表中应写明验收的部位,内容量化,验收人员履行验收签字手续。验收不合格的,应在整改完毕后重新填写验收表。脚手架验收合格并挂合格牌后方可使用。

(3) 脚手架应进行定期检查和不定期检查,并按要求填写检查表,检查内容量化,履行检查签字手续。对检查出的问题应及时整改,项目部每半月至少检查一次。

5.11.7 小横杆设置

(1) 外脚手架在立杆与大横杆交点处设置小横杆,两端固定在立杆上,确保安全受力。

(2) 小横杆应设置在大横杆的下方,顶撑的上端(仅指毛竹脚手架)。

(3) 小横杆两端各伸出的立杆净长度不少于 10 cm,并应尽量保持一致。

5.11.8 杆件搭接

(1) 钢管脚手架立杆必须采用对接,大横杆可以对接和搭接,剪刀撑和其他杆件采用搭接,搭接长度不小于 40 cm,且不少于两只扣件紧固。

(2) 竹脚手架立杆、剪刀撑、大横杆和其他杆件均采用搭接,其中立杆、剪刀撑搭接长度不小于 1.5 m,大横杆不小于 2 m,且均用不细于 $10^{\#}$ 的铅丝双股并联绑扎 3 道以上。

(3) 相邻杆件搭接、对接必须错开一个挡距,同一平面上的接头不得超过 50%。

(4) 竹脚手架顶撑设置到位、有效,与立杆绑扎用不小于 $10^{\#}$ 的铅丝双股并联绑扎 3 道。

5.11.9 架体内封闭

(1) 脚手架的架体里,立杆距墙体净距一般不大于 20 cm,如大于 20 cm 的必须铺设站人片,站人片设置应平整牢固。

(2) 脚手架施工层里立杆与建筑物之间应进行封闭。

(3) 施工层以下外架每隔 3 步以及底部应用密目网或其他措施进行封闭。

5.11.10 脚手架材质

(1) 钢管脚手架应选用外径 48 mm、壁厚 3.5 mm 的 A3 钢管,表面平整光滑,无锈蚀、裂纹、分层、压痕、划道和硬弯,新用钢管有出厂合格证。搭设架子前应进行保养、除锈并统一涂色,颜色应力求环境美观。

(2) 搭设竹脚手架的竹竿要求挺直、质地坚韧,不得使用青嫩、枯脆、腐烂、虫蛀及裂纹连通两节以上的竹竿。竹竿有效部分小头直径必须符合:

① 立杆、大横杆、顶撑、剪刀撑等不小于 75 mm;

② 小横杆不得小于 90 mm;

③ 搁栅、栏杆不得小于 60 mm。

(3) 钢管脚手架搭设使用的扣件应符合《钢管脚手架扣件》(GB 15831—2006)的要求,有扣件生产许可证,规格与钢管匹配,采用可锻铸铁,不得有裂纹、气孔、缩松、砂眼等锻造缺陷,贴合面应平整,活动部位灵活,夹紧钢管时开口处最小距离不小于 5 mm。

(4) 底排立杆及扫地杆均漆成红白相间色。

5.11.11 通道

(1) 外脚手架应设置上下走人斜道,附着搭设在脚手架的外侧,不得悬挑。斜道的设置应为来回上折形,坡度不大于 1∶3,宽度不小于 1 m,转角处平台面积不小于 3 m^2。斜道立杆应单独设置,不得借用脚手架立杆,并应在垂直方向和水平方向每隔一步或一个纵距设一连接。

(2) 斜道两侧及转角平台外围均应设 1～2 m 高防护栏杆和 30 cm 高踢脚杆,并用合格的密目式安全网封闭。

(3) 斜道侧面及平台外侧应设置剪刀撑。

(4) 斜道脚手片应采用横铺,每隔 20～30 cm 设一防滑条,防滑条宜采用 40 mm×60 mm 方木,并用多道铅丝绑扎牢固。

(5) 外架与各楼层之间应设置进出通道,坡度不大于 1∶3,宽度不小于 1 m,通道宜采用木板铺设,两边设 1.2 m 高防护栏杆和 30 cm 高踢脚杆,并固定牢固。

(6) 斜道和进出通道的栏杆、踢脚杆统一漆成红白相间色。

5.11.12 卸料平台

(1) 外脚手架吊物卸料平台和井架卸料平台应有单独的设计计算书和搭设方案。

(2) 吊物卸料平台、井架卸料平台应按照设计方案搭设,应与脚手架、井架断开,有单独的支撑系统。

(3) 卸料平台要求采用厚 4 cm 以上木板统一铺设,并设有防滑条。外架吊物卸料平台应采用型钢做支撑,预埋在建筑物内,不得采用钢管搭设。井架卸料平台可以由钢管从基础上搭设,但基础必须采用混凝土,地立杆垫型钢或木板。

(4) 吊物卸料平台必须设置限载牌。

(5) 卸料平台临边防护到位,设置 1.2 m 高防护栏杆和 30 cm 高踢脚杆,四周采用密目式安全网封闭。

5.11.13 扣件式双排钢管脚手架搭设

5.11.13.1 一般要求

(1) 建筑登高作业人员(架子工),必须经专业安全技术培训,考核合格后持特种作业操作证上岗作业。架子工的徒工必须办理学习证。非架子工未经同意不得单独进行作业。

(2) 架子工必须经过体检,凡患有高血压、心脏病、癫痫病、晕高或高度近视以及不适合于登高作业的,不得从事登高架设工作。

(3) 正确使用个人安全防护用品,必须着装灵便(紧身紧袖),在高处(2 m 以上)作业时,必须佩戴安全带与已搭好的立、横杆挂牢,穿防滑鞋。作业时精神要集中,团结协作、互相响应、统一指挥,不得翻爬脚手架,严禁打闹玩笑、酒后上班。

(4) 班组(队)接受任务后,必须组织全体人员认真学习领会脚手架专项安全施工组织设计和安全技术措施交底,研讨搭设方法,明确分工,并派 1 名技术好、有经验的人员负责搭设技术指挥和监护。

(5) 风力六级以上(含六级)强风和高温、大雨、大雪、大雾等恶劣天气,应停止高处露天作业。风、雨、雪过后进行检查,发现倾斜下沉、松扣、崩扣要及时修复,合格后方可使用。

(6) 脚手架要结合工程进度搭设；未搭设完的脚手架，在离开岗位时，不得留有未固定构件和安全隐患，确保架子稳定。

(7) 在带电设备附近搭、拆脚手架时，宜停电作业。在外电架空线路附近作业时，脚手架外侧边缘与外电架空线路的边线之间的最小安全操作距离不得小于《施工现场临时用电安全技术规范》的要求。

在建筑工程(含脚手架具)的外侧边缘与外电架空线路的边缘之间的最小安全操作距离如表 5.1 所示。

表 5.1　建筑工程外侧边缘与外电架空线路边缘之间最小安全操作距离

外电线路电压	1 kV 以下	1～10 kV	35～110 kV	154～220 kV	330～500 kV
最小安全操作距离(m)	4	6	8	10	15

(8) 各种非标准的脚手架，跨度过大、负载超重等特殊架子或其他新型脚手架，按专项安全施工组织设计批准的意见进行作业。

(9) 脚手架搭设到高于在建建筑物顶部时，里排立杆要低于沿口 40～50 mm，外排立杆高出沿口 1～1.5 m，搭设两道防护栏，并挂密目安全网。

(10) 脚手架搭设、拆除、维修必须由架子工负责。

5.11.13.2　材料

(1) 钢管：采用外径 48 mm、51 mm 的管材。钢管应平直光滑，无裂缝、分层、硬弯、毛刺、压痕和深的划道。钢管应有产品质量合格证，钢管必须涂有防锈漆并严禁打孔。

脚手架钢管的尺寸应按表 5.2 采用，每根钢管的最大质量不应大于 25 kg。

表 5.2　脚手架钢管尺寸(mm)

截面尺寸		最大长度	
外径 ϕ	壁厚 t	横向水平杆	其他杆
48	3.5	2200	6500
51	3.0		

(2) 扣件：采用可锻造铁制作的扣件，其材质应符合《钢管脚手架扣件》(GB 15831—2006)的规定。新扣件必须有产品合格证。旧扣件使用前应进行质量检查，有裂纹、变形的严禁使用，出现滑牙的螺栓必须更换。

(3) 脚手板：可采用钢材、木材两种，每块质量不宜大于 30 kg。冲压新钢脚手板必须有产品质量合格证。板长度为 1.5～3.6 mm，厚 2～3 mm，肋高 5 cm，宽 23～25 cm，其表面锈蚀斑点直径不大于 5 mm，并沿横截面方向不得大于 3 处。脚手板一端应压连接卡口，以便铺设时扣住另一块的端部，板面应冲有防滑圆孔。

木脚手板应采用杉木或松木制作，其长度为 2～6 m，厚度不小于 5 cm，宽度 23～25 cm，不得使用有腐朽、裂纹、斜纹及大横透的板材。两端应设直径为 4 mm 的镀锌钢丝箍两道。

(4) 安全网：宽度不得小于 3 m，长度不得大于 6 m，网眼按使用要求设置，最大不得大于 10 cm，必须使用维纶、锦纶、尼龙等材料，严禁使用损坏或腐朽的安全网和丙纶网。密目安全网只准作立网使用。

5.11.13.3 扣件式钢管脚手架

(1) 扣件式钢管脚手架按其搭设位置分为外脚手架、内脚手架；按立杆排数分为单排、双排脚手架；按高度分为一般脚手架、高层脚手架，还可分为结构脚手架、装修脚手架。具体搭设的操作规定，其基本要求如下：

① 脚手架应由立杆(冲天)、纵向水平杆(大横杆、顺水杆)、横向水平杆(小横杆)、剪刀撑(十字盖)、抛撑(压栏子)、纵横扫地杆和拉结点等组成，脚手架应有足够的强度、刚度和稳定性，在允许施工荷载作用下，确保不变形、不倾斜、不摇晃。

② 脚手架搭设前应清除障碍物、平整场地、夯实基土、做好排水，根据脚手架专项安全施工组装设计(施工方案)和安全技术措施交底的要求，基础验收合格后，放线定位。

③ 垫板宜采用长度不少于 2 跨，厚度不小于 5 cm 的木板，也可采用槽钢。底座应准确放在定位位置上。

(2) 结构承重的单、双排脚手架。

① 搭设高度不超过 20 m 的脚手架，构造主要参数见表 5.3。

表 5.3 常用敞开式双排脚手架的设计尺寸(m)

连墙件设置	立杆横距	步距 h	下列荷载时的立杆纵距 l_a(m)				脚手架允许搭设高度
			2+4×0.35 (kN/m²)	2+2+4×0.35 (kN/m²)	3+4×0.35 (kN/m²)	3+2+4×0.35 (kN/m²)	
二步三跨	1.05	1.20～1.35	2.0	1.8	1.5	1.5	50
		1.80	2.0	1.8	1.5	1.5	50
	1.30	1.20～1.35	1.8	1.5	1.5	1.5	50
		1.80	1.8	1.5	1.5	1.5	50
	1.55	1.20～1.35	1.8	1.5	1.5	1.5	50
		1.80	1.8	1.5	1.5	1.2	37
三步三跨	1.05	1.20～1.35	1.8	1.8	1.5	1.5	50
		1.80	2.0	1.5	1.5	1.5	34
	1.30	1.20～1.35	1.8	1.5	1.5	1.5	50
		1.80	1.8	1.5	1.5	1.2	30

注：① 表中所示 2+2+4×0.35(kN/m²)的意思为：2+2(kN/m²)是两层装修作业层施工荷载；4×0.35(kN/m²)包括两层作业层脚手板，另两层脚手板是根据《扣件钢管架手架规范》(JGJ 130—2011)第 7.3.13 条的规定确定；

② 作业层横向水平间距，应按不大于 $l_a/2$ 设置。

② 立杆应纵成线、横成方，垂直偏差不得大于 1/200。立杆接长应使用对接扣件连接，相邻的两根立杆接头应错开 500 mm，不得在同一步架内。立杆下脚应设纵、横向扫地杆。

③ 纵向水平杆在同一步架内纵向水平高差不得超过全长的 1/300，局部高差不得超过 50 mm。纵向水平杆应使用对接扣件连接，相邻的两根纵向水平接头错开 500 mm，不得在同一跨内。

④ 横向水平杆应设在纵向水平杆与立杆的交点处，与纵向水平杆垂直。横向水平杆端头伸出外立杆应大于 100 mm，伸出里立杆为 450 mm。

⑤ 剪刀撑的设置应在侧立面整个高度上连续设置。剪刀撑斜杆的接长宜采用搭接，应用 2 只旋转扣件搭接，接头长度不小于 500 mm，剪刀撑与地面的夹角为 45°～60°。

⑥ 剪刀撑斜杆应采用旋转扣件固定在与之相交的横向水平杆(小横杆)的伸出端或立杆上,旋转扣件中心线至主节点的距离不宜大于 150 mm。

⑦ 十字型、开口型双排脚手架的两端均必须设横向斜撑,中间宜每隔 6 跨设置一道。高度在 24 m 以下的封闭型脚手架可不设横向斜撑,24 m 以上脚手架,除拐角应设置横向斜面撑外,中间应每隔 6 跨设置一道。

⑧ 脚手架与在建建筑物的拉结点,对高度在 24 m 以上的脚手架宜采用刚性连接墙件与建筑物连接,亦可采用拉筋和顶撑配合使用的附墙连接方式。严禁使用仅有拉结的柔性连墙件。

⑨ 脚手架底笆必须铺满,并四角扎牢,四角作好防雷接地保护。

(3) 脚手架的基础除按规定设置外,必须做好排水处理。

(4) 所有扣件紧固力矩,应达到 45～55 N·m。

(5) 同一立面的小横杆,应对等交错设置,同时立杆上下对直。

5.11.14 扣件式钢管脚手架拆除工程

(1) 拆除现场必须设警戒区域,张挂醒目的警戒标志。警戒区域内严禁非操作人员通行或在脚手架下方继续施工。地面监护人必须履行职责。高层建筑脚手架拆除,应配备良好的通信装置。

(2) 仔细检查吊运机械包括索具是否安全可靠。吊运机械不准搭设在脚手架上,应另外设置。

(3) 如遇强风、雨、雪等特殊气候,应停止进行脚手架的拆除。夜间一般应停止拆除作业,除特殊情况并经领导审批同意后,方可进行拆除。拆除中应具备良好的照明设备,配备监护人员。

(4) 所有高处作业人员,应严格按高处作业规定执行并遵守安全纪律、拆除工艺及方案要求。

(5) 建筑内所有窗户必须关闭锁好,不允许向外开启或向外伸挑物件。

(6) 拆除人员进入岗位后,先进行检查,加固松动部位,清除步层内留的材料、物件及垃圾块。所有清理物应安全输送至地面,严禁高处抛掷。

(7) 按搭设的反程序进行拆除,即密目安全网→踢脚板→防护栏杆→搁栅→斜拉杆→连墙杆→大横杆→小横杆→立杆。

(8) 不允许分立面拆除或上、下两步同时拆除(踏步式)。认真做到一步一清,一杆一清。

(9) 所有连墙杆、斜拉杆、隔离措施、登高措施必须随脚手架步层拆除同步进行下降,不准先行拆除。

(10) 所有杆件与扣件在拆除时应分离,不允许杆件随着扣件输送地面,或两杆同时拆下输送至地面。

(11) 所有垫铺笆拆除,应自外向里竖立、搬运,防止自里向外翻起后,笆面垃圾物件直接从高处坠落伤人。

(12) 脚手架内必须使用电焊气割工艺时,应严格按照国家特殊工种的要求和消防规范执行。增派专业人员,配备料斗(桶),防止火星在切割时溅落。严禁无证动用焊割工具。

(13) 当日完工后,应仔细检查岗位周围情况,如果发现留有隐患的部位,应及时进行修复或继续完成至一个程序、一个部位的结束,方可撤离岗位。

(14) 输送至地面的所有杆件、扣件等物件,应按类堆放整齐。

5.11.15 脚手架安全事故警示

(1) 事故概况

2001年3月4日下午,在由上海某建设总承包公司总包、上海某建筑公司主承包、上海某装饰公司专业分包的某高层住宅工程工地上,因12层以上的外粉刷施工基本完成,主承包公司的脚手架工程专业分包单位的架子班班长谭某征得分队长孙某同意后,安排3名作业人员进行Ⅲ段19A轴~20A轴的12~16层阳台外立面高5步、长1.5 m、宽0.9 m的钢管悬挑脚手架拆除作业。下午3时50分左右,3人拆除了16层至15层全部悬挑脚手架和14层部分悬挑脚手架外立面以及连接14层阳台栏杆上固定脚手架拉杆和楼层立杆、拉杆。当拆至近13层时,悬挑脚手架突然失稳倾覆,致使正在第三步悬挑脚手架上的两名作业人员何某、喻某随悬挑脚手架体分别坠落到地面和三层阳台平台上(坠落高度分别为39 m和31 m)。事故发生后,项目部立即将两人送往医院抢救,两人因伤势过重,经抢救无效死亡。

(2) 事故原因分析

① 直接原因

作业前何某等三人,未对将拆除的悬挑脚手架进行检查、加固,就在上部将水平拉杆拆除,以致在水平拉杆拆除后,架体失稳倾覆,是造成本次事故的直接原因。

② 间接原因

专业分包单位分队长孙某,在拆除前未认真按规定进行安全技术交底,作业人员未按规定佩戴和使用安全带以及未落实危险作业的监护,是造成本次事故的间接原因。

③ 主要原因

专业分包单位的另一位架子工何某,作为经培训考核持证的架子工特种作业人员,在作业时负责楼层内水平拉杆和连杆的拆除工作,但未按规定进行作业,先将水平拉杆、连杆予以拆除,导致架体失稳倾覆,是造成本次事故的主要原因。

(3) 事故预防及控制措施

① 分四个小组对一至三段及转换层以下场貌进行整改,重点清理楼层垃圾、钢管、扣件等零星物件,对现场材料重新进行堆放,现场垃圾及时清除。

② 对楼层临边孔洞彻底进行封闭,设置防护栏杆,封闭楼层孔洞。对大型机械设备进行保养检修,重点对人货电梯、吊篮、电箱、电器等进行检查,并作出书面报告。

③ 对楼层尚存的悬挑脚手架、零星排架、防护棚彻底进行清查、整改,该加固的加固,该完善的完善,并在事先做好交底、监护、措施、方案等工作,拆除时必须有施工员、专职安全员在场监控。同时认真按照悬挑脚手架方案,重申交底内容,进行高空作业时,必须有专职安全员、施工员、监护人员到位,并有专项交底及监护措施。

④ 彻底检查安全持证状况,对无证人员立即清退。检查现场方案交底执行情况,完善合同、安全协议内容。完善、落实监护制度。

⑤ 加强安全管理教育,强化管理人员与分包队伍的安全意识,杜绝安全事故与隐患发生。重申项目内部各岗位的安全生产责任制,层层签订安全生产责任状。

⑥ 对安全带、安全网、消防器材等安全设备配置情况进行检查,保证储备量。

⑦ 严格执行建设部关于安全生产的《建筑施工高处作业安全技术规范》(JGJ 80—91)、

《施工现场临时用电安全技术规范》(JGJ 46—2005)、《建筑机械使用安全技术规程》(JGJ 33—2001)等规范以及有关脚手架安全方面的强制性条文进行设计和施工。严格按《建筑施工安全检查标准》(JGJ 59—99)进行自查自纠。

(4) 事故处理

① 本起事故直接经济损失约为24.09万元。

② 事故发生后，总、分包单位根据事故调查小组的意见，对本次事故负有一定责任者进行了相应的处理：

架子工何某，在拆除此架子前未能检查脚手架情况，在拆除时未能注意脚手架情况，对本次事故负有直接、重要责任，由上级给予吊销特殊工种操作证、企业予以除名处分。

专业分包架子工班长谭某，未按规定要求认真进行交底、检查拆除人员的安全带佩戴情况及未落实监护人员，在人员进行拆除作业时未对交底的落实情况进行督促、检查，对本次事故负有直接管理责任，由上级予以除名清退处分。

专业分包架子工分队长孙某，未按主承包单位的要求进行安全技术交底，对本次事故负有直接领导责任，由上级予以除名清退处分。

专业分包公司副经理葛某，作为架子工施工队负责人，疏于对安全生产工作的管理，对本次事故负有领导责任，决定免去公司副经理职务。

主承包队伍当班施工员杨某，对施工现场监督不力，检查不严，未能有效地控制事故发生，对本次事故负有一定的管理责任，企业给予警告处分，作出书面检查，并按企业奖惩条例给予经济处罚。

5.12 防水防腐蚀工程

5.12.1 一般规定

(1) 施工涂膜时，应符合下列要求：

① 人工配制、搅拌、涂刷作业时，应背风向操作；避免皮肤直接接触有毒性的涂料。

② 采用机械喷涂作业时，应划定作业区，非作业人员禁止入内；喷射机运行和检查时，严禁将喷头对着人或设备、设施；机械设备出现故障或喷头发生堵塞，必须停机、断电、卸压后，方可进行检修和处理。

③ 配制涂膜时，使用桨叶式搅拌器进行搅拌作业时，搅拌器内拌和料体积不得超过其容积的3/4；搅拌中应采取防涂料飞溅措施；机械运行时，严禁将手、工具放入搅拌器内；设备发生故障后，必须立即停机、断电后方可处理。

(2) 施作树脂类砂浆应符合下列要求：

① 操作人员应采用轮班制作业。

② 施工现场必须保持良好的通风。

③ 施工现场应备充足的冲洗水和擦洗剂。

④ 施工前应制定安全防护措施和防毒、防火、防爆的应急预案。

⑤ 施工人员应穿工作服，戴防尘口罩、防护镜、手套等；工作完毕后应冲洗、淋浴。

⑥ 配制、使用醇、苯、酮、胺等易燃材料的施工现场必须严禁烟火，并按消防部门的规定配

备消防器材。

⑦ 配制硫酸乙醇应将硫酸徐徐倒入酒精中充分搅拌，温度不得超过 60 ℃，配制量较大时，应备间接冷却装置（循环水浴）。

（3）高分子卷材铺设时，应符合下列要求：

① 粘贴材料配制，应严格按生产企业说明书或施工组织设计规定的配方和工艺程序进行。

② 使用射钉枪钉铺防水层时，射钉枪、射钉弹头应由专人使用和管理，射钉枪的枪口不得对人。

③ 采用热熔粘接时，热熔粘接机械设备应完好，防护装置应齐全、有效；电气接线与拆卸必须由电工负责，作业前，经检查、试运行，确认安全；作业时，热熔粘接机具设备操作工和辅助配合人员必须按规定穿绝缘鞋和佩戴绝缘手套等劳动保护用品；热熔粘接机具应由专人使用和管理。

④ 施作块状铺砌材料时，块材加工机械应有防护罩；电气接线与拆卸必须由电工操作，并应符合施工用电安全技术交底具体要求；防腐胶结材料配制和施工过程中应采取防毒、防酸、防碱的防护措施，操作人员应穿戴防酸、碱的防护用具，戴护目镜。

⑤ 石油沥青卷材施工使用“热作法”应符合下列要求：

A. 沥青浇筑应缓慢、适量；不得上下竖直交叉作业。

B. 作业人员应相互配合，浇、刷沥青人员必须听从卷材操作人员的指挥。

C. 使用喷灯时，必须事先清除作业场地周围的易燃物，并按消防部门的规定配备消防器材。

D. 投料入锅时应缓慢溜放，严禁大块投放。熬制过程中，应随时测量油温，油温不得大于 250 ℃。

E. 现场需明火作业时，作业前必须履行用火申请手续，经消防管理人员检查，确认防火措施落实，并签发用火证；作业中，消防人员必须现场监控，确认安全；作业后必须熄火，待确认余火熄灭后，作业人员方可离开现场。

F. 现场需熬制热沥青前，应将锅内杂质和积水清理干净；操作人员应穿工作服、戴口罩、护目镜、手套等；沥青锅内盛装沥青量不得超过锅容量的 2/3；熬制沥青应由经过安全技术培训的专业技术工人负责；沥青一旦着火，应用干砂、湿麻袋等灭火，严禁在着火的沥青中浇水。

G. 熔化沥青的地点应设在下风处，不得设置在电力架空线路的下方，且距建筑物不得小于 15 m；沥青锅与烟囱的净距应大于 80 cm；锅与锅的净距应大于 2 m；火口顶部与锅边应设置高度为 70 cm 的隔离设施。

H. 熔化桶装沥青时，应先将桶盖和气眼打开，用钢条串通后，方可烘烤。烘烤时，应对油孔和气眼进行疏通，使熔化了的沥青顺利流淌。严禁火焰与沥青直接接触。

I. 作业结束后，应熄火关闭炉门，将锅盖严。

（4）施作水玻璃防腐层应符合下列要求：

① 施工现场应保持良好的通风。

② 搅拌粉状材料时，应在密封搅拌仓内进行。

③ 稀释硫酸时，必须将浓硫酸徐徐倒入水中，严禁将水倒入浓硫酸内。

④ 养护后进行酸化处理时，作业人员应穿戴防酸护具（防酸靴、手套、防护服）、戴护目镜，

并备稀碱中和溶液。

⑤ 氟硅酸钠应做出标记，存放在专用库房内，由专人保管。使用时应专人负责，定量发放，余料及时回收并放在库房内保存。

5.12.2 涂料防水屋面工程

（1）配料材料的现场应通风良好，有安全防火措施。

（2）配制胶泥的稳定剂，有的是有毒粉末，应防止吸入鼻内。

（3）施工操作和搅拌材料时，加料口及出料口要关严，传动部件要加防护罩。

（4）患有皮肤病、眼病、刺激过敏者，不得参加防水作业。施工过程中发生恶心、头晕、过敏等症状时，应停止作业。

（5）六级以上大风时，应停止操作。

5.12.3 地下防水工程渗漏的修堵

（1）堵漏施工照明用电应将电压降到 36 V 以下的安全电压。

（2）配制促凝剂时，操作人员要戴口罩、手套。

（3）处理漏水部位，需要手接触掺有促凝剂的砂浆时，需戴胶皮手套。

5.12.4 耐腐蚀工程

5.12.4.1 沥青类防腐蚀工程

（1）沥青类防腐蚀工程包括：沥青胶泥（或热沥青）铺贴的油毡隔离层，沥青胶泥铺砌的块材面层，沥青砂浆和沥青混凝土铺筑的整体面层或垫层，碎石灌沥青垫层。

（2）施工环境温度不宜低于 5 ℃，施工时工作面应保持清洁干燥。

（3）沥青应按品种、标号分别堆放，避免曝晒和沾染杂物。

5.12.4.2 水玻璃类防腐蚀工程

（1）水玻璃类防腐蚀工程包括：水玻璃耐酸胶泥、耐酸砂浆铺砌的块材面层，水玻璃涂抹的整体面层及水玻璃耐酸混凝土灌筑的整体面层、设备基础和构筑物。

（2）施工环境温度以 15～30 ℃为宜，低于 10 ℃时应采取加热保温措施，原材料使用温度不低于 10 ℃。

（3）在施工及养护期间严禁水玻璃防腐蚀工程与水或水蒸气接触，防止其早期脱水过快。

5.12.4.3 硫黄类防腐蚀工程

（1）硫黄类防腐蚀工程包括：硫黄胶泥、砂浆浇灌的块材面层；硫黄混凝土灌筑的地面、设备基础和储槽等。

（2）施工环境温度不宜低于 5 ℃，一般施工完后 2 h 即可使用，设备基础、储槽等构筑物必须施工完 24 h 后方可使用。

（3）硫黄类耐腐蚀材料在冷固前严禁与水接触，所用材料、器具必须干燥。

（4）硫黄类耐腐蚀材料使用温度不应高于 80 ℃，不应用于冷热交替频繁、温度急变、与明火接触或受重物撞击的部位。

5.12.4.4 树脂胶泥和玻璃钢防腐蚀工程

（1）树脂胶泥和玻璃钢防腐蚀工程包括：树脂胶泥铺砌或勾缝的块材面层，各种胶料铺衬的玻璃钢整体面层和隔离层及环氧胶涂覆的隔离层。

(2) 施工环境温度以 15～25 ℃为宜,相对湿度不宜大于 80%。温度低于 10 ℃(用苯磺酰氯作固化剂应低于 17 ℃)时应采取加热保温措施,但不能用明火或蒸汽直接加热。原材料使用温度不应低于施工环境温度。

(3) 在施工及养护期间,严禁明火,并应防水、防曝晒。

(4) 树脂、固化剂、稀释剂等材料应密封储存在阴凉干燥处,注意防火。

5.12.4.5 耐腐蚀涂料工程

(1) 耐腐蚀涂料工程包括用过氯乙烯漆、沥青漆、环氧漆和聚氨基甲酸醋漆等涂料涂覆的面层。

(2) 腻子、底漆、磁漆、清漆配套使用应符合有关规定和按产品说明书进行。不同厂、不同品种涂料掺和使用,应经试验确定。过期涂料须经检验,合格后方能使用。

(3) 施工环境温度以 15～30 ℃为宜,施工后,漆膜应充分干燥,一般需要自然养护 7 昼夜以上方可交付使用。在施工及漆膜干燥过程中,严禁明火,并应防火、防尘、防曝晒。

(4) 耐腐蚀涂料、稀释剂应密封储存在阴凉干燥的场所,注意防火,使用温度不应低于 10 ℃。

(5) 自配漆的填料应干燥,其耐酸率不应小于 94%,细度要求 4900 孔/cm^2,筛余不应大于 15%。

5.12.4.6 工程验收

(1) 防腐蚀工程验收包括中间验收和竣工验收。未经验收的工程不得投入生产使用。质量检查应贯彻自检、互检、交接检查与专业检查相结合的原则。

(2) 防腐蚀工程面层以下各层及其他将被后工序覆盖的部位、部件,在覆盖前必须进行中间验收,并填写隐蔽工程验收记录。

(3) 工程的竣工验收,必须在该工程的全部工序完成,并经过规定的养护期后进行。竣工验收需提交下列资料:

① 原材料出厂合格证(或抄件)和其他质量检验文件;

② 各种耐腐蚀胶泥、砂浆、混凝土、玻璃钢胶料和涂料的配合比及其主要技术指标的试验和质量检验报告;

③ 设计变更通知单、材料代用的技术核定文件,以及施工过程中重大问题处理的记录;

④ 全部隐蔽工程记录;

⑤ 掏管工程应提交管线敷设坡度的实测记录和接口检漏试验报告。

(4) 各类防腐蚀面层应完好无损,与下层结合应牢固;面层的平整度、坡度及块材面层相邻块材的高差应符合有关规范要求。

(5) 凡验收不合格的,应予以修理或返工。返修记录应纳入竣工验收文件中。

5.13 高处作业安全技术

高处作业,是指在距基准面 2 m 以上(含 2 m)有可能坠落的高处进行作业。在此作业过程中因坠落而造成的伤亡事故,称之为高处坠落事故。这类事故各行业中均有发生,但以建筑企业居多,约占全部事故的 20%。

5.13.1 高处坠落事故的规律

高处坠落事故规律，是指人们在从事高处作业中，人与相关物体结合时因违背客观事物规律而产生的异常运动而失去了控制，经过量变积累发生了灾变的普遍性表现形式。掌握了规律，就能有效地予以预防和控制。

5.13.1.1 高处坠落事故的类别

高处坠落事故的类别大约有如下九种：

(1) 洞口坠落(预留口、通道口、楼梯口、电梯口、阳台口坠落等)；

(2) 脚手架上坠落；

(3) 悬空高处作业坠落；

(4) 石棉瓦等轻型屋面坠落；

(5) 拆除工程中发生的坠落；

(6) 登高过程中坠落；

(7) 梯子上作业坠落；

(8) 屋面作业坠落；

(9) 其他高处作业坠落(铁塔上、电杆上、设备上、构架上、树上以及其他各种物体上坠落等)。

5.13.1.2 高处坠落事故的原因

(1) 个性原因

个性原因是指每类高处坠落事故在发生过程中各自具有的具体原因。

① 洞口坠落事故的具体原因主要有：洞口作业时不慎身体失去平衡；行动时误落入洞口；坐躺在洞口边缘休息时失足；洞口没有安全防护；安全防护设施不牢固、损坏、未及时处理；没有醒目的警示标志等。

② 脚手架上坠落事故的具体原因主要有：脚踩探头板；走动时踩空、绊倒、滑倒、跌倒；操作时弯腰、转身不慎碰撞杆件等身体失去平衡；坐在栏杆或脚手架上休息、打闹；站在栏杆上操作；脚手板没铺满或铺设不平稳；没有绑扎防护栏杆或防护栏杆损坏；操作层下没有铺设安全防护层；脚手架超载断裂等。

③ 悬空高处作业坠落事故的具体原因主要有：立足面狭小，作业时用力过猛，身体失控，重心超出立足面；脚底打滑或不舒服，行动失控；没有系安全带或没有正确使用安全带，或在走动时将安全带取下；安全带挂钩不牢固或没有牢固的挂钩地方等。

④ 屋面檐口坠落事故的具体原因主要有：屋面坡度大于 25°，无防滑措施；在屋面上从事檐口作业不慎，身体失衡；檐口构件不牢或被踩断，人随着坠落等。

(2) 共性原因

共性原因是指任何一次高处坠落事故在发生过程中，均具有由基本原因、根本原因、间接原因和直接原因而形成的系列原因。

① 基本原因，是高处作业的安全基础不牢。其表现是：人不符合高处作业的安全要求，物未达到使用安全标准。如从事高处作业人员缺乏安全意识和安全技能，身体条件较差或有疾病；与高处作业相关的各种物体和安全防护设施有缺陷等。

② 根本原因，是高处作业违背建筑规律的异常运动。其表现是：安全规章制度不健全、有

章不循、违章指挥、违章作业，如从事高处作业人员的着装不符合安全要求，高处作业时没有安全措施、冒险蛮干，违反劳动纪律，酒后作业；安全防护设施不完备、不起作用，或擅自拆除、移动或在施工过程中损坏未及时修理等。

③ 间接原因，是高处作业的异常运动失去了控制。其表现是：由于安全管理不严，没有行之有效的安全制约手段，对违章作业、对不符合安全要求的异常行为，对工具、设备等物质没有达到使用安全标准的异常状态，不能做到及时地发现和及时地加以改变。

④ 直接原因，是高处作业的异常运动发生了灾变。其表现是：由于人的异常行为、物的异常状态失去了控制，经过量变的异常积累，当人与物异常结合发生了灾变时，如人从洞口坠落、从脚手架坠落、从设备上坠落、从电杆上坠落等造成了人身伤害，从而构成了高处坠落事故。

5.13.2 高处坠落事故的预防、控制要点

依据安全管理的客观要求，运用安全与事故的运动规律，为了改变人的异常行为、物的异常状态，以及人与物的异常结合，应从本质上超前有效地预防、控制高处坠落事故。高处堕落事故的预防、控制又分为具体预防、控制和综合预防、控制。

5.13.2.1 高处坠落事故的具体预防、控制

高处坠落事故的具体预防、控制，是依据不同类型高处坠落事故的具体原因，有针对性地提出对每类高处坠落事故进行具体预防、控制要点。

(1) 洞口坠落事故的预防、控制要点

① 预留口、通道口、楼梯口、电梯口、上料平台口等都必须设有牢固、有效的安全防护设施(盖板、围栏、安全网)；

② 洞口防护设施如有损坏必须及时修缮；洞口防护设施严禁擅自移位、拆除；

③ 在洞口旁操作要小心，不应背朝洞口作业；

④ 不要在洞口旁休息、打闹或跨越洞口以及从洞口盖板上行走；

⑤ 洞口必须挂醒目的警示标志等。

(2) 脚手架上坠落事故的预防、控制要点

① 要按规定搭设脚手架、铺平脚手板，不准有探头板；

② 要绑扎牢固防护栏杆，挂好安全网；脚手架荷载不得超过 270 kg/m^2；

③ 脚手架离墙面过宽应加设安全防护；并要实行脚手架搭设验收和使用检查制度，发现问题及时处理。

(3) 悬空高处作业坠落事故的预防、控制要点

① 加强施工计划和各施工单位、各工种配合，尽量利用脚手架等安全设施，避免或减少悬空高处作业；

② 操作人员要加倍小心，避免用力过猛，身体失稳；

③ 悬空高处作业人员必须穿软底防滑鞋，同时要正确使用安全带；

④ 身体有疾病或疲劳过度、精神不振时，不宜从事悬空高处作业。

(4) 屋面檐口坠落事故的预防、控制要点

① 在屋面上作业的人员应穿软底防滑鞋，屋面坡度大于 25°时应采取防滑措施；

② 在屋面作业不能背向檐口移动；

③ 使用外脚手架施工，外排立杆要高出檐口 1.2 m，并挂好安全网，檐口外架要铺满脚

手板；

④ 没有使用外脚手架的工程施工时，应在屋檐下方设安全网。

5.13.2.2 高处坠落事故的综合预防、控制

高处坠落事故的综合预防、控制，是依据高处坠落事故的不同类别和系列原因，提出的对高处坠落事故进行综合预防、控制的要点。

(1) 对从事高处作业的人员要坚持开展经常性的安全宣传教育和安全技术培训，使其认识、掌握高处坠落事故的规律和事故危害，牢固树立安全思想和具有预防、控制事故能力，并要做到严格执行安全法规，当发现自身或他人有违章作业的异常行为，或发现与高处作业相关的物体和防护措施有异常状态时，要及时加以改变使之达到安全要求，从而预防、控制高处坠落事故的发生。

(2) 高处作业人员的身体条件要符合安全要求。如：严禁患有高血压病、心脏病、贫血、癫痫病等不适合高处作业的人员从事高处作业；对疲劳过度、精神不振和情绪低落的人员要停止高处作业；严禁酒后从事高处作业。

(3) 高处作业人员的个人着装要符合安全要求。如：根据实际需要配备安全帽、安全带和有关劳动保护用品；不准穿高跟鞋、拖鞋或赤脚作业，而应穿软底防滑鞋；不准攀爬脚手架或乘运料的井字架吊篮上下，也不准从高处跳下。

(4) 要按规定要求支搭各种脚手架。如架子高度达到 3 m 以上时，每层要绑两道护身栏，设一道挡脚板，脚手板要铺严，板头、排木要绑牢，不准留探头板。

使用桥式脚手架时，要特别注意桥桩与墙体是否拉结牢固、周正。升桥降桥时，均要挂好保险绳，并保持桥两端升降同步。升降桥架的工人，要将安全带挂在桥架的立柱上。升桥的吊索工具均要符合设计标准和安全规程的规定。

使用吊篮架子和挂架子时，其吊索必须牢靠。吊篮架子在使用时，还要挂好保险绳或安全卡具。升降吊篮时，保险绳要随升降调整，不得摘除。吊篮架子与挂架子的两侧面和外侧均要用网封严。吊篮顶要设头网或护头棚，吊篮里侧要绑一道护身栏，并设挡脚板。提升桥式架、吊篮用的倒链和手板葫芦时，必须经过技术部门鉴定合格后方可使用。倒链最少应用 2t 的，手板葫芦最少应用 3t 的，承重钢丝绳和保险绳应用直径为 12.5 mm 以上的钢丝绳。另外，使用插口架、吊篮和桥式架子时，严禁超负荷。

(5) 要按规定要求设置安全网，凡 4 m 以上建筑施工工程，在建筑的首层要设一道3～6 m 宽的安全网。如果是高层施工，首层安全网以上每隔四层还要支一道 3 m 宽的固定安全网。如果施工层采用立网做防护，应保证立网高出建筑物 1 m 以上，而且立网要搭接严密。要保证安全网的规格、质量，使用安全可靠。

(6) 要切实做好洞口处的安全防护，具体方法与洞口坠落事故的预防、控制措施相同。

(7) 使用高凳和梯子时，单梯只许上 1 人操作，支设角度以 60°～70°为宜，梯子下脚要采取防滑措施；支设人字梯时，两梯夹角应保持为 40°，同时两梯要牢固。移动梯子时梯子上不准站人。使用高凳时，单凳只准站 1 人，双凳支开后，两凳间距不得超过 3 m。如使用较高的梯子和高凳，还应根据需要采取相应的安全措施。

(8) 在没有可靠的防护设施时，高处作业必须系安全带，否则不准在高处作业。同时安全带的质量必须达到使用安全要求，并要做到高挂低用。

(9) 登高作业前，必须检查脚踏物是否安全可靠，如：脚踏物是否有承重能力；木电杆的根

部是否腐烂。严禁在石棉瓦、刨花板、三合板顶棚上行走。

(10) 不准在六级以上强风或大雨、雪、雾天气从事露天高处作业。

5.13.3 高空作业安全技术规程

(1) 从事高空作业要定期体检。经医生诊断，凡患高血压、心脏病、贫血病、癫痫病以及其他相关病症的，不得从事高空作业。

(2) 高空作业衣着要灵便，禁止穿硬底和带钉、易滑的鞋。

(3) 高空作业所用材料要堆放平稳，工具应随手放入工具袋(套)内。上下传递物件禁止抛掷。

(4) 遇有恶劣气候(如风力在六级以上)影响施工安全时，禁止进行露天高空作业、起重和打桩作业。

(5) 梯子不得缺挡，不得垫高使用。梯子横挡间距以 30 cm 为宜。使用时上端要扎牢，下端应采取防滑措施。单面梯与地面夹角以 60°～70°度为宜，禁止两人同时在梯上作业。如需接长使用，应绑扎牢固。人字梯底脚要拉牢。在通道处使用梯子，应有人监护或设置围栏。

(6) 没有安全防护设施时，禁止在屋架的上弦、支撑、桁条、挑架的挑梁和未固定的构件上行走或作业。高空作业与地面联系，应设通信装置，并由专人负责。

(7) 乘人的外用电梯、吊笼，应有可靠的安全装置。除指派的专业人员外，禁止攀登起重臂、绳索和随同运料的吊篮、吊装物上下。

5.13.4 高处坠落事故警示

(1) 事故简介

2002 年 2 月 20 日，深圳市某电厂 5、6 号机组续建工程发生一起高处坠落事故，造成 3 人死亡。

(2) 事故发生经过

深圳市某电厂 5、6 号机组续建工程由中建某局第二建筑公司承建，该工程主体为钢结构。6 号机组东西(A～B 轴)钢屋架跨度为 27 m，南北(51～59 轴)长 63 m，共 7 个节间，钢屋架间距为 9 m，屋架上弦高度为 33.2 m。屋架上部为型钢檩条，间距为 2.8 m，檩条上部铺设钢板瓦。钢板瓦采用厚 1.2 mm 钢板轧制成槽型，板与板可以咬合连接，每块板外形尺寸为 9800 mm×830 mm，重 92 kg。钢板瓦按长度平行屋架跨度(东西)方向，沿南北铺设，第 1 块板铺设后用螺丝与檩条进行固定再铺第 2 块。截至 2002 年 2 月 20 日前，已完成 51～52 轴 1 个节间的铺板。

2002 年 2 月 20 日继续铺设钢板瓦作业，开始从 52～53 轴之间靠近 A 轴位置铺完第 1 块板，但没进行固定又开始进行第 2 块板铺设。工人为图省事，将第 2 块及第 3 块板咬合在一起同时铺设。因两块板不仅面积大且重量增加，操作不便，5 名人员在钢檩条上用力推移，由于上面操作人未挂牢安全带，下面也未设置安全网，推移中 3 名作业人员从屋面(+33 m)坠落至汽轮机平台上(+12.6 m)，造成 3 人死亡。

(3) 事故原因分析

① 技术方面

在铺完第 1 块板后，没有用螺丝固定便继续铺第 2 块板，没有一个稳定的作业条件，给继续作业带来危险。且作业时又一次性铺设 2 块，更增加了作业难度。

铺板是在 33 m 高处的屋架上弦作业，为使作业人员挂住安全带，在 52 轴的钢屋架上弦处拉一条直径 25 mm 的白棕绳作为安全绳，然而作业人员并没按要求将安全带系牢在安全绳上，因而失去了唯一的安全保障。

按高处作业规范规定，在如此高的钢屋架上作业，应在节间处设置安全平网，而此作业场所却未设置，因此，当发生意外坠落时没有可靠的安全防护措施，从而造成死亡事故。

② 管理方面

承包施工单位编制的施工组织设计未经过审批程序，以致安全防护措施过于简单。钢结构吊装是一项比较危险的高处作业工程，必须全面考虑防护措施。按作业条件和施工工艺，包括人员上下设施，高处作业中的临边防护等。高处作业规范要求，在铺设第一块屋面板时，作业人员不能站在屋架上弦作业，必须站在搭设的操作平台上操作；人员操作不允许在屋架和钢梁上行走，要求要在屋架下弦处张挂安全网等。而该工程只采用了拉一根安全绳为作业人员挂安全带，过于简单。当作业人员忽视或因挂安全带后操作不便等情况下而未挂安全带时，缺乏其他保护措施。

屋面铺板属屋面吊装作业范围，作业人员属特种作业。该工程雇用劳务工人，未经专业培训，也没特种作业操作证，因而在作业中违章，又未能得到及时指正，导致发生坠落死亡。

(4) 事故结论与教训

① 事故主要原因

本次事故主要原因有两个方面：

A. 作业人员未经培训上岗作业，不具备基本作业条件；

B. 高处作业的防护措施过于简单，未能按规定和施工工艺创造安全作业条件。

② 事故性质

本次事故属于责任事故。该施工企业既不按规定对作业人员资格进行审查，不进行作业前的培训，又不按施工工艺全面采取防护措施，方案过于简单，以致发生意外事故时失去防护。

③ 主要责任

A. 施工项目负责人编制的施工方案中的安全措施过于简单，未按施工工艺全面考虑，施工前又未对作业人员交底，强调作业程序，必须挂牢安全带和进行检查，致使铺设第二块板时便发生事故，应负指挥责任。

B. 中建某局第二建筑公司主要负责人应对该公司管理上失误，方案编制后不经审批，作业人员不经培训，以及现场作业违章不能及时得以制止等违章行为负主要管理责任。

(5) 事故的预防对策

① 各级管理人员必须认真学习《中华人民共和国建筑法》、《安全生产法》、《建设工程安全生产管理条例》中的各项规定，并对照本企业的实际管理进行总结改进，必须提高法制观念，并认真贯彻落实。

② 提高技术素质，学习相关规范。凡专项施工方案必须符合相关规范规定，并经上级技术负责人审批，避免施工指挥的随意性，应将项目负责人的指挥行为纳入规范管理。

(6) 安全警示

轻钢结构工程由于结构重量轻、施工速度快，在城市建设中逐渐得到发展。从本工程施工当中看到安全防护设施存在严重问题，以致不能确保作业人员的安全。其原因是：第一，由于轻钢结构构件的刚度差，不便设置临时措施；第二，安全工程是一项系统工程，而设计单位只考虑结构设计，未考虑结构安装过程中设置临时安全防护的设计，从而给设置安全措施带来困难；第三，由于钢结构施工速度快，施工单位怕麻烦，不打算花费更多时间、材料搭设安全措施，至多发给作业人员一条安全带。因此，轻钢结构安装中的安全防护问题亟待解决。

本次事故虽然表现在工人违章操作，实质上是安全措施有问题。没有搭设操作平台，工人只能在钢梁上冒险作业；虽然每人发了一条安全带，但挂安全带处距离作业位置过远，即使挂了安全带，作业移动时还要解除安全带，来回往返挂安全带也不实用；另外，在高处作业的情况下(距地面 33 mm)不设置安全网，工人在钢梁上作业时完全依靠自己意识，钢结构屋面不像混凝土表面粗糙，随时都有坠落危险；再加上对作业人员没严格要求和训练，稍不注意必然发生事故。安全工作应该贯彻“以人为本”的指导思想，应该为作业人员提供一个最基本的安全作业条件。

本次事故违反了《建筑施工高处作业安全技术规范》(JGJ 80—91)的第 4.1.12 条“应预先在屋架下弦挂设安全网”，第 4.2.3 条“吊装第一块构件时，必须站在操作平台上操作”，第 4.1.11条“当在梁上行走时，必须采取临边防护措施”的规定。

5.14 临时用电安全技术

5.14.1 施工现场安全用电一般规定

(1) 施工现场临时用电设备在 5 台及 5 台以上或设备总用量在 50 kW 及以上时，应编制安全技术措施。

(2) 在建工程的外侧边缘与 1 kV 以下外电架空线路的边线之间的最小安全距离应大于 4 m。

(3) 变配电室要求做到“五防一通”。“五防”即防火、防水、防雷、防雪、防小动物。“一通”即保持通风良好。

(4) 使用的电气设备外壳应有防护性接地或接零。

(5) 施工现场临时用电采用总配电箱、分配电箱、开关箱。

(6) 在操作闸刀开关和磁力开关时，防止万一短路时发生电弧或熔丝熔断飞溅伤人，必须将盖盖好。

(7) 施工现场专用的中性点直接接地的电力线路中，必须采用 TN-S 接零保护系统。

(8) 施工现场内临时用电的施工和维修必须由经过培训后取得上岗证书的专业电工完成，电工的等级应同工程的难易程度和技术复杂性相适应，初级电工不允许进行中、高级电工的作业。

(9) 各类用电人员应做到：

① 掌握安全用电基本知识和所用设备的性能。

② 使用设备前必须按规定穿戴和配备好相应的劳动防护用品；并检查电气装置和保护设施是否完好。严禁设备带“病”运转。

③ 停用的设备必须拉闸断电，锁好开关箱。

④ 负责保护所用设备的负荷线、保护零线和开关箱。发现问题，及时报告解决。

⑤ 搬迁或移动用电设备,必须经电工切断电源并作妥善处理后进行。

(10) 电气设备的使用与维护

① 施工现场所有的配电箱、开关箱应每月进行一次检查和维修。检查、维修人员必须是专业电工。工作时必须穿戴好绝缘用品,必须使用电工绝缘工具。

② 检查、维修配电箱、开关箱时,必须将其前一级相应的电源开关分闸断电,并悬挂停电标志牌,严禁带电作业。

③ 配电箱内盘面上应标明各回路的名称、用途,同时要作出分路标记。

④ 总、分配电箱门应配锁,配电箱和开关箱应指定专人负责。施工现场停止作业 1 h 以上时,应将动力开关箱上锁。

⑤ 各种电气箱内不允许放置任何杂物,并应保持清洁。箱内不得挂接其他临时用电设备。

⑥ 熔断器的熔体更换时,严禁用不符合原规格的熔体代替。

5.14.2 施工现场用电安全技术

5.14.2.1 一般规定

(1) 电工必须经专业安全技术培训,考核合格后方可上岗作业,非电工严禁进行电气作业。

(2) 电工作业时,必须穿绝缘鞋、戴绝缘手套,酒后不准操作。

(3) 所有绝缘、检测工具应妥善保管,严禁他用,并定期检查、校验。保证正确、可靠接地接零。所有接地或接零处,必须保证可靠电气连接。保护零线 PE 必须采用绿/黄双色线,严格与相线、工作零线相区别,不得混用。

(4) 电气设备的装置、安装、防护、使用、维修必须符合《施工现场临时用电安全技术规范》(JGJ 46—2005)的要求。

(5) 在施工现场专用的中性点直接接地的电力系统中,必须采用 TN-S 接零保护。

(6) 电气设备带金属外壳、框架、部件、管道、金属操作台和移动式碘钨灯的金属柱等,均应做保护接零。

(7) 定期与不定期对临时用电工程的接地、设备绝缘和漏电保护开关进行检测、维修,发现隐患及时消除,并建立检测维修记录。

(8) 建筑工程竣工后,临时用电工程拆除时,应按顺序切断电源后拆除,不得留有隐患。

(9) 施工现场的供电系统必须实施三级配电两级保护。

5.14.2.2 配电箱要求

(1) 配电箱及其内部开关、器件的安装应端正牢固。安装在建筑物或构造物上的配电箱为固定式配电箱,其箱底距地面的垂直距离应大于 1.3 m,小于 1.5 m。移动式配电箱不得置于地面上随意拖拉,应固定在支架上,其箱底与地面的垂直距离应大于 0.6 m,小于 1.5 m。

(2) 配电箱内的开关、电器,应安装在金属或木制的绝缘电器安装板上,然后整体紧固在配电箱体内,金属箱体、金属电器安装板以及箱内电器不带电的金属底座、外壳等,必须做保护接零。保护接零线必须通过线端子板连接。

(3) 配电箱和开关箱的进出口,应设在箱体的下面,并加护套保护。进、出线应分路成束,不得承受外力,并做好防水弯。导线束不得与箱体进、出线口直接接触。

(4) 配电箱内的开关及仪表等电器应排列整齐，配线绝缘良好，绑扎成束。熔丝及保护装置按设备容量合理选择，三相设备的熔丝大小应一致。三个及其以上回路的配电箱应设总开关，分开关应标有回路名称。三相胶盖闸开关只能作为断路开关使用，不得装设熔丝，应另加熔断器。各开关、触点应动作灵活、接触良好。配电箱的操作盘不得有带电体明露。箱内应整洁，不得放置工具等杂物，箱门应设有线路图。下班后必须拉闸断电，锁好箱门。

(5) 配电箱周围 2 m 内不得堆放杂物。电工应经常巡视检查开关、熔断器的接点处是否过热，各接点是否牢固，配线绝缘有无破损，仪表指示是否正常等。发现隐患立即排除。配电箱应经常清扫除尘。

(6) 每台用电设备应有各自专用的开关箱，必须实行“一机一闸一漏一箱”制，严禁同一个开关直接控制两台及两台以上用电设备(含插座)。

(7) 两级漏电保护。分配电箱和开关箱中两级漏电保护器的额定漏电动作电流和额定漏电动作时间应合理配合，使之具有分级、分段保护的功能。

(8) 施工现场的漏电保护开关在分配电箱上安装的漏电动作电流应为 50 mA，保护该线路；开关箱安装漏电保护开关的漏电动作电流应为 30 mA 以下。

(9) 漏电保护开关不得随意拆卸和调零部件，以免改变原有技术参数，并应经常检查，发现异常后，必须立即查明原因，严禁带病使用。

5.14.2.3 施工照明

(1) 施工现场照明应采用高光效、长寿命照明光源。工作场所不得只装设局部照明，对于需要大面积照明的场所，应采用高压汞灯、高压钠灯或碘钨灯，灯头与易燃物的净距离不小于 0.3 m。流动性碘钨灯采用金属支架安装时，支架应稳固，灯具与金属支架之间必须用不小于 0.2 m 的绝缘材料隔离。

(2) 施工照明灯具露天装设时，应采用防护式灯具，距地面高度不得小于 3 m。工作棚、场地照明工具，可分路控制，每路照明支线上连接灯数不得超过 10 盏，若超过 10 盏时，每个灯具上装设熔断器。

(3) 室内照明灯具距地面不得低于 2.4 m。每路照明支线上灯具和插座数不宜超过 25 个，额定电流不得大于 15 A，并用熔断器保护。

(4) 一般施工场所宜选用额定电压为 220 V 的照明灯具，不得使用带开关的灯头，应选用螺口灯头。相线接在与中心触头相连的一端，零线接在与螺纹相连的一端。灯头的绝缘外壳不得有损伤和漏电，照明灯具的金属外壳必须做保护接零。单相回路的照明开关箱内必须装设漏电保护开关。

(5) 现场局部照明工作灯，室内抹灰、水磨石地面等潮湿的作业环境，照明电源电压应不大于 36 V。在特殊潮湿、导电良好的地面、锅炉或金属容器内工作的照明工具，其电源电压不得大于 12 V。手持灯具应用胶把和网罩保护。

(6) 36 V 的照明变压器，必须使用双绕组型，二次线圈、铁芯、金属外壳必须有可靠保护接零。一、二次线圈应分别装设熔断器，一次线圈长度不应超过 3 m。照明变压器必须有防雨、防砸的措施。

(7) 照明线路不得拴在金属脚手架、龙门架和井字架上，严禁在地面上乱拉、乱拖，控制刀闸应配有熔断器和防雨措施。

(8) 施工现场的照明灯具应采用分组控制或单灯控制。

5.14.2.4 **施工用电线路**

(1) 架空线路

① 施工现场运输电杆时，应有专人指挥。小车搬运，必须绑扎牢固，防止滚动。人抬时，前后要响应，协调一致，电杆不得离地过高，防止一侧受力扭坏。

② 人工立杆时，应有专人指挥。立杆前检查工具是否牢固可靠(如叉木无伤痕，溜绳、横绳、钢丝绳无伤痕)。地锚钎子要牢固可靠，溜绳各方向受力应均匀。上空(吊车起重臂杆回转半径内)所有带电线路必须停电。

③ 电杆就位移动时，坑内不得有人。电杆立起后，必须先架好叉子，才能撤去吊钩。电杆坑填土夯实后才允许撤掉叉木、溜绳或横绳。

④ 电杆的梢径不小于 13 cm，埋入地下深度为杆长的 1/10 再加上 0.6 m。木制杆不得有开裂、腐朽，根部应刷沥青防腐。水泥杆不得有露筋、环向裂纹、扭曲等现象。

A. 登杆组装横担时，活络扳手开口要合适，不得用力过猛。

B. 登杆脚扣规格应与杆径相适应。使用脚手板，钩子应向上。使用的机具、护具应完好无损。操作时系好安全带，并拴住料具。

C. 杆上作业时，禁止上下抛掷料具。料具应放在工具袋内，上下传递料具的小绳应牢固可靠。递完料具后，要离开电杆 3 m 以外。

⑤ 架空线路的干线架设(380 V/220 V)应采用铁横担、瓷瓶水平架设，挡距不大于 35 m，线宽距离不小于 0.3 m。

A. 架空线路必须采用绝缘导线。架空绝缘铜芯导线截面面积不小于 10 mm^2，架空绝缘铝芯导线截面面积不小于 16 mm^2，在跨越铁路、管道的挡距内，铜芯导线截面面积不小于 10 mm^2，铝芯导线截面面积不小于 35 mm^2。导线不得有接头。

B. 架空线路距地面一般不低于 4 m，过路线的最下一层不低于 6 m。多层排列时，上、下层的间距不小于 0.6 m。高压线在上方，低压线在中间，广播线、电话线在下方。

C. 干线的架空零线应不小于相线截面的 1/2，导线截面面积在 10 mm^2 以下时，零线和相线截面面积相同。支线零线是指干线到闸箱的零线，应采用与相线大小相同的截面。

D. 架空线路摆动最大时与各种设施最小的距离：外侧边线与建筑物凸起部分的最小距离 1 kV 以下时为 1 m；1～10 kV 时，为 1.5 m。在建工程(含脚手架)的外侧边缘与外电架空线路的边线之间的最小距离 1 kV 以下时为 4 m；1～10 kV 时，为 6 m。

⑥ 杆上紧线应侧向操作，并将夹紧螺栓拧紧；紧有角度的导线时，操作人员应在外侧作业。紧线时装设的临时脚踏支架应牢固。如用竹梯，必须用绳将梯子与电杆绑扎牢固。调整拉线时，杆上不得有人。

⑦ 紧绳用的铅(铁)丝或钢丝绳，应能承受全部拉力，与电线连接必须牢固。紧线时导线下方不得有人。终端紧线时反方向应设置临时拉线。

⑧ 大雨、大雪及六级以上强风天，停止登杆作业。

(2) 电缆

电线电缆干线应采用埋地或架空敷设，严禁沿地面明敷设，并应避免机械损伤和介质腐蚀。

① 电缆在室外直接埋地敷设时，应砌砖槽防护，埋设深度不得小于 0.6 m。

② 电缆的上下各均匀铺设不小于 5 cm 厚的细砂，上盖电缆盖板或黏土砖作为电缆的保

护层。

③ 地面上应有埋设电缆的标志，并应有专人负责管理。不得将物料堆放在电缆埋设的上方。

④ 有接头的电缆不准埋在地下，接头处应露出地面，并配有电缆接线盒(箱)。电缆接线盒(箱)应防雨、防尘、防机械损伤，并远离易燃、易爆、易腐蚀场所。

⑤ 电缆穿越建筑物、构筑物、道路、易受机械损伤的场所及引出地面从 2 m 高度至地下 0.2 m处，必须加设防护套管。

⑥ 电缆线路与其附近热力管道的平行间距不得小于 2 m，交叉间距不得小于 1 m。

⑦ 橡套电缆架空敷设时，应沿着墙壁或电杆设备，并用绝缘子固定，严禁使用金属裸线作绑线。电缆间距大于 10 m 时，必须采用铅(铁)丝线或钢丝绳吊绑，以减轻电缆自重，最大弧垂距地面不小于 2.5 m。电缆接头处应牢固可靠，做好绝缘包扎，保证绝缘强度，不得承受外力。

⑧ 在建建筑的临时电缆配电，必须采用电缆埋地引入。电缆垂直敷设时，应充分利用竖井、垂直孔洞进行敷设。每楼层固定点不得少于一处。水平敷设应沿墙或门口固定，最大弧垂距离地面不得小于 1.8 m。

5.14.3 触电事故警示

(1) 事故简介

2002 年 8 月 12 日，河南省新乡市某彩印厂工程施工中，由于工地的电气线路架设混乱，发生一起触电事故，造成 3 人死亡。

(2) 事故发生经过

河南省新乡市某彩印厂工程由卫辉市某建筑公司承包。该工程发生事故之前正在进行厂房通道的混凝土地面施工，通道总长度 90 m，宽 13 m，通道地面按宽度分为南北两段施工，每段宽 6.5 m，南段已施工完毕。2002 年 8 月 11 日晚开始北段施工，到夜间零点左右时，地面作业需用滚筒进行碾压抹平，但施工区域内有一活动操作台(用钢管扣件组装)影响碾压作业进行，于是由 3 名作业人员推开操作台。但由于工地的电气线路架设混乱，再加上夜间施工只采用了局部照明，推动中挂住电线推不动，因光线暗未发现原因，便用钢管撬动操作台，从而将电线绝缘损坏，导致操作台带电，3 名作业人员当场触电死亡。

(3) 事故原因分析

① 技术方面

按《施工现场临时用电安全技术规范》(JGJ 46—2005)规定，室内照明高度低于 2.4 m 时，应采用 36 V 安全电压供电。该现场采用 220 V 的危险电压，且线路架设不按规定，从而带来触电危险。

按照要求，厂房夜间作业应设一般照明及局部照明。该厂房通道全长 90 m，现场只安排局部照明，线路敷设不规范的隐患很难被操作人员发现。

《施工现场临时用电安全技术规范》(JGJ 46—2005)规定，电气安装应同时采用接零保护和漏电保护装置，当发生意外触电时可自动切断电源进行保护。而该工地电气线路混乱，工人触电后未能得到保护而失去生命。

② 管理方面

该工地电气搭设混乱，未按规定编制施工用电组织设计，因此隐患多而发生触电事故。

电工缺乏日常检查维修，现场管理人员视而不见，导致未能及时发现并消除隐患。

夜间施工既未有电工跟班，也未预先组织现场环境的检查，从而把隐患留给夜间施工的工人，导致事故的发生。

(4) 事故结论与教训

① 事故主要原因

本次事故是因施工现场管理混乱，临时用电工程未按规定编制专项施工方案，现场电气安装后未经验收，施工中又无人检查提出整改要求，在线路架设、电源电压等不符合要求下施工，接零保护及漏电保护装置未安装或安装不合格，再加上夜间施工照明面积不够，施工人员推操作平台误挂电线造成触电事故。

② 事故性质

本次事故属责任事故。施工现场用电违章操作，现场指挥人员违章指挥，上级管理失控，长期混乱，未能及时发现并消除隐患。

③ 主要责任

项目工程生产负责人不按规定编制用电方案，对电工安装电气线路不合要求又没提出整改意见，夜间施工环境混乱导致发生触电事故，应负违章指挥责任。

卫辉市某建筑公司主要负责人对施工现场不编制方案，随意安装电气线路和现场管理失控应负全面管理不到位的责任。

(5) 事故的预防对策

① 应该对企业资质等级进行全面清理。该施工单位对临时用电不编制方案，电气安装错误，保护措施不合要求，漏电装置失灵，夜间施工条件不具备，触电事故发生后不懂急救知识等表现，都说明该项目经理及电工不懂电气使用规范，上级管理部门来现场也未提出整改要求。这样的企业如何能承包建筑工程，如何保障作业人员的安全。

② 主管部门应组织对企业管理人员和作业人员的定期培训。应定期学习法规、规范，提高管理水平和队伍素质。

(6) 事故警示

建设部伤亡事故统计表明，建筑企业的五大伤害中触电事故占有较大比例。为加强施工用电管理，建设部于1988年曾颁发了行业标准《施工现场临时用电安全技术规范》(JGJ 46—88)，2005年进一步修订完善为《施工现场临时用电安全技术规范》(JGJ 46—2005)，要求各地严格执行。

本次事故的施工现场严重违反了该规范的相关规定。室内照明架设高度低于2.4 m时仍用220V电源，导致当发生意外触电时造成死亡事故；现场用电不按要求设置接零保护和漏电保护装置，当有人触电时不能得到保护，作业人员实际上是在无保护措施条件下施工；夜间生产照明不足又无电工跟班作业，当临时发生问题时无人解决，给夜间施工带来危险。

施工用电是建筑安全管理的弱项，现场管理人员多为工民建专业的毕业生，缺乏用电管理知识，而施工用电又属临时设施，故多被忽视而由电工自己管理，当现场电工素质较低，不懂规范、责任心不强时，会给电气安装带来隐患。因此，管理人员必须加强专业电工的学习和对项目经理电气专业知识的培训，使其掌握基本规定以加强用电管理。

5.15 季节性施工安全生产技术

(1) 暴雨、台风前后，要检查工地各项临时设施，以及脚手架、机电设备、临时用电线路等，发现倾斜、变形、下沉、漏雨、漏电等现象，应及时修理加固；有严重危险的，应立即排除。

(2) 高层建筑及烟囱、水塔等高耸构筑物施工，其钢脚手架、大型钢模板及钢筋工程、金属操作平台以及使用的塔吊等垂直运输设备、打桩机械和施工现场贮存易燃易爆品的仓库，应按规定设置避雷装置。机电设备的电器开关，要有防雨、防潮设施。

(3) 施工现场的道路、露天使用的机械设备基座、脚手架基础等应有良好的排水措施并加强维护。安全通道、脚手架斜道的脚手板应有有效的防滑措施。

(4) 夏季作业应调整作息时间。室外作业应避开高温时间，室内的高温作业场所及办公室和宿舍，应加强通风和降温措施。

(5) 冬期施工取暖，应符合防火要求，指定专人负责管理，并有防止一氧化碳中毒的措施。禁止在施工现场烧明火取暖，禁止使用电炉、照明灯具取暖。

5.16 经典案例

5.16.1 某工程一期Ⅰ标段安全防护方案

5.16.1.1 编制依据

《建筑施工高处作业安全规范》(JGJ 80—91)；

《安全帽》(GB 2811—2007)；

《安全带》(GB 6095—2009)；

《安全网》(GB 5725—2009)；

《建筑施工安全检查标准》(JGJ 59—2011)；

《某工程一期Ⅰ标段楼施工组织设计》；

《某工程一期Ⅰ标段设计图纸》。

5.16.1.2 工程概况

(1) 工程一期Ⅰ标段为框架-剪力墙结构，陶粒混凝土空心砌块填充墙。1# ～4# 为框架-剪力墙结构，地下 1 层、地上 12 层；9# ～12# 为框架结构，5 层。使用功能：住宅楼。建筑高度：1# ～4# 楼为39.12 m、9# ～12# 楼为 18.30 m，总建筑面积 37905.62 m^2。

(2) 施工条件与环境：一期Ⅰ标段位于某市荔涵大道西侧，文献中学北侧。一期Ⅰ标段 1# ～4# 楼、9# ～12# 楼，是居住的理想环境。

(3) 主要施工方法：土方采用反铲挖掘机进行作业，混凝土采用 JS-500 强制式搅拌机搅拌，混凝土输送采用泵输送，垂直运输采用塔吊与物料提升机(人货梯)。

(4) 人员状况：本工程由福建某建设工程有限公司施工，作业层设钢筋班、木工班、混凝土工班、瓦工班、水电班及维修班，所有人员均从事本工种工作，对本工种安全技术操作规程均熟悉掌握，安全素质及安全意识较高。

5.16.1.3　施工安全防范部署

(1) 施工现场建立以项目经理为第一责任人的安全保证体系。

(2) 明确本工程安全防护设施及施工过程中安全设施的验收程序以及验收责任人。

(3) 落实施工过程中各种安全技术措施的编制审批、批准及具体的实施人。

(4) 加强对季节性施工的安全防护及劳动保护用品的管理工作。

(5) 制定符合本工程特点的安全管理办法及违章处罚措施。

5.16.1.4　主要安全防范方法

(1) 安全网的设置

① 本工程外侧主体采用挂架，施工层从 1 层开始，每隔 3 层用平网兜设。

② 安全网必须有质量技术监督部门的检验合格证以及安全监督部门批准的准用证。

③ 密目网设置在外侧脚手架里侧，边缘作业工作面应紧贴密合。

④ 安装时密目网上的每个环扣都必须穿入同等材料的纤维绳，绑结时应遵循打结容易、连接方便、易于拆卸的原则。

⑤ 密目网间连接密实。

⑥ 电梯井口等处，除按高处作业设置防护设施外，还应在井口内首层及每隔 2 层设固定式平网一道。

⑦ 平网网面不能绷得过紧，系点沿网边均匀分布并绑扎牢固。

(2) 深基础的安全防护

① 基坑边沿设立护身栏杆，深基坑防护详见“基坑护壁方案”，基坑边沿 1 m 以内不得堆土、堆料和设置机具。

② 挖土时如发现边坡裂缝或连续滚落大粒时，施工人员应立即撤离操作地点并及时分析原因，采取有效解决措施。

③ 应在距坑边 1 m 远设排水沟或筑挡水堤，防止地面水灌入，坑底四周设集水坑和排水沟。

(3) 洞口防护

① 屋面及楼层平台上下管道处预留洞口，用盖板覆盖；各楼层风井口四周设防护栏杆，沿口下张设安全网；电梯井口设防护固定栅门，井内每隔 2 层设一道安全平网。

② 墙面等处的竖向洞口，凡落地的洞口均加设固定式或开关式防护门。

③ 各层后浇带施工后，采用预制盖板覆盖，并须加以固定。

(4) 临边防护

① 基坑周边、屋面、楼层周边等处设置防护栏杆。

② 楼梯口及梯段边，安装临时防护栏杆。

③ 物料平台两侧边设防护栏杆，平台口设置开关式安全门，地面上的通道的顶部设安全防护棚。

(5) 悬空作业的安全防护

① 支拆模的悬空作业

A. 严禁在连接件和支撑件上上下攀登，并严禁在上下同一垂直面上装卸模板。

B. 支设角柱大梁模板时，搭设操作平台进行操作，并挂好安全带。

C. 拆模形成的临边及洞口，应立即予以防护。

② 绑扎钢筋的悬空作业

A. 绑扎钢筋和安装钢筋骨架时，搭设必要的脚手架和马道。

B. 绑扎边柱、边梁钢筋时，搭设操作平台并系好安全带。

C. 绑扎钢筋，必须在支架操作平台上操作，不得站在钢筋骨架上或攀登骨架上下。

③ 浇筑混凝土的悬空作业

A. 各楼层浇筑混凝土时，楼层和顶留洞的四周设置防护栏杆。

B. 浇筑离地 2 m 以上的框架、小平台等应设操作平台，不得站在模板或支撑件上操作。

④ 门窗工程的悬空作业

A. 玻璃安装时，严禁操作员站在樘口上操作，严禁手拉门窗进行攀登。

B. 窗口作业时，操作人员的重心位于室内，不能在窗台上站立，必要时挂安全带操作。

(6) 交叉作业区段的安全保护

① 拆除脚手架与模板时，下方不得有其他操作员。

② 拆下的模板、脚手架等部件临时堆放处离楼层边沿大于 1 m，堆放高度不超过 1 m。楼梯口、通道口、脚手架边缘等处严禁堆放物件。

③ 施工现场塔吊所涉及的区域应搭设双层安全防护棚。

(7) 安全帽的正确使用

① 凡进入施工现场的人员都必须正确佩戴安全帽。

② 使用安全帽时要认真检查帽壳、帽衬有无损坏的情况，装配圈要牢固，顶绳要系紧。

③ 戴帽后要检查帽箍是否松紧适宜，端后箍要箍紧，下颌带必须系紧。

④ 休息时不要将安全帽当凳子坐，下班后不要把安全帽当作盛东西的容器。

⑤ 炎热天气作业不可用遮阳帽、防雨帽代替安全帽。

(8) 安全带的使用

① 使用时要高挂低用，防止摆动的绳子不打结。

② 安全带不使用时要妥善保管，不可接触高温、明火、强碱或尖锐物体。

③ 不得采购和使用不合格的安全带。

(9) 高空作业的安全防护

① 高空作业人员必须经医生体验合格后方可上岗；凡患有不适宜从事高空作业疾病的人员一律不得从事高空作业。

② 高空作业区域必须划出禁区、设置围栏，禁止行人、闲人通行闯入。建筑物的出入口应搭设宽度为 3～6 m、大于通道两侧各 1 m 的防护棚，棚顶应满铺不小于 5 cm 厚的脚手板。

③ 建筑物首层四周必须支设固定的双层平安全网，并每隔 3 层固定一道水平安全网。

④ 高空作业人员必须按规定路线行走，禁止在没有防护设施的情况下，沿高墙脚手架、挑梁、支撑、运行吊篮等处攀登或行走。

⑤ 高空作业时有足够的照明设备和避雷设施。

⑥ 大风、大雨、大雪、浓雾时禁止从事露天高空作业。

(10) 临时用电的安全防护

① 临时用电应按有关规定编制好施工组织设计，并建立现场线路、设施定期检查制度。

② 配电线路必须按有关规定铺设整齐，采用埋地敷设。

③ 配电系统必须采用分级配电，各类配电箱、开关箱的安装和内部设置必须符合有关规

定;开关电器应标明用途。

④ 电工作业必须两人同时作业,一人作业,一人监护。

(11) 施工机具的安全防护

① 塔式起重机的基础及其安装应符合国家标准及原厂使用规定,在办理验收手续后方可使用。

② 塔式起重机的安全装置必须齐全、灵敏、可靠。

③ 机动翻斗车时速不超过 5 km,行车中严禁带人。

④ 蛙式打夯机必须两人操作,操作人员应戴绝缘手套和穿绝缘胶鞋。

(12) 消防保卫管理

① 现场建立门卫制度,实行凭证出入制度。

② 料场、库房的设置应符合治安消防要求。

③ 现场要配备足够的消防器材,做到布局合理,并经常注意维修、保养。

④ 严格执行用火申报批制度;保温材料不得使用可燃保温材料。

5.16.1.5 安全管理措施

(1) 安全防护设施的管理

① 防护用品严格按照国家行业安全法规和标准规定的产品来使用。

② 安全防护用品由专人管理,发现隐患应及时处理;严禁使用不符合要求的防护用品。

③ 安全防护设施必须严格按照方案和有关规范标准设置,并设专人进行监督管理。

④ 安全防护设施不得随意更改,当工程情况发生变化时,相应的安全防护设施必须经过批准后方可变更。

⑤ 安全防护设施处挂设相应的标志牌。

(2) 安全责任制和管理办法的落实

① 工地各部门严格按照责任制履行自己的职责。

② 将生产责任制与经济效益挂钩,奖罚分明,定期检查安全生产责任制的执行情况,对执行好的予以表彰,对不负责任的给予批评和处分。

③ 充分发挥群治群防作用,广泛进行宣传教育,使人人都明白,除能自觉遵守外,还能监督他人遵守。

④ 工地领导要亲自带头,认真承担责任、布置计划,检查、总结、评比生产的同时布置计划、检查、总结、评比安全工作。要自觉地执行安全生产各项规章制度,做遵章守纪的模范。

(3) 安全奖罚

① 对重视安全生产工作、积极提出安全管理合理化建议、在紧急时刻采取果断措施制止、避免安全事故发生的有功人员,敢于向不安全行为作斗争的人员均予以奖励。

② 进入施工现场不戴安全帽、高处作业不系安全带或无安全保护措施者,罚款50～100元。

③ 不持证上岗、不按本工种安全技术操作规程工作者,罚款 100 元。

④ 明知存在安全隐患,既不汇报又不整顿而进行作业者,罚款 500 元。

⑤ 罚款一律从工资中扣除。

⑥ 具体奖罚按照公司规章管理制度(奖罚制度)执行。

5.16.2 QTZ5013 塔式起重机安装及拆除方案

5.16.2.1 安装方案

某公司四分公司承建的国税局 3# 住宅楼工程，因工程需要应安装一台 QTZ5013 型塔式起重机，经施工单位确定塔机具体坐落位置后，现予以安装，具体安装方案如下：

(1) 人员配备

此次安装工作需要安装指挥一名，安装电气技术工人一名，安全员、安装钳工、焊工各一名，安装工人数名。

(2) 工程概况

国税局 3# 住宅楼工程为主体框架结构，用 QTZ5013 型塔机一台即可满足工程施工的需要。根据施工现场的具体情况，施工单位决定将塔机坐落于主体结构的北面，这样有利于施工生产的顺利进行。

(3) 机具准备

此次安装工作需 QT20 型汽车式起重机一台、平板拖车(8 m)四辆、安拆装塔机用工具一套(活动扳手四把、大锤一把及各型号工具若干)、电工用工具一套。

(4) 安装程序

① 施工单位按照塔机说明书的要求制作好塔机基础垫层后，安装单位进行基础抄平，然后将底架放在混凝土基础上，校正安装平面后，再放压重。

② 用三节标节连接为一体，然后吊装在混凝土基础上，在地面上将液压站吊在套架上，并完成装配，然后将套架吊装在标准节上。

③ 用汽车式起重机吊装塔机回转机构，分别与套架和标准节相连。

④ 在地面上将塔顶与平衡臂拉杆的第一节以及起重臂拉杆的长拉板与短拉板用销轴连接好，然后进行吊装。

⑤ 在地面拼装好平衡臂、接好各部分的电线，然后将平衡臂吊起与水平线呈 20°夹角至平衡臂拉杆的安装位置，装好平衡臂拉杆后，再将吊车卸载。

⑥ 吊起重 1.87 t 的平衡重一块，放在平衡臂后方最靠近塔顶的位置。吊装驾驶室与上回转台连接好。

⑦ 在地面上连接好起重臂，用汽车吊将起重臂缓慢吊起，与地面呈 20°夹角，保持不变，连接起重臂长短拉杆，起重机缓慢卸载，起重臂拉杆处于拉紧状态。

⑧ 将所有平衡重全部吊装完成，用拉板连接为一体，穿绕钢丝绳并进行最后连线。

⑨ 将塔机顶升数节，使之达到使用要求。

(5) 安全技术要求

① 塔机安装前，必须先清理场地，在作业范围内不应有任何障碍物。

② 塔机基础制作及安装必须严格按照说明书安全要求进行。

③ 安装作业人员必须有必备的安全防护措施，安全帽、安全带等佩戴齐全。

④ 安装作业应统一指挥，协调作业。

⑤ 在风力大于 4 级的情况下不得进行安装工作。

(6) 编制依据

本安装方案依据河北省建筑工程施工安全监督总站编制的《安全管理资料填写说明》和

QTZ5013 塔机使用说明书以及施工现场具体条件而编制。

5.16.2.2 拆除方案

某公司四分公司承建国税局 3# 楼工程，因工程需要应安装一台 QTZ5013 型塔吊作业。工程结束后该塔机将被拆除，根据施工现场的具体情况特制订如下拆除方案：

(1) 人员配备

此次拆除工作设指挥一名，安全员、钳工、焊工各一名，电气技术员一名，安装工人数名。

(2) 工程概况

本工程结束后，施工现场的场地比较小且现场较杂乱，根据 QTZ5013 塔机说明书来制订拆除方案。此塔机为标准高度，故先将塔机降至拆除高度并予以拆除。

(3) 机械准备

此次拆除工作需 QT25 型汽车式起重机一台(吊重索具由汽车吊自备)，汽车拖车(8 m)两台，拆除工具一套、电动工具一套。

(4) 拆除程序

QTZ5013 型塔式起重机为液压自升式塔机，其拆除过程和安装过程为相反的程序，即“先安的后拆，后安的先拆”，其工作方法是基本相同的。

(5) 拆除注意事项

① 塔机拆除作业人员必须熟悉塔机的性能和塔机拆除过程。

② 顶升机构由于长期没有使用，所以在使用前必须进行试运行。

③ 塔机拆除作业中严禁使用回转机构。

④ 塔机拆除作业中，工作人员必须协调统一，服从指挥。

⑤ 拆除作业人员必须有必要的安全防护措施。

⑥ 在风力大于 4 级的情况下不得进行拆除工作。

(6) 编制依据

本拆除方案依据河北省建筑工程施工安全监督总站编制的《安全管理资料填写说明》和 QTZ5013 型塔机使用说明书以及施工现场具体条件而编制。

5.16.3 临时用电安全施工专项方案

5.16.3.1 设计依据

(1)《某工程 9#、19# 楼施工组织设计》；

(2)《施工现场临时用电安全技术规范》(JGJ 46—2005)；

(3)《建筑施工安全检查标准》(JGJ 59—2011)；

(4)《某省建筑安全施工检查技术标准实施细则》；

(5)《低压配电设计规范》(GB 50054—2011)；

(6)《民用建筑电气设计规范》(JGJ/T 16—2008)；

(7) 国家及电力部门的有关规定。

5.16.3.2 工程概况

本工程有两栋单位工程，分别为 9#、19# 楼，如表 5.4 所示。

设计包括建筑、结构、给排水、暖通、电气安装(包括照明、动力、弱电、电梯、防雷接地等)等专业。

表 5.4　9# 、19# 楼基本情况

工程名称	占地面积	建筑面积	结构形式	层数	高度	备注
9# 楼	1333 m^2	16965 m^2	框架-剪力墙	11	36.69 m	
19# 楼	615.24 m^2	8201.38 m^2	框架-剪力墙	11	36.69 m	

5.16.3.3　现场临时供电方案的确定(略)

5.16.3.4　负荷计算及导线、开关电器的选择(略)

5.16.3.5　电系统图(略)

5.16.3.6　防雷与接地

(1) 据施工现场临时用电安全技术规范要求，除在配电室(柜)处做重复接地外，还必须在线路中间和末端处做重复接地。采用 3 根 2.5 m 长、直径为 50 mm 的热镀锌钢管，间距为 5 m，接地线用 40 mm×4 mm 热镀锌扁钢，接地体接到配电柜(箱)的 PE 端子上，要求每处接地的电阻值不大于 10 Ω。

(2) 防雷接地：塔吊、施工电梯、竖井架、落地式脚手架等必须做防雷接地，接地极利用建筑物的基础，在建筑物防雷接地安装时，引出接地线备用。作防雷接地的电气设备，必须同时作重复接地，同一台电气设备的重复接地与防雷接地可使用同一接地体，接地电阻值应符合重复接地电阻值的要求。

(3) 全部布置完毕后，要检测接地电阻，用电设备调试合格后方能投入使用。

5.16.3.7　临时用电安全技术措施

(1) 技术要求

① 本工程根据《施工现场临时用电安全技术规范》(JGJ 46—2005)中“在施工现场选用的中性点直接接地的电力线路中必须采用 TN-S 接零保护系统”的规定，采用了保护零线 PE 与工作零线 N 分开的系统(即三相五线制)。

② 保护零线除必须在配电室或总配电箱(柜)处做重复接地外，还必须在配电线路的中间和末端处做重复接地。

③ 在同一个供电系统中，不得一部分设备做保护接零，另一部分设备做保护接地。保护零线应单独敷设不做他用，保护零线严禁穿过漏电保护器及其他开关，工作零线必须穿过漏电保护器。

④ 相线的统一标准为 A 相黄色、B 相绿色、C 相红色；保护零线的统一标准为黄、绿双色线。在任何情况下不准使用黄、绿双色线作负荷线。

(2) 配电设备

① 本工程临时用电采用“三级配电两级保护”。

配电箱应分级设置，即在总配电箱下设分配电箱，分配电箱下设开关箱，开关箱下接用电设备，形成三级配电。

“两级保护”是指在总配电柜处设漏电保护器，各分配电箱处的末级开关箱上加一级漏电保护器，总体形成两级保护。

开关箱内安装的漏电保护器，漏电动作电流不应大于 30 mA，动作时间应小于 0.1 s，潜水泵及地下室等潮湿场所所用的漏电保护器，动作电流应不大于 15 mA，额定漏电动作时间应小于 0.1 s。

② 隔离开关。分配电箱、开关箱应设置隔离开关，隔离开关在开关箱的接线顺序为电流先进隔离开关，再进漏电保护器，然后进用电设备。

③ 每台用电设备均应做到“一机一箱一闸一漏”。

④ 配电箱、开关箱应装在干燥通风及常温场所，周围应有足够两人同时操作的空间和通道，不可放杂物，配电箱、开关箱的安装应牢固、端正、有防雨措施、有锁。开关箱距地面1.3～1.5 m，移动电箱距地0.6～1.5 m。

⑤ 配电箱、开关箱中导线的进出口应设在箱体下面，严禁设在侧面、上面、后面和箱口处，进出线应加套管分路成束，并做好上下防水弯。

⑥ 金属箱体及电气开关的金属外壳应做接零保护，保护零线、工作零线应通过端子板连接，严禁采用“鸡爪式”接线。

⑦ 分配电箱体的颜色喷成黄色，开关箱体的颜色喷成橘黄色，便于电工日常维修。

(3) 现场照明

① 照明开关箱内必须安装漏电保护器。

② 照明灯具的金属外壳应做接零保护。

③ 当室外灯具距地面低于3 m或室内灯具低于2.4 m时，应采用36 V安全电压，灯头距棚顶应大于20 cm。

④ 使用36 V安全电压时，线路接头应用绝缘胶布包扎，并应敷设整齐。

(4) 配电线路

① 电缆线应采用地埋或架空敷设，严禁沿地面明敷，并应避免机械伤害和介质腐蚀。穿越建筑物、构筑物、道路、易受机械损伤的场所及电缆引出地面从2 m高反至地下0.2 m处必须加设防护套管，橡胶电缆架空时应采用钢索配线。电缆埋设深度应不小于0.6 m，并应在电缆上下铺设不小于50 cm厚的细砂，然后覆盖砖等硬质保护层。

② 自总配电柜至分配电箱到开关箱应采用五芯电缆，由室外引至楼内各层配电箱的电缆不可直接从地面引入，应利用建筑工程的竖井、垂直孔洞敷设固定点，每层不少于一处，每层或隔层可设分箱，固定设备可设开关箱，手持电动工具可设移动电箱。

③ 总配电箱应设置在离电源近的地方，分配电箱应设置在负荷集中的地方，分配电箱与开关箱的距离应不大于30 m，开关箱与电气设备的距离应不大于3 m。

(5) 电器装置

① 开关箱内安装的电气开关应与电气设备的额定容量相匹配，严禁使用不合格或受到损伤的开关。

② 电气开关安装应牢固端正，熔丝应该与开关额定容量匹配，严禁使用铜丝、铝丝等其他金属材料代替熔丝。

③ 开关电器应按规定固定在安装板上，严禁带电体外露。

(6) 变配电装置

① 总配电柜中应安装电流表、电压表、电度表、总隔离开关、分路熔断器(或总自动开关和分路自动开关)以及漏电保护器。

② 配电室中配电柜后维护通道不小于0.8 m，配电柜侧面维护通道不小于1 m，配电室天棚距离地面应不低于3 m。

③ 配电室门应向外开并配锁，配电室内应设绝缘灭火器，并配置砂箱。

5.16.3.8 安全用电组织措施

(1) 施工现场的变配电设施应由受到专业培训并取得上岗证的电工操作。

(2) 各类用电人员应该做到：

① 掌握安全用电基本知识和所用设备的性能。

② 使用设备前必须按规定穿戴好相应的劳动保护用品，并检查电气装置和保护设施是否完好，严禁设备带病运行。

③ 使用完设备必须拉闸断电，锁好开关箱。

④ 负责保护设备的负荷线、保护零线和开关箱。

⑤ 一旦发现用电设备及配电线路、配电设备出现异常现象，应及时通知电工进行维修处理，维修时应该与电工积极配合。

(3) 建立安全用电技术交底制度，电气技术人员向专业电工、各类用电人员介绍临时用电施工组织设计和安全用电技术措施的总体意图、技术内容以及安全用电的规范性内容。

(4) 建立安全用电规范制度

① 定期对专业电工及各类用电人员(尤其是新到岗人员)进行安全用电规范教育，对违反规程标准的行为应及时制止，并追究有关人员的责任。

② 停电顺序为：开关箱—分配电箱—总配电箱。全部或部分停电的检修工作必须遵循：停电—验电—放电—安装临时接地线—设专人看管电源—设遮拦警示牌—检修，其步骤不得省略或跳过。

③ 配电柜(箱)应加锁保护，钥匙由专业电工保管，其他人员不得乱动。

④ 如果需要对线路进行带电检修时，必须保证有足够的安全检修距离，工作人员必须穿绝缘鞋(靴)、戴绝缘手套以及配备好其他安全保护措施。

⑤ 建立安全检测制度，自临时用电工程开始，定期对临时用电设施进行检测，主要检测对象为接地电阻值、电线电缆和配电设备的绝缘电阻值、漏电保护器动作参数、各类仪表读数、用电设备的性能参数等，并做好检测记录。

5.16.3.9 临时用电防火措施

(1) 要根据用电设备容量正确选择电线、电缆的截面和开关的规格。当线路上出现过负荷时，能在规定的时间内动作以保护线路。

(2) 电气操作人员应该按照规范操作，接线方式要正确，应该接实、接牢，三根或三根以上单股导线与设备连接时应该压接端子，多股导线要用端子或涮锡后再与设备连接，以防止接触点电阻加大引起火灾。

(3) 配电箱(柜)电线电缆及用电设备附近不允许堆放易燃易爆物品，电箱附近应该备有绝缘灭火器。

(4) 施工现场不允许使用电炉子。使用碘钨灯时，灯与易燃物品间距应该大于 1.0 m。尽可能使用 36 V 灯泡，室内不准使用大于 100 W 的白炽灯泡。严禁使用床头灯。

(5) 竖井架、塔吊应做好防雷接地，接地电阻应小于 10 Ω。

(6) 存放易燃物品的仓库内，照明装置应采用防爆灯具，导线敷设、灯具安装、导线与设备的连线均应满足有关规范的要求。

5.16.3.10 施工现场临电平面布置图(略)

5.16.3.11 材料需求计划表(略)

临时用电方案审核意见反馈表，临时用电施工组织设计审批表如表 5.5、表 5.6 所示。

表 5.5　临时用电方案审核意见反馈表

<table>
<tr><td>方案名称</td><td colspan="2">临时用电施工组织设计</td></tr>
<tr><td>项目技术负责人</td><td></td><td>上报时间：　年　月　日</td></tr>
<tr><td>审核部门</td><td>审核意见</td><td>签字及日期</td></tr>
<tr><td>安全</td><td>修改意见：</td><td></td></tr>
<tr><td>质量</td><td>修改意见：</td><td></td></tr>
<tr><td>技术</td><td>修改意见：</td><td></td></tr>
<tr><td>工程</td><td>修改意见：</td><td></td></tr>
<tr><td>设备</td><td>修改意见：</td><td></td></tr>
<tr><td>生产副总经理(生产副经理)</td><td>修改意见：</td><td></td></tr>
</table>

表 5.6　临时用电施工组织设计审批表

<table>
<tr><td colspan="2">工程名称</td><td>某工程 9#、19#楼</td><td colspan="2">结构形式</td><td>框架-剪力墙</td></tr>
<tr><td colspan="2">面积</td><td>25166 m²</td><td colspan="2">层数</td><td>11</td></tr>
<tr><td colspan="2">编制部门</td><td>施工项目部</td><td colspan="2">编制人</td><td></td></tr>
<tr><td rowspan="4">部门会签</td><td>部门</td><td>签字</td><td rowspan="4">部门会签</td><td>部门</td><td>签字</td></tr>
<tr><td>质量</td><td></td><td>工程</td><td></td></tr>
<tr><td>安全</td><td></td><td>设备</td><td></td></tr>
<tr><td>技术</td><td></td><td></td><td></td></tr>
<tr><td rowspan="3">一级项目</td><td>主任工程师(审核)</td><td></td><td rowspan="3">一般项目</td><td>生产副总经理(审核)</td><td></td></tr>
<tr><td>生产副经理(审核)</td><td></td><td>主任工程师(审批)</td><td></td></tr>
<tr><td>总工程师(审批)</td><td></td><td></td><td></td></tr>
<tr><td>审批意见</td><td colspan="5">签字：　　　　年　　月　　日</td></tr>
</table>

5.16.4　某工程预防高空坠落、坍塌施工专项方案

5.16.4.1　工程概况及编制依据

(1) 工程概况

某工程概况如表 5.7 所示。

表 5.7　某工程概况

工程名称	××工程
工程地点	××
建设单位	××
设计单位	××
监理单位	××
施工单位	××
建筑面积	6491 m²
层数(地上/地下)	地下 1 层、地上 12 层
建筑高度	39.8 m
结构形式	框架

(2) 编制依据

《中华人民共和国安全生产法》；

《建筑施工安全检查标准》(JGJ 59—2011)；

《建筑施工高处作业安全技术规范》(JGJ 80—91)；

《建筑施工扣件式钢管脚手架》(JGJ 130—2011)；

其他有关安全管理的国家规范、标准。

5.16.4.2　防坠落技术措施

(1) 基本规定

① 高处作业施工前，应逐级进行安全技术教育及交底，落实所有安全技术措施和人身防护用品，未经落实时不得进行施工。

② 高处作业中的安全标志、工具、仪表、电气设施和各种设备，必须在施工前加以检查，确认其完好后，方能投入使用。

③ 攀登和悬空高处作业人员以及搭设高处作业安全设施的人员，必须经过专业技术培训并专业考试合格，持证上岗，并定期进行体格检查。

④ 施工中对高处作业的安全技术措施发现有缺陷和隐患时，必须及时解决；危及人身安全时，必须停止作业。

⑤ 施工作业场地所有有坠落可能的物件，应一律先行撤除或加以固定。高处作业中所用的物料，均应堆放平稳，不妨碍通行和装卸。工具应随手放入工具袋；作业中的走道、通道板和登高用具，应随时清扫干净；拆卸下的物件、余料和废料均应及时清理运走，不得任意乱置或向下丢弃，传递物件时禁止抛接。

⑥ 雨天进行高处作业时，必须采取可靠的防滑措施。

⑦ 遇上六级以上强风、浓雾等恶劣气候，不得进行露天攀登和悬空高处作业。暴风雪及台风暴雨后，应对高处作业安全设施逐一加以检查，发现有松动、变形、损坏或脱落等现象，应立即修理完善。

⑧ 因作业需要必须临时拆除或变动安全防护设施时，必须经施工负责人同意，并采取相应的可靠措施，作业后立即恢复。

⑨ 防护棚搭设与拆除时，应设警戒区，并派专人监护，严禁上下同时拆除。

(2) 临边与洞口作业的安全防护

① 对临边高处作业，必须设置防护措施，并符合下列规定：

基坑周边、尚未安装栏杆或栏板的阳台、料台与悬挑平台周边、雨篷与挑檐边、无外脚手架的屋面与楼层周边及水箱与水塔周边等处，都必须设置防护栏杆。

头层墙高超过 3.2 m 的二层楼面周边，以及无外脚手架的高度超过 3.2 m 的楼层周边，必须在外围架设安全平网一道。

分层施工的楼梯口和梯段边，必须安装临时护栏。顶层楼梯口应随工程结构进度安装正式防护栏杆。

施工用电梯和脚手架等与建筑物通道的两侧边，必须设防护栏杆。地面通道上部装设安全防护棚。

各种垂直运输接料平台，除两侧设防护栏杆外，平台口还应设置安全门或活动防护栏杆。

② 临边防护栏杆杆件的规格及连接要求，应符合下列规定：

钢筋横杆的上杆直径不应小于 16 mm，下杆直径不应小于 14 mm，栏杆柱直径不应小于 18 mm，采用电焊或镀锌钢丝绑扎固定。

钢管横杆及栏杆柱均采用 ϕ48 mm×(2.75～3.5)mm 的管材，以扣件或电焊固定。

以其他钢材如角钢等作护栏杆时，应选用强度相当的规格，以电焊固定。

③ 搭设临边防护栏杆时，必须符合下列要求：

防护栏杆应由上、下两道横杆及栏杆柱组成，上杆离地高度为 1.0～1.2 m，下杆离地高度为 0.5～0.6 m。坡度大于 1∶2.2 的屋面，防护栏杆应高 1.5 m，并加挂安全网。除经设计计算外，横杆长度大于 2 m 时，必须加设栏杆柱。

栏杆柱的固定应符合下列要求：当在基坑四周固定时，可采用钢管，并打入地面 50～70 cm 深。钢管离边口的距离，不应小于 50 cm。当基坑周边采用板桩时，钢管可打在板桩外侧。当在混凝土楼面、屋面或墙面固定时，可用预埋件与钢管或钢筋焊牢。当在砖或砌块等砌体构件上固定时，可预先砌入规格相适应的 80 mm×6 mm 弯转扁钢做预埋件的混凝土块，然后再焊接固定。

栏杆柱的固定及其横杆的连接，其整体构造应使防护栏杆在上杆任何处均能经受任何方向的 1000 N 外力。当栏杆所处位置有可能发生人群拥挤、车辆冲击或物体碰撞等情况时，应加大横杆截面或加密柱距。

防护栏杆自上而下用安全立网封闭，或在栏杆下边设置严密固定的、高度不低于 18 cm 的挡脚板或 40 cm 的挡脚笆。挡脚板或挡脚笆上如有孔眼，不应大于 25 mm。板与笆下边距离底面的空隙不应大于 10 mm。接料平台两侧的栏杆，必须自上而下加挂安全立网。

当临边的外侧面临街时，除防护栏杆外，敞口立面必须采取满挂安全网或其他可靠措施作全封闭处理。

屋面和楼层临边栏杆如图 5.1 所示。

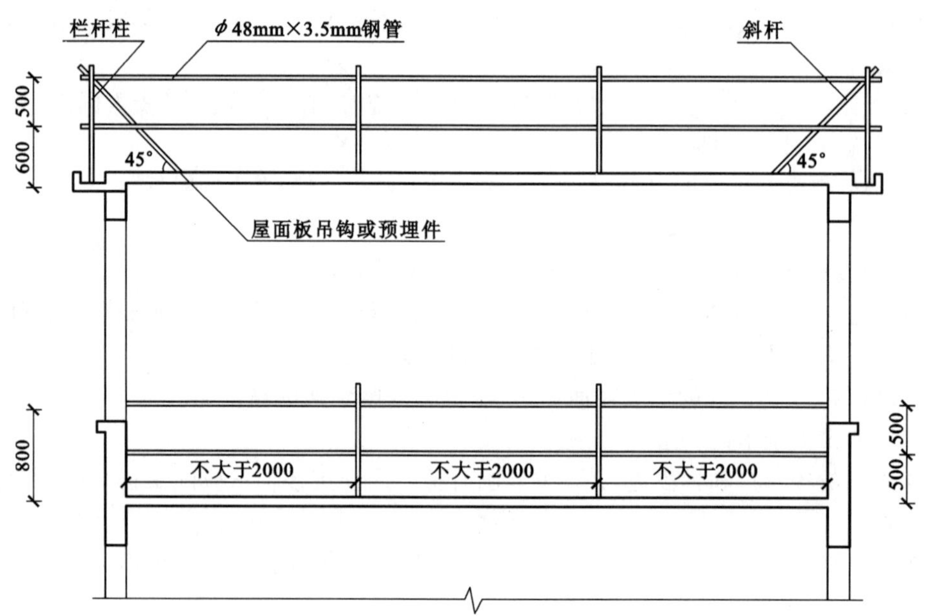

图 5.1　屋面和楼层临边防护栏杆

④ 进行洞口作业以及因工程和工序需要而产生的、使人与物有坠落危险或危及人身安全的其他洞口作业时，必须设置牢固的盖板、防护栏杆、安全网或其他防坠落的防护设施，夜间还应设红灯示警。

⑤ 楼板、屋面和平台上的洞口短边尺寸小于 25 cm 但大于 2.5 cm 的孔口，必须用坚实的盖板盖严实。盖板应能防止挪动移位。楼板面等处边长为 25～50 cm 的洞口、安装预制构件的洞口以及缺件临时形成的洞口，可用竹、木等做盖板，盖住洞口。盖板须能保持四周搁置均衡，并有固定其位置的措施。

⑥ 垃圾井道和烟道，应随楼层的砌筑或安装而消除洞口，或参照预留洞口作防护。

⑦ 对邻近的人或物有坠落危险可能性的其他竖向的孔、洞口，均应予以盖严实或加以防

护，并有固定其位置的措施。

⑧ 洞口防护如图 5.2 所示。

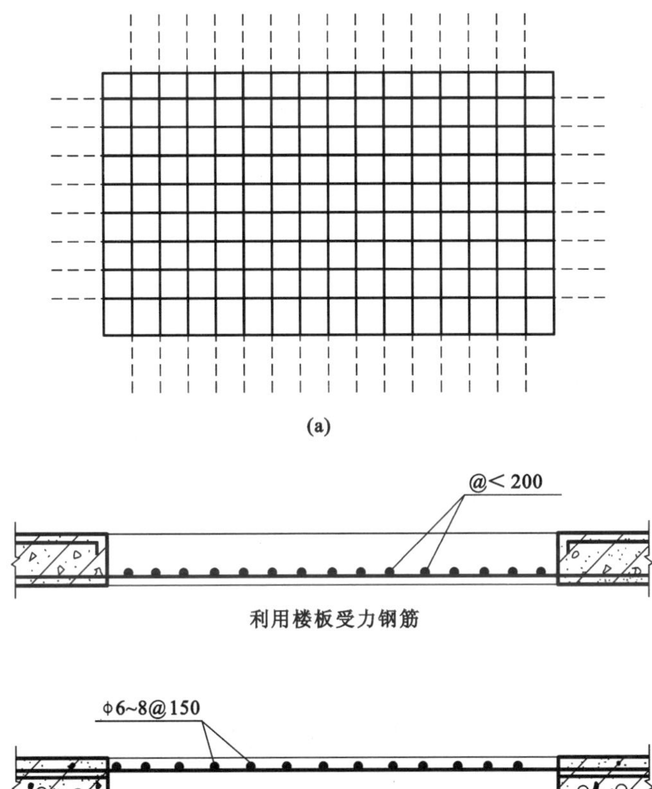

图 5.2　洞口防护栏杆

(a) 平面图；(b) 剖面图

⑨ 电梯井门应按定型化、工具化的要求设计制作，电梯井内不超过 10 m 应设置一道安全平网；安装、拆卸电梯井内安全平网时，作业人员应按规定佩戴安全带。电梯井口防护门如图 5.3 所示。

(3) 攀登与悬空作业的安全防护

① 悬空作业处应有牢靠的立足处，并视具体情况，配置防护栏网、栏杆或其他安全措施。

② 悬空作业所用的索具、脚手板、吊笼、吊篮、平台等设备，均需经过技术鉴定或检验后方可使用。

③ 模板支撑和拆除时的悬空作业，必须遵守下列规定：

支模应按规定的作业程序进行，模板未固定前不得进行下一道工序。严禁在连接件和支撑件上攀登上下，并严禁在同一垂直面上装、拆模板。结构复杂的模板，装、拆应严格按照施工组织设计的程序进行。

支设高度在 3 m 以上的柱模板，四周应设斜撑，并设操作平台。低于 3 m 的可用马凳操作。

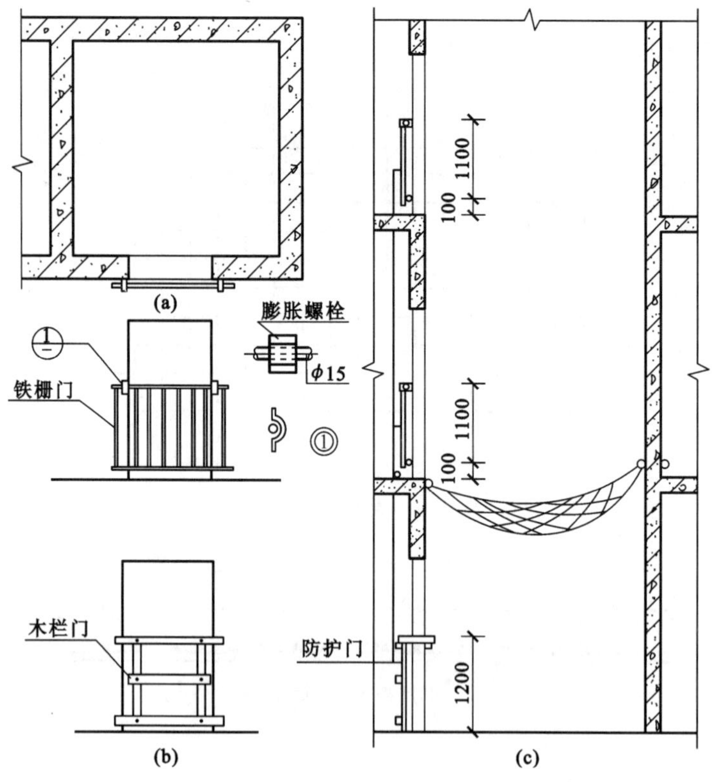

图 5.3 电梯井口防护门

(a) 平面图；(b) 立面图；(c) 剖面图

支设悬挑形式的模板时，应有固定的立足点。支设临空构筑物模板时，应搭设脚手架。模板上有预留洞时，应在安装后将洞遮盖。混凝土板上拆模后形成的临边或洞口，应按临边、洞口防护。

④ 钢筋绑扎时的悬空作业，必须遵守下列规定：

绑扎钢筋和安装钢筋骨架时，必须搭设脚手架和马道。

绑扎圈梁、挑梁、挑檐、外墙和边柱钢筋时，应搭设操作台架并张挂安全网。

绑扎立柱和墙体钢筋时，不得站在钢筋骨架上攀登上下。3 m 以内的柱钢筋，可在地面或楼面上绑扎，整体竖立。绑扎 3 m 以上的柱钢筋，必须搭设操作平台。

⑤ 混凝土浇筑时的悬空作业，必须遵守下列规定：

浇筑 2 m 以上框架、过梁、雨篷和小平台时，应设操作平台，不得直接站在模板或支撑件上操作。

特殊情况下如无可靠的安全措施，必须系好安全带并扣好保险钩，或架设安全网。

⑥ 悬空作业中的门窗作业时，必须遵守下列规定：

安装门、窗或油漆作业及安装玻璃时，严禁操作人员站在阳台栏板上操作。门窗临时固定，封填材料未达到强度，以及电焊时，严禁手拉门、窗进行攀登。

在高处安装门窗时，无外脚手架时，应张挂安全网。无安全网时，操作人员应系好安全带，其保险钩应扣在操作人员上方的可靠物件上。

进行各项窗口作业时，操作人员的重心应位于室内，不得在窗台上站立，必要时应系好安全带进行操作。

(4) 操作平台与交叉作业的安全防护

① 操作平台应由专业人员按现行规范的相应规定进行设计,计算书及图纸应编入施工组织设计。

② 操作平台的面积不应超过 10 m^2,高度不应超过 5 m。还应进行稳定验算,并采取措施减少立柱的长细比。

③ 操作平台可采用 ϕ48 mm×3.5 mm 的钢管以扣件连接,亦可采用门式架或承插式钢管脚手架部件,按产品要求进行组装。

(5) 交叉作业

① 支模、粉刷、砌墙等各种工种进行上下立体交叉作业时,不得在同一垂直方向操作。下层作业的位置,必须处于依上层高度确定的可能坠落范围半径之外。不符合以上条件时,应设置安全防护层。

② 自结构施工二层起,凡有人员进入的通道口(包括施工电梯的进出通道口)均应搭设安全防护棚。

③ 由于上方施工可能坠落物件,通道若在其受影响的范围内,必须搭设顶部能防止穿透的双层防护棚。

④ 交叉作业通道防护如图 5.4 所示。

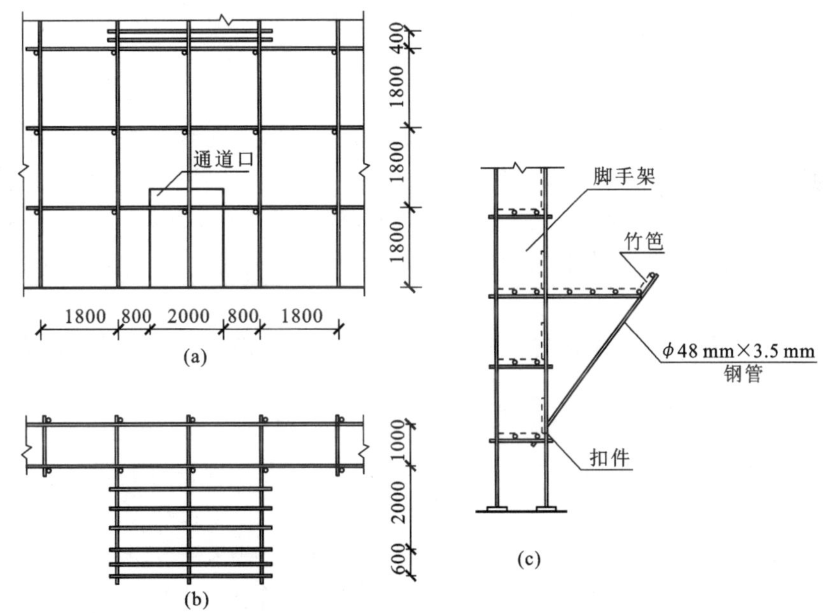

图 5.4　交叉作业通道防护

(a) 立面图;(b) 平面图;(c) 剖面图

(6) 高处作业安全防护设施的验收

① 进行高处作业之前,应先进行安全防护设施的逐项检查和验收。验收合格后,方可进行高处作业。验收也可分层或分阶段进行。

② 安全防护设施,应由单位负责人验收,并组织有关人员参加。

③ 安全防护设施的验收,应具备下列资料:

施工组织设计及有关验算数据；

安全防护设施验收记录；

安全防护设施变更记录及签证。

④ 安全防护设施的验收，主要包括以下内容：

所有临边、洞口等各类技术措施的设置状况；

技术措施所用的配件、材料和工具的规格及材质；

技术措施的节点构造及其建筑物的固定情况；

扣件和连接件的紧固程度；

安全防护措施的用品及设备的性能与质量是否合格的验证。

⑤ 安全防护措施的验收应按类别逐项查验，并作出验收记录。凡不符合规定者，必须修整合格后再行查验。施工工期内还应定期进行抽查。

5.16.4.3 防坍塌措施

根据建质[2003]82号文《建筑工程预防坍塌事故若干规定》，建筑工程坍塌是指施工基坑(槽)坍塌、边坡坍塌、基础桩壁坍塌、模板支撑系统失稳坍塌及施工现场临时建筑(包括施工围墙)倒塌等，结合工地实际情况，本工程防坍塌措施主要防止模板支撑系统失稳坍塌及临时建筑倒塌。

(1) 模板支撑系统

① 模板工程作业前，按设计单位要求，根据地质情况、施工工艺、作业条件及周边环境编制施工方案，单位分管负责人审批签字，项目分管负责人组织有关部门验收，经验收合格签字后，方可作业。

② 模板作业时，施工单位对模板支撑宜采用钢支撑材料作支撑立柱，不得使用严重锈蚀、变形、断裂、脱焊、螺栓松动的钢支撑材料和竹材作立柱。支撑立柱基础应牢固，并按设计计算严格控制模板支撑系统的沉降量。支撑立柱基础为泥土地面时，应采取排水措施，对地面平整、夯实，并加设满足支撑承载力要求的垫板后，方可用以支撑立柱。斜支撑和立柱应牢固拉接，形成整体。

③ 模板作业时，施工单位应指定专人指挥、监护，出现位移、开裂及渗漏时，应立即停止施工，将作业人员撤离作业现场，待险情排除后，方可作业。

④ 楼面、屋面堆放建筑材料、模板、施工机具或其他物料时，施工单位应严格控制数量、重量，防止超载。堆放数量较多时，应进行荷载计算，并对楼面、屋面进行加固。

(2) 临时建筑

① 施工单位应按地质资料和设计规范，确定临时建筑的基础形式和平面布局，并按施工规范进行施工。施工现场临时建筑与建筑材料等的间距应符合技术标准。

② 临时建筑外侧为街道或行人通道的，施工单位应采取加固措施。禁止在施工围墙墙体上方或紧靠施工围墙架设广告或宣传标牌。施工围墙外侧应有禁止人群停留、聚集和堆放土方、货物等的警示。

③ 施工现场使用的组装式活动房屋应有产品合格证，施工单位在组装后进行验收，经验收合格签字后，方能使用。对搭设在空旷、山脚等处的活动房应采取防风、防洪和防暴雨等措施。

复习思考题

1. 建筑工程施工中“三宝”指什么？如何正确使用？

2. 深基坑土方开挖和支护有哪些安全措施？

3. 模板安装及拆除有哪些安全技术？

4. 钢筋工程基本安全规定有哪些？

5. 简述混凝土工程一般安全规定。

6. 简述建筑机械安全生产一般规定。

7. 扣件式钢管脚手架拆除时安全措施有哪些？

8. 简述高分子卷材铺贴安全要求。

9. 简述高空坠落事故的分类及原因。

10. 简述施工现场安全用电一般规定。

11. 某商务大厦，为钢筋混凝土剪力墙结构，桩箱复合基础，地下 2 层，地上 12 层。2003 年 6 月 25 日，进行 10 层拆模施工，民工甲负责大模板的挂钩。下午 3 点 20 分，将 10 层北侧电梯井东墙模板吊起后，民工甲自己爬上南墙模板上部拆除外模与内模连接吊环的铅丝。当铅丝拆掉而与吊车挂钩还没有连接时，民工甲蹬着模板就要下来，而 1.2 m×3.2 m 的大模板此时并无三角支架固定，大模板瞬间脱离墙体，将民工甲砸在下面。甲被送往附近医院，经抢救无效死亡。

(1) 简要分析造成这起事故的原因。

(2) 工程中可采取哪些措施预防此类事故发生。

(3) 该事故给我们什么样的警示？

6 建筑工程施工现场安全管理与文明施工

本章提要

本章重点介绍建筑工程施工安全管理的基本概念、技术措施、安全检查内容；劳动保护的内容及伤亡事故分类和处理方法；施工现场的安全文明施工内容及检查要点。通过对本章的学习，使我们了解建筑工程安全管理的基本知识和施工现场文明施工的内容及要求。

施工现场安全管理与文明施工是安全生产的重要组成部分。安全生产是树立以人为本的管理理念，保护社会弱势群体的重要体现；文明施工是现代化施工的一个重要标志，是施工企业的一项基础性的管理工作，坚持文明施工具有重要意义。安全生产与文明施工是相辅相成的，建筑施工安全生产不但要保证职工的生命财产安全，同时要加强现场管理，保证施工井然有序，改变过去脏乱差的面貌，对提高投资效益和保证工程质量也具有深远意义。

施工现场安全管理与文明施工包含以下方面的内容：

(1) 施工现场的平面布置与划分；

(2) 场地；

(3) 道路；

(4) 封闭管理；

(5) 临时设施；

(6) 临时设施的搭设与使用管理；

(7) 施工现场的卫生与防疫；

(8) 五牌一图与两栏一报；

(9) 警示标牌的布置与悬挂；

(10) 塔式起重机的设置；

(11) 材料的堆放；

(12) 社区服务与环境保护。

6.1 施工现场的平面布置与划分

施工现场的平面布置图是施工组织设计的重要组成部分，必须科学合理地规划，绘制出施工现场平面布置图，在施工实施阶段按照施工总平面图要求，设置道路、组织排水、搭建临时设施、堆放物料和设置机械设备等。

6.1.1 施工总平面图编制的依据

(1) 工程所在地区的原始资料,包括建设、勘察、设计单位提供的资料;
(2) 原有和拟建建筑工程的位置和尺寸;
(3) 施工方案、施工进度和资源需求量计划;
(4) 全部施工设施建造方案;
(5) 建设单位可提供房屋和其他设施。

6.1.2 施工平面布置原则

(1) 满足施工要求,场内道路畅通,运输方便,各种材料能按计划分期分批进场,充分利用场地;
(2) 材料尽量靠近使用地点,减少二次搬运;
(3) 现场布置紧凑,减少施工用地;
(4) 在保证施工顺利进行的条件下,尽可能减少临时设施搭设,尽可能使用施工现场附近的原有建筑物作为施工临时设施;
(5) 临时设施的布置应便于工人生产和生活,办公用房靠近施工现场,福利设施应在生活区范围之内;
(6) 平面图布置应符合安全、消防、环境保护的要求。

6.1.3 施工总平面图表示的内容

(1) 拟建建筑的位置、平面轮廓;
(2) 施工用机械设备的位置;
(3) 塔式起重机轨道、运输路线及回转半径;
(4) 施工运输道路,临时供水、排水管线,消防设施;
(5) 临时供电线路及变配电设施位置;
(6) 施工临时设施位置;
(7) 物料堆放位置与绿化区域位置;
(8) 围墙与出入口位置。

6.1.4 施工现场功能区域划分要求

施工现场按照功能可划分为施工作业区、辅助作业区、材料堆放区和办公生活区。现场的办公生活区应当与作业区分开设置,并保持安全距离。办公生活区应当设置于在建建筑物坠落半径之外,并与作业区之间设置防护措施,进行明显的划分隔离,以免人员误入危险区域;办公生活区如果设置在在建建筑物坠落半径之内时,必须采取可靠的防砸措施。功能区的规划设置时还应考虑交通、水电、消防、卫生和环保等因素。

生活区是指建设工程作业人员集中居住、生活的场所,包括施工现场以内和施工现场以外独立设置的生活区。施工现场以外独立设置的生活区是指施工现场内无条件建立生活区,而在施工现场以外搭设的用于作业人员居住生活的临时用房或集中居住的生活基地。

6.2 场地和道路

6.2.1 场地

施工现场的场地应当整平，无障碍物，无坑洼和凹凸不平，雨季不积水，暖季应适当绿化。施工现场应具有良好的排水系统，设置排水沟及沉淀池。现场废水不得直接排入市政污水管网和河流；现场存放的油料、化学溶剂等应设有专门的库房，地面应进行防渗漏处理。地面应当经常洒水，并对粉尘源进行覆盖遮挡。

6.2.2 道路

(1) 施工现场的道路应畅通，有循环干道，满足运输、消防要求；

(2) 主干道应当平整坚实，且有排水措施，硬化材料可以采用混凝土、预制块或用石屑、焦渣、粗砂等压实整平，保证不沉陷、不扬尘，防止泥土带入市政道路；

(3) 道路应当中间起拱，两侧设排水设施，主干道宽度不宜小于 3.5 m，载重汽车转弯半径不宜小于 15 m，如因条件限制，应当采取措施；

(4) 道路的布置要与现场的材料、构件、仓库、堆场、吊车位置等相协调、配合；

(5) 施工现场主要道路应尽可能利用永久性道路，或先建好永久性道路的路基，在土建工程结束之前再铺路面。

6.3 封闭管理

施工现场的作业条件差，不安全因素多，在作业过程中既容易伤害作业人员，也容易伤害现场以外的人员。因此，施工现场必须实施封闭式管理，将施工现场与外界隔离，防止“扰民”和“民扰”问题，同时保护环境、美化市容。

6.3.1 围挡

(1) 施工现场围挡应沿工地四周连续设置，不得留有缺口，并根据地质、气候、围挡材料进行设计与计算，确保围挡的稳定性、安全性；

(2) 围挡的用材应坚固、稳定、整洁、美观，宜选用砌体、金属板材等硬质材料，不宜使用彩布条、竹芭或安全网等；

(3) 施工现场的围挡一般应高于 1.8 m；

(4) 禁止在围挡内侧堆放泥土、砂石等散状材料以及架管、模板等，严禁将围挡做挡土墙使用；

(5) 雨后、大风后以及春天融雪季节应当检查围挡的稳定性，发现问题要及时处理。

6.3.2 大门

(1) 施工现场应当有固定的出入口，且应设置大门；

(2) 施工现场的大门应牢固美观，大门上应标有企业名称或企业标识；

(3) 出入口处应当设置专职门卫人员，制定门卫管理制度及交接班记录制度；

(4) 施工现场人员应当佩戴工作卡。

6.4 临时设施

施工现场的临时设施较多，这里主要指施工期间临时搭建、租赁的各种房屋临时设施。临时设施必须合理选址、正确选材，确保使用功能和安全、卫生、环保、消防要求。

6.4.1 临时设施的种类

(1) 办公设施，包括办公室、会议室、保卫传达室；

(2) 生活设施，包括宿舍、食堂、厕所、淋浴室、阅览娱乐室、卫生保健室；

(3) 生产设施，包括材料仓库、防护棚、加工棚(如混凝土搅拌站、砂浆搅拌站、木材加工厂、金属加工厂和机械维修厂)、操作棚；

(4) 辅助设施，包括道路、现场排水设施、围墙、大门、供水处、吸烟处。

6.4.2 临时设施的设计

施工现场搭建的生活设施、办公设施，两层以上、大跨度及其他临时房屋建筑物应当进行结构计算，绘制简单施工图纸，并经企业技术负责人审批后方可搭建。临时建筑物设计应符合《建筑结构可靠度设计统一标准》(GB 50068—2001)、《建筑结构荷载规范》(GB 50009—2012)的相关规定。临时建筑物使用年限为5年。临时办公用房、宿舍、食堂、厕所等建筑物结构重要性系数 $\gamma_0=1.0$，工地非危险品仓库等建筑物结构重要性系数 $\gamma_0=0.9$。工地危险品仓库按相关规定设计，临时建筑及设施设计可不考虑地震作用。

6.4.3 临时设施的选址

办公生活临时设施的选址首先应考虑与作业区相隔离，保持安全距离；其次，其周边环境必须具有安全性，例如不得设置在高压线下，也不得设置在沟边、崖边、河流边、强风口处、高墙下，和滑坡、泥石流等灾害地质带上以及山洪可能冲击到的区域。

安全距离是指在施工坠落半径和高压线防电距离之外。建筑物高度为2～5 m，坠落半径为2 m；高度为30 m，坠落半径为5 m(如因条件限制，办公和生活区设置在坠落半径区域内，必须有防护措施)。1 kV以下裸露输电线，安全距离为4 m；330～550 kV输电线，安全距离为15 m(最外线的投影距离)。

6.4.4 临时设施的布置原则

(1) 合理布局，协调紧凑，充分利用地形，节约用地；

(2) 尽量利用建设单位在施工现场或附近能提供的现有房屋和设施；

(3) 临时房屋应本着厉行节约、减少浪费的精神，充分利用当地材料，尽量采用活动式或容易拆装的房屋；

(4) 临时房屋布置应方便生产和生活；

(5) 临时房屋的布置应符合安全、消防和环境卫生的要求。

6.4.5 临时设施的布置方式

(1) 生活性临时房屋布置在工地现场以外，生产性临时设施按照生产的需要在工地选择适当的位置，行政管理的办公室等应靠近工地或在工地现场出入口；

(2) 生活性临时房屋设在工地现场以内时，一般布置在现场的四周或集中于一侧；

(3) 生产性临时房屋，如混凝土搅拌站、钢筋加工厂、木材加工厂等，应全面分析后再确定位置。

6.4.6 临时房屋的结构类型

(1) 活动式临时房屋，如钢骨架活动房屋、彩钢板房；

(2) 固定式临时房屋，主要为砖木结构、砖石结构和砖混结构；

(3) 临时房屋应优先选用钢骨架彩钢板房，生活办公设施不宜选用菱苦土板房。

6.5 临时设施的搭设与使用管理

6.5.1 办公室

施工现场应设置办公室。办公室内布局应合理，文件资料宜归类存放，并应保持室内清洁卫生。

6.5.2 职工宿舍

(1) 宿舍应当选择在通风、干燥的位置，防止雨水、污水流入；

(2) 不得在尚未竣工的建筑物内设置员工集体宿舍；

(3) 宿舍必须设置可开启式窗户，设置外开门；

(4) 宿舍内应保证有必要的生活空间，室内净高不小于 2.4 m，通道宽度不得小于0.9 m，每间宿舍居住人员不应超过 16 人；

(5) 宿舍内的单人铺不得超过 2 层，严禁使用通铺，床铺应高于地面 0.3 m，人均床铺面积不得小于 1.9 m×0.9 m，床铺间距不得小于 0.3 m；

(6) 宿舍内应设置生活用品专柜，有条件的宿舍宜设置生活用品储藏室；宿舍内严禁存放施工材料、施工机具和其他杂物；

(7) 宿舍周围应当搞好环境卫生，应设置垃圾桶、鞋柜或鞋架，生活区内应为作业人员提供晾晒衣物的场地，房屋外应道路平整，晚间有充足的照明；

(8) 冬季时，寒冷地区的宿舍应有保暖措施和防煤气中毒措施，火炉应当统一设置、管理，炎热季节应有消暑和防蚊虫叮咬措施；

(9) 应当制定宿舍管理使用责任制，轮流负责卫生和管理或安排专人管理。

6.5.3 食堂

(1) 食堂应当选择在通风、干燥的位置，防止雨水、污水流入；应当保持环境卫生，远离厕所、垃圾站、有毒有害场所等有污染源的地方；装修材料必须符合环保、消防要求；

(2) 食堂应设置独立的制作间、储藏间；

(3) 食堂应配备必要的排风设施和冷藏设施，安装纱门纱窗，室内不得有蚊子、苍蝇，门下方应设不低于 0.2 m 的防鼠挡板；

(4) 食堂的燃气罐应单独设置存放间，存放间应通风良好并严禁存放其他物品；

(5) 食堂制作间灶台及其周边应贴瓷砖，瓷砖的高度不宜小于 1.5 m；地面应做硬化和防滑处理，并按规定设置污水排放设施；

(6) 食堂制作间的刀、盆、案板等炊具必须生熟分开，食品必须有遮盖，遮盖物品应有正反面标识，炊具宜存放在封闭的橱柜内；

(7) 食堂内应有存放各种佐料和副食的密闭器皿，并应有标识，粮食存放台距墙和地面应大于 0.2 m；

(8) 食堂外应设置密闭式泔水桶，并应及时清运，保持清洁；

(9) 应当制定并在食堂张挂食堂卫生责任制标牌，责任落实到人，加强管理。

6.5.4 厕所

(1) 厕所大小应根据施工现场作业人数设置；

(2) 高层建筑施工超过 8 层以后，每隔 4 层宜设置临时厕所；

(3) 施工现场应设置水冲式或移动式厕所，厕所地面应硬化，门窗齐全，蹲坑间宜设置隔板，隔板高度不宜低于 0.9 m；

(4) 厕所应设专人负责，定时进行清扫、冲刷、消毒，化粪池应及时清掏。

6.5.5 防护棚

施工现场的防护棚较多，如加工站厂棚、机械操作棚、通道防护棚等。

大型防护棚可用砖木结构，应当进行结构计算，保证结构安全。小型防护棚一般用钢管扣件脚手架搭设，应当严格按照《建筑施工扣件式钢管脚手架安全技术规程》的要求搭设。

防护棚顶应当满足承重、防雨要求，在施工坠落半径之内的棚顶应当具有抗砸能力。防护棚可采用多层结构。最上层材料应能承受 10 kPa 的均布静荷载，也可采用 50 mm 厚木板架设或采用两层竹笆。上下竹笆层间距应不小于 600 mm。

6.5.6 搅拌站

(1) 搅拌站应当综合考虑砂石堆场、水泥库的设置位置，既要相互靠近，又要便于材料的运输和装卸。

(2) 搅拌站应当尽可能设置在垂直运输机械附近，在塔式起重机吊运半径内，尽可能减少混凝土、砂浆水平运输距离。采用塔式起重机吊运时，应当留有起吊空间，使吊斗能方便地从出料口直接挂钩起吊和放下；采用小车、翻斗车运输时，应当设置在大路旁，以方便运输。

(3) 搅拌站场地四周应当设置沉淀池、排水沟：

① 避免清洗机械时，造成场地积水；

② 沉淀后循环使用，节约用水；

③ 避免沉淀的污水直接排入城市排水设施和河流。

(4) 搅拌站应当搭设搅拌棚，挂设搅拌安全操作规程和相应的警示标志、混凝土配合比牌，采取防止扬尘的措施，冬期施工还应考虑保温、供热等。

6.5.7 仓库

(1) 仓库的面积应通过计算确定，根据各个施工阶段所需要的先后顺序进行布置；

(2) 水泥仓库应当选择地势较高、排水方便、靠近搅拌机的地方；

(3) 易燃易爆仓库的布置应当符合防火、防爆安全距离的要求；

(4) 仓库内各种工具、器件、物品应分类集中放置，设置标牌，标明规格型号；

(5) 易燃、易爆和剧毒物品不得与其他物品混放，并建立严格的进出库制度，由专人管理。

6.6 施工现场的卫生与防疫

6.6.1 卫生保健

(1) 施工现场应设置保健卫生室，配备保健药箱、常用药及绷带、止血带、颈托、担架等急救器材，小型工程可以用办公用房兼做保健卫生室；

(2) 施工现场应当配备兼职或专职急救人员，处理伤员和职工保健，对生活卫生进行监督并定期检查食堂饮食的卫生情况；

(3) 要利用黑板报等形式向职工介绍防病的知识和方法，做好对职工卫生防病的宣传教育工作；

(4) 当施工现场作业人员发生法定传染病、食物中毒、急性职业中毒时，必须在 2 小时内向事故发生所在地建设行政主管部门和卫生防疫部门报告，并积极配合调查处理；

(5) 现场施工人员患有法定的传染病或携带病源时，应及时进行隔离，并由卫生防疫部门进行处置。

6.6.2 保洁

办公区和生活区应设专职或兼职保洁员，负责卫生清扫和保洁，应有灭鼠、蚊、蝇、蟑螂等的措施，并应定期投放和喷洒药物。

6.6.3 食堂卫生

(1) 食堂必须有卫生许可证；

(2) 炊事人员必须持有身体健康证，上岗应穿戴洁净的工作服、工作帽和口罩，并应保持个人卫生；

(3) 炊具、餐具和饮水器具必须及时清洗消毒；

(4) 必须加强食品、原料的进货管理，做好进货登记，严禁购买无照、无证商贩经营的食品和原料，施工现场的食堂严禁出售变质食品。

6.7 五牌一图与两栏一报

施工现场的进口处应有整齐明显的“五牌一图”，在办公区、生活区应设置“两栏一报”。

(1) 五牌:工程概况牌、管理人员名单及监督电话牌、消防保卫牌、安全生产牌、文明施工牌。一图:施工现场总平面图。

(2) 各地区也可根据情况再增加其他牌图,如工程效果图。五牌内容没有作具体规定,可结合本地区、本企业及本工程特点设置。工程概况牌内容一般应写明工程名称、面积、层数、建设单位、设计单位、施工单位、监理单位、开竣工日期、项目经理以及联系电话等。

(3) 标牌是施工现场重要标志的一项内容,所以不但内容应有针对性,同时标牌制作、挂设也应规范、整齐、美观,字体工整。

(4) 为进一步对职工做好安全宣传工作,施工现场在明显处应有必要的安全内容的标语。

(5) 施工现场应设置"两栏一报",即读报栏、宣传栏和黑板报,丰富学习内容,表扬好人好事。

6.8 警示标牌的布置与悬挂

施工现场应当根据工程特点及施工的不同阶段,有针对性地设置、悬挂安全标志。

6.8.1 安全标志的定义

安全警示标志是指提醒人们注意的各种标牌、文字、符号以及灯光等。一般来说,安全警示标志包括安全色和安全标志。安全警示标志应当明显,便于作业人员识别。如果是灯光标志,要求明亮显眼;如果是文字图形标志,则要求明确易懂。

根据《安全色》(GB 2893—2008)规定,安全色是表达安全信息含义的颜色,安全色分为红、黄、蓝、绿四种颜色,分别表示禁止、警告、指令和提示。

根据《安全标志》(GB 2894—2008)规定,安全标志是用于表达特定信息的标志,由图形符号、安全色、几何图形(边框)或文字组成。安全标志分禁止标志、警告标志、指令标志和提示标志。安全警示标志的图形、尺寸、颜色、文字说明和制作材料等,均应符合国家标准规定(见附录三)。

6.8.2 设置悬挂安全标志的意义

施工现场施工机械与机具种类多、高空作业与交叉作业多、临时设施多、不安全因素多、作业环境复杂,属于危险因素较大的作业场所,容易发生人身伤亡事故。

在施工现场的危险部位和有关设备、设施上设置安全警示标志,这是为了提醒、警示进入施工现场的管理人员、作业人员和有关人员,要时刻认识到所处环境的危险性,随时保持清醒和警惕,避免事故发生。

6.8.3 安全标志的平面布置图

施工单位应当根据工程项目的规模、施工现场的环境、工程结构形式以及设备、机具的位置等情况,确定危险部位,有针对性地设置安全标志。

施工现场应绘制安全标志布置总平面图,根据施工不同阶段的施工特点,组织人员有针对性地进行设置、悬挂或增减。

安全标志设置位置的平面图,是重要的安全工作资料之一,当一张图不能表明时可以分层表明或分层绘制。安全标志设置位置的平面图应由绘制人员签名、项目负责人审批。

6.8.4 安全标志的设置与悬挂

根据国家有关规定，施工现场入口处、施工起重机械、临时用电设施、脚手架、出入通道口、楼梯口、电梯井口、孔洞口、桥梁口、隧道口、基坑边沿、爆破物及有害危险气体和液体存放处等属于危险部位，应当设置明显的安全警示标志。

根据危险部位的性质不同，应当设置不同类型、数量的安全警示标志。如：在爆破物及有害危险气体和液体存放处设置禁止烟火、禁止吸烟等禁止标志；在施工机具旁设置当心触电、当心伤手等警告标志；在施工现场入口处设置必须戴安全帽等指令标志；在通道口处设置安全通道等指示标志；在施工现场的沟、坎、深基坑等处，夜间要设红灯示警。

安全标志设置后应当进行统计记录，并填写施工现场安全标志登记表。

6.9 材料的堆放

6.9.1 一般要求

(1) 建筑材料的堆放应当根据用量大小、使用时间长短、供应与运输情况确定，用量大、使用时间长、供应运输方便的，应当分期分批进场，以减少堆场和仓库面积；

(2) 施工现场各种工具、构件、材料的堆放必须按照总平面图规定的位置放置；

(3) 堆放位置应适当选择，便于运输和装卸，应减少二次搬运；

(4) 堆放位置地势要较高，地面应坚实、平坦，回填土应分层夯实，要有排水措施，符合安全、防火的要求；

(5) 应当按照品种、规格堆放，并设明显标牌，标明名称、规格和产地等；

(6) 各种材料物品必须堆放整齐。

6.9.2 主要材料半成品的堆放

(1) 大型工具，应当一头平齐；

(2) 钢筋应当堆放整齐，用方木垫起，不宜放在潮湿的地方或暴露在外受雨水冲淋；

(3) 砖应码成方垛，不准超高，并距沟槽坑边不小于 0.5 m，防止坍塌；

(4) 砂应堆成方，石子应当按不同粒径规格分别堆放成方；

(5) 各种模板应当按规格分类堆放整齐，地面应平整坚实，叠放高度一般不宜超高1.6 m；大模板应放在经专门设计的存架上，应当采用两块大模板面对面存放，当存放在施工楼层上时，应当满足自稳角度并有可靠的防倾倒措施；

(6) 混凝土构件堆放场地应坚实、平整，构件按规格、型号堆放。垫木位置要正确，多层构件的垫木要上下对齐，垛位不准超高；混凝土墙板宜设插放架，插放架要焊接或绑扎牢固，防止倒塌。

6.9.3 场地清理

作业区及建筑物楼层内，要做到“工完场地清”。拆模时应当随拆随清理运走，不能马上运走的应码放整齐。

各楼层清理的垃圾不得长期堆放在楼层内，应当及时运走，施工现场的垃圾也应分类集中堆放。

6.10 社区服务与环境保护

6.10.1 社区服务

施工现场应当建立不扰民措施，有责任人管理和检查。应当与周围社区定期联系，听取意见，对合理意见应当及时采纳处理，工作要有记录。

6.10.2 环境保护的相关法律法规

国家关于保护和改善环境，防治污染的法律、法规主要有《环境保护法》、《大气污染防治法》、《固体废物污染环境防治法》、《环境噪声污染防治法》等，施工单位在施工时应当自觉遵守。

6.10.3 防治大气污染

(1) 施工现场宜采取措施硬化，其中主要道路、料场、生活办公区域必须进行硬化处理，土方应集中堆放，裸露的场地和集中堆放的土方应采取覆盖、固化或绿化等措施。

(2) 使用密目式安全网对在建建筑物、构筑物进行封闭，防止施工过程扬尘；拆除旧有建筑物时，应采取隔离、洒水等措施防止扬尘，并应在规定期限内将废弃物清理完毕；不得在施工现场熔融沥青，严禁在施工现场焚烧含有毒、有害化学成分的装饰废料、油毡、油漆、垃圾等各类废弃物。

(3) 土方、渣土和施工垃圾的运输应采用密封式运输车辆或采取覆盖措施。

(4) 施工现场出入口处应采取保证车辆清洁的措施。

(5) 施工现场应根据风力和大气湿度的具体情况，进行土方回填、转运作业。

(6) 水泥和其他易飞扬的细颗粒建筑材料应密闭存放，砂石等散料应采取覆盖措施。

(7) 施工现场混凝土搅拌场所应采取封闭、降尘措施。

(8) 建筑物内施工垃圾的清运，应采用专用封闭式容器吊运或传送，严禁凌空抛撒。

(9) 施工现场应设置密闭式垃圾站，施工垃圾、生活垃圾应分类存放，并及时清运出场。

(10) 城区、旅游景点、疗养区、重点文物保护地及人口密集区的施工现场应使用清洁能源。

(11) 施工现场的机械设备、车辆的尾气排放应符合国家环保排放标准要求。

6.10.4 防治水污染

(1) 施工现场应设置排水沟及沉淀池，现场废水不得直接排入市政污水管网和河流。

(2) 现场存放的油料、化学溶剂等应设有专门的库房，地面应进行防渗漏处理。

(3) 食堂应设置隔油池，并及时清理。

(4) 厕所的化粪池应进行抗渗处理。

（5）食堂、盥洗室、淋浴间的下水管线应设置隔离网，并应与市政污水管线连接，保证排水通畅。

6.10.5 防治施工噪声污染

（1）施工现场应采用现行国家标准《建筑施工场界环境噪声排放标准》(GB 12523—2011)中制定的降噪措施，并应对施工现场的噪声值进行监测和记录；

（2）施工现场的强噪声设备宜设置在远离居民区的一侧；

（3）对因生产工艺要求或其他特殊需要，确需在22时至次日6时期间进行强噪声施工的工程，施工前建设单位和施工单位应到有关部门提出申请，经批准后方可进行夜间施工，并公告附近居民；

（4）夜间运输材料的车辆进入施工现场时，严禁鸣笛；装卸材料应做到轻拿轻放；

（5）使用产生噪声和振动的施工机械、机具时，应当采用消声、吸声、隔声等方法来有效控制和降低噪声。

6.10.6 防治施工照明污染

夜间施工严格按照建设行政主管部门和有关部门的规定执行，对施工照明器具的种类、灯光亮度进行严格控制，特别是在城市市区居民居住区内，要减少施工照明对城市居民的危害。

6.10.7 防治施工固体废弃物污染

施工车辆运输砂石、土方、渣土和建筑垃圾，应采取密封、覆盖措施，避免泄露、遗撒，并按指定地点倾卸，防止固体废物污染环境。

6.11 建筑工程施工现场安全文明施工

文明施工是指在施工生产过程中，现场施工人员的生产活动和生活活动必须符合正常的秩序和规范，以减少对现场周围的自然环境和社会环境的不利影响，杜绝野蛮施工和粗鲁行为，从而使工程项目能够顺利完成。

施工现场环境保护是按照法律法规、各级主管部门和企业的要求，保护和改善作业现场的环境，控制现场的各种粉尘、废水、废气、固体废弃物、噪声、振动等对环境的污染和危害。环境保护也是文明施工的重要内容之一。

6.11.1 文明施工

现场文明施工的内容主要有现场围挡、封闭管理、施工场地、材料堆放、现场住宿、现场防火、治安综合治理、施工现场标牌、生活设施、保健急救和社区服务等。

（1）现场围挡

① 围挡的高度：市区主要路段的工地周围设置的围挡高度不低于2.5 m；一般路段的工地周围设置的围挡高度不低于1.8 m。

② 围挡材料应选用砌体、金属板材等硬质材料，禁止使用彩钉布、竹笆、安全网等易变形材料，做到坚固、平稳、整洁、美观。

③ 围挡的设置必须沿工地四周连续进行，不能留有缺口。

(2) 封闭管理

① 加强现场管理，施工工地应有固定的出入口，并设置大门以便于管理。

② 出入口处应设有专职门卫人员，制定完善的门卫管理制度。

③ 加强对出入现场人员的管理，规定进入施工现场的人员都应佩戴胸卡以示证明；胸卡应佩戴整齐。

④ 各企业应按自己的特点设置大门的形式，大门上应标有企业名称或企业标识。

(3) 施工场地

① 工地的地面应采用混凝土地面或其他硬化地面，使现场地面平整坚实。

② 施工场地应有循环道路，且保持畅通，无大面积积水；有良好的排水设施，保证排水畅通。

③ 施工中产生的废水、泥浆应经流水槽或管道排入工地集水池统一沉淀处理，不得随意排放和污染施工区域以外的河道、路面。

④ 施工现场应该禁止吸烟，防止发生危险，或设置固定的吸烟室或吸烟处，吸烟室或吸烟处应远离危险区并设必要的灭火器材。

⑤ 工地应尽量布置绿化，有花草树木。

(4) 材料堆放

① 施工现场工具、构件、各种材料必须按照总平面图规定的位置，按品种、分规格堆放，并设置明显标牌。

② 施工场地区及建筑物楼层内，应随完工随清理，建筑垃圾不得长期堆放在楼层内，应及时运走，施工现场的垃圾也应分门别类集中堆放。

③ 易燃易爆物品不能混放，除现场有集中存放处外，班组使用的零散的各种易燃易爆物品必须按有关规定存放。

(5) 现场住宿

① 施工现场必须将施工作业区与生活区严格分开，不能混用。在建工程不得兼作宿舍，因为在施工区内住宿会带来各种危险，如落物伤人、触电或洞口临边防护不严而造成事故，两班作业时，施工噪声会影响工人的休息。

② 施工作业区与办公区及生活区应有明显划分，要有隔离和安全防护措施，防止发生事故。

③ 寒冷地区，冬期住宿应有保暖措施和防煤气中毒的措施；炎热季节，宿舍应有消暑和防蚊虫叮咬措施，保证施工人员有充足睡眠。

④ 宿舍外周围环境卫生干净。宿舍内床铺及各种生活用品放置整齐，室内应限定人数，有安全通道，宿舍门向外开，被褥叠放整齐、干净，室内无异味。

(6) 现场防火

① 施工现场应根据施工作业条件制定消防制度或消防措施。

② 按照不同作业条件，合理配备灭火器材。如电气设备附近应设置干粉类不导电的灭火器材；对于设置的泡沫灭火器应有换药日期和防晒措施。灭火器材设置的位置和数量等均应符合有关的消防规定。

③ 当建筑施工高度超过 30 m 时，为解决单纯依靠消防器材灭火的问题，要求配备有足够的消防水源和自救的水量。

④ 应建立明火审批制度。凡有明火作业的必须经主管部门审批(审批时应写明要求和注意事项);作业时,应按规定设监护人员;作业后,必须确认无火源危险后方可离开。

(7) 治安综合治理

① 在生活区内设置工人业余学习和娱乐场所,使工人劳动后也能有合理的休息方式。

② 施工现场应建立治安保卫制度和明确责任分工,并有专人负责检查落实情况。

(8) 施工现场标牌

① 施工现场的大门口应设置整齐明显的“五牌一图”。

② 标牌是施工现场重要标志的一项内容,所以不但内容要有针对性,同时标牌的制作、标挂也应规范整齐,字体工整。

(9) 生活设施

① 施工现场应设置符合卫生要求的厕所,有条件的应设冲水式厕所,厕所应有专人负责管理。

② 施工现场应保持卫生,不准随地大小便。高层建筑施工时,可每隔几层在建筑内设置移动式简易厕所。

③ 食堂卫生必须符合有关的卫生要求。如炊事员必须有卫生防疫部门颁发的体检合格证,生熟食应分开存放,食堂炊事人员应穿白色工作服,应定期检查食堂卫生。食堂应在显著位置张挂卫生责任制标牌并落实到人。

④ 施工作业人员应能喝到符合卫生要求的白开水,不固定的盛水容器须有专人管理。

⑤ 施工现场应按作业人员的数量设置足够使用的淋浴设施,淋浴室在寒冷季节应有暖气、热水,淋浴室应有专人管理。

⑥ 生活垃圾应及时清理,集中运送装入容器,不能与施工垃圾混放,并设专人管理。

(10) 保健急救

① 工地应有保健药箱并备有常用药品,有医生巡回医疗。

② 临时发生的意外伤害,现场应备有急救器材(如担架等),以便及时抢救。

③ 施工现场应有经培训合格的急救人员,懂得一般的急救处理知识。

④ 为保障作业人员健康,应在流行病易发季节及平时定期开展卫生防病的宣传教育工作。

(11) 社区服务

① 工地施工不扰民,应针对施工工艺设置防尘和防噪音设施(施工现场噪声规定不超过85 dB)。

② 夜间施工应有主管部门的批准手续,并做好周围居民和单位的工作。

③ 有毒、有害物质应该按照有关规定进行处理,现场不得焚烧有毒、有害物质。

④ 现场应建立不扰民措施,由责任人管理和检查。

(12) 现场文明施工的检查评定

为推动建筑工地的文明施工,应对现场的文明施工管理情况进行检查、评比。优秀的工地授予文明工地的称号;不合格的工地,令其限期整改,甚至予以适当的经济处罚。文明施工的检查、评比一般是由工程管理部门根据文明施工的要求,按其内容的性质分解为施工现场、材料堆放、住宿、综合治理、防火消防、生活卫生和社区服务等管理分项,逐项检查、评分,最后汇总得出总分。《建筑施工安全检查标准》(JGJ 59—2011)中“文明施工检查评分表”如附录二所示。

6.11.2 环境保护

施工现场环境保护的内容主要是:防止空气污染、水污染、施工噪声污染和固体废弃物处理等。

(1) 防止空气污染

施工现场产生的主要大气污染物有:装卸运输过程中产生的扬尘;焚烧含有毒、有害化学成分的废料;锅炉、熔化炉、厨房烧煤产生的烟尘;建材破碎、加工过程中产生的飘尘;施工动力机械排放的尾气等。

施工现场空气污染的防治措施:

① 严格控制施工现场和施工运输过程中的扬尘和飘尘对周围大气的污染,可采用清扫、洒水、遮盖、密封等措施降低污染;

② 严格控制有毒、有害气体的产生和排放,如禁止随意焚烧油毡、橡胶、塑料、皮革、树叶、枯草、各种包装物等废弃物品,尽量不使用有毒、有害的涂料等化学物质;

③ 所有机动车的尾气排放应符合国家现行标准。

(2) 防止水污染

施工现场对水产品产生的污染有:废水和固体废物随水流流入水体,包括泥浆、有机溶剂、重金属、酸碱盐、食堂和生活污水等。

施工现场水污染的防治措施:

① 施工现场应设置排水沟及沉淀池,泥浆不得直接排入市政管网;

② 食堂和生活污水的下水管道应设置隔离网,并与市政污水管线连接;

③ 现场存放的油料、化学溶剂等应设有专门的库房,地面应进行防渗漏处理。

(3) 防止施工噪声污染

施工现场噪声污染有:运输噪声(卡车、搅拌车、翻斗车等),施工机械噪声(打桩机、推土机、电锯、搅拌机等),生活噪声(广播声、喧哗声等)。噪声是影响与危害非常广泛的环境污染问题。噪声环境会干扰人的睡眠与工作,影响人的心理状态与情绪,造成人的听力下降,甚至引起许多疾病。

施工现场噪声污染防止措施:

① 施工现场提倡文明施工,建立健全控制人为噪声的管理制度。尽量减少人为的大声喧哗,增强全体施工人员防噪声扰民的自觉意识。

② 凡在居民稠密区进行强噪声作业的,要严格控制作业时间,晚间作业不超过 22 时,早晨作业不早于 6 时,特殊情况需连续作业(或夜间作业)的,应尽量采取降噪措施,事先做好周围群众的工作,并报经工地所在的区、县有关部门同意后方可施工。

③ 尽量选用低噪声或备有消声降噪声设备的施工机械。施工现场的强噪声机械(搅拌机、电锯、电刨、砂轮机等)要设置封闭的机械棚,以减少强噪声的扩散。

(4) 固体废弃物处理

施工现场常见的固体废弃物有建筑渣土(砖瓦、碎石、渣土、混凝土碎块等)、废弃的散装建筑材料(废水泥、废石灰)、生活垃圾(包括炊厨废物,丢弃的食品、废纸、生活用具等)、设备材料的包装物等。

施工现场固体废弃物处理措施：

① 物理处理，包括压实浓缩、破碎、分选、脱水干燥等。

② 化学处理，包括氧气还原、中和、化学浸出等。

③ 回收利用，包括回收利用和集中处理等资源化、减量化的方法。

④ 填埋处置，包括覆盖填埋、指定地点抛卸等。

复习思考题

1. 建筑工程施工安全技术措施有哪些？
2. 简述建筑工程施工安全管理检查分类及内容。
3. 什么是劳动保护？保护内容有哪些？
4. 伤亡事故是如何划分的？
5. 简述建筑施工现场文明施工的内容及措施。

7 建筑工程消防安全管理

本 章 提 要

本章重点讲述建筑工程消防安全方面的基本知识，主要包括消防安全管理基本知识、消防设施的使用及维护、施工现场防火及管理机构和预防措施。

7.1 消防安全管理概述

消防安全工作是建筑工程安全管理中的一项重要工作，它直接关系到用户的生命财产安全。消防工作的目的是为了预防物业火灾的发生，最大限度地减少火灾损失，为用户提供安全环境，保障其生命及财产安全。消防工作在指导思想上，是要把预防火灾放在首位，从人力、物力、技术等多方面充分做好灭火准备，以便一旦发生火灾，能迅速扑灭。

7.1.1 火灾防治

随着工业生产的发展，人们生活水平提高，高层建筑增多，各类电气设施频繁使用，世界各国的火灾次数、恶性程度、直接经济损失、死亡人数等都呈上升趋势。火灾在我国每年造成数亿元直接经济损失，数千人死亡。在美国，火灾造成的经济损失更为惊人，每年达到上百亿美元，死亡人数万人左右。火灾的防治主要包括以下方面：

(1) 建立消防队伍和机构

在与火灾长期斗争的实践中，人们逐渐认识到有必要建立训练有素的防火、灭火队伍及其管理机构。新中国成立以后，国家十分关心消防事业的发展和消防队伍的建设，建立了新型的公安消防部队，经过多年努力，这支队伍以较先进的防灭火运输、通信、管理等设备武装起来，具有很强的战斗力，成为我国社会安定的重要支柱之一。

(2) 研制各种防火灭火设备

防火灭火很大程度上依赖于防火灭火工具，因而消防设备的研制为人们所重视。18世纪，人们制造了以内燃机为动力的消防车、消防艇及消防泵等。自来水系统的建立和发展又使消火栓成为建筑物中的重要消防设施。21世纪以来，许多现代建筑中开始采用自动水喷淋灭火系统，利用飞机进行灭火和营救、化学药剂灭火等，而且随着科学技术的进步，消防安全措施还将进一步得到改进和发展。

(3) 制定有关防火灭火法规

有关防火灭火法规的形成和运用可以说是人们从被动灭火到主动防火的转变。各种各样的法规和标准，随着人们对火灾认识的加深而不断修订和完善。这些法规和标准包括城市、乡村、民用建筑、高层建筑、仓库、石油、化学易燃品等多种消防法规，以及材料分类、建筑构件耐火等级等标准，在一定程度上已成为安全防火的重要手段。

(4) 研究火灾机理和规律

随着社会和经济的发展，火灾防治的水平在不断提高，难度也在不断增加，工程应用研究也在不断深入。这一过程中，人们进一步认识到减少火灾损失需要科学技术，这既包括先进的监测和扑救装备，也包括防火设计的科学化和合理化，还包括防火扑救力量的合理调配和使用，而这一切都依赖于对火灾规律的科学认识。

7.1.2 消防机构

消防管理应设立消防中心，建立三级防火机构，任命三级防火机构责任人。三级消防机构组织人员由建筑企业领导根据实际需要进行调整。

(1) 建筑企业单位领导为本单位消防责任人(由当地政府消防安全部门任命)，负责消防组织机构的建立和消防工作的组织及安排。单位领导要负责组建本单位防火安全委员会，确定委员会成员人选，并明确其职责，负责有关消防法规的贯彻和消防规章制度的建立，研究并解决消防人员、设备中的重大问题，定期组织消防安全检查及消防演习。

(2) 管理处主任作为第二级消防机构的责任人，负责管理处各部门消防责任制的制定和日常消防工作的监督、指导。

(3) 项目部(或其他部门)主管作为第三级消防机构的责任人，负责消防的监督、检查和日常管理工作。

7.1.3 实施消防安全三级检查制度

与三级消防管理机构相适应，需实施消防安全三级检查制度。其主要内容如下：

(1) 一级检查由项目部指导、监督各部门组织实施

① 每个职工每天对本岗位、本地段消防安全情况进行一次检查，排除自身能够排除的火情隐患，自身不能解决的要及时上报，否则发生事故要由本部门负责人或本岗位当班人员负责。

② 监督部负责指导、监督、检查。消防助理负责对消防设备、设施及消防安全情况进行日常检查，并将检查情况记录下来。施工现场防火安全，也由消防助理每天进行检查。

③ 项目部主管每周将检查情况向管理处主任汇报。

(2) 二级检查由管理处组织实施

① 管理处主任每周组织项目部等部门对管辖地段、设备物资(特别是易燃易爆物品)进行一次检查。

② 检查各部门对消防安全工作的执行和落实情况，处理及整改火情隐患，向职工进行安全教育。

③ 每月向公司消防责任人汇报一次管理处消防安全情况。

(3) 三级检查由公司总经理实施

① 每月由公司总经理或授权他人对各部门进行重点检查或抽查，尤其是每年元旦、春节、五一、十一等重大节日前要组织防火安全大检查，公司消防责任人(总经理)每年至少进行一次全面检查。

② 检查各管理处贯彻执行消防安全制度的情况，重点检查要害部位消防安全管理及执行情况，对执行情况好的表扬奖励，对执行情况差的批评处罚。

消防安全检查要认真填写消防日检查登记表及消防安全周检、月检、季检、年检记录，并将记录统一交给消防中心存档。

7.1.4 消防规章制度

为了加强企业本身及外单位在辖区内"动火"管理，切实保证消防安全措施的落实，确保业主的生命、财产安全，公司必须制定消防规章制度。制度主要包括下列内容：

(1) 本单位及外单位在公司辖区内施工需动火的工程，必须事先通知消防监控中心，在管理处办理动火作业手续，施工单位动火前必须采取切实有效的防火安全措施，管理处应派人监督，待动火完毕后立即清查现场。

对私自动火作业的，一经发现，除责令施工单位补办动火作业手续外，还要对施工个人及负责人进行处罚。一旦造成事故，除加重处罚外，还应追究其法律责任。

(2) 在重点部位、危险地段(变压器室、配电房、汽车库、发电机房、办公室等处)动火，必须经管理处主任批准并做好防范工作后，方能动火。

(3) 配电房及重要机房内不准堆放可燃物品，不准吸烟，消防设备旁不准堆放任何杂物。

(4) 各走道、楼梯口等部位要保持畅通，疏散标志和安全指示灯要保持完好，禁止在走道、楼梯、垃圾桶旁焚烧废弃物品。

(5) 所有人员必须遵守国家有关消防法律、法规和公司制定的消防管理规定。

(6) 严格维护消防设备，并定期进行测试检查，保证设备完好及使用正常。

7.2 消防设施使用及维护管理

按照国家有关法律法规和国家工程建设消防技术标准设置建筑消防设施，是预防火灾发生、及时扑救初起火灾的有效措施。对建筑消防设施实施维护管理，确保其完好有效，是建筑物产权管理单位和使用单位的法定职责。为引导和规范建筑消防设施的维护管理工作，确保建筑消防设施完好有效，国家制定了《建筑消防设施的维护管理》(GA 587—2005)标准，消防设施的使用及维护管理必须遵守此规定。

7.2.1 灭火器的使用及维护

灭火器是一种可由人力移动的轻便灭火器具，它能在其内部压力的作用下，将所充装的灭火剂喷出，用来扑灭火灾。由于其结构简单，操作方便，使用面广，对扑灭初起火灾效果明显。因此，在企业、机关、商场、公共楼宇、住宅和汽车、轮船、飞机等交通工具上，随处可见常规灭火器具。

7.2.1.1 灭火器的分类

(1) 按充装灭火剂的类型划分

① 水型灭火器。这类灭火器中充装的灭火剂主要是水，另外还有少量的添加剂。清水灭火器、强化液灭火器都属于水型灭火器。

② 空气泡沫灭火器。这类灭火器中充装的灭火剂是空气泡沫液。根据空气泡沫灭火剂种类的不同，空气泡沫灭火器又可分为蛋白泡沫灭火器、氟蛋白泡沫灭火器、水成膜泡沫灭火器和抗溶泡沫灭火器等。

③ 干粉灭火器。干粉灭火器内充装的灭火剂是干粉。根据所充装的干粉灭火剂种类的不同，干粉灭火器可分为碳酸氢钠干粉灭火器、钾盐干粉灭火器、氨基干粉灭火器和磷酸铵盐干粉灭火器等。我国主要生产和发展碳酸氢钠干粉灭火器和磷酸铵盐干粉灭火器。由于碳酸氢钠干粉灭火器只适用于扑救B、C类火灾，所以碳酸氢钠干粉灭火器又称BC干粉灭火器。磷酸铵盐干粉灭火器适用于扑救A、B、C类火灾，所以磷酸铵盐干粉灭火器又称ABC干粉灭火器。

④ 卤代烷灭火器。卤代烷灭火器内充装的是卤代烷灭火剂。卤代烷灭火器分为“1211”灭火器和“1301”灭火器。

⑤ 二氧化碳灭火器。这类灭火器中充装的灭火剂是加压液化的二氧化碳。

(2) 按灭火器的重量和移动方式划分

① 手提式灭火器。这类灭火器，总重在28 kg以下，容量在10 kg左右，是能用手提着灭火的器具。

② 背负式灭火器。这类灭火器，总重在40 kg以下，容量在25 kg以下，是用肩背着灭火的器具。

③ 推车式灭火器。这类灭火器，总重在40 kg以上，容量在100 kg以内，装有车轮等行驶机构，是由人力推(拉)着灭火的器具。

(3) 按加压方式划分

① 贮气瓶式灭火器。这类灭火器中的灭火剂是由一个专门储存压缩气体的贮气瓶释放气体加压驱动的。

② 贮压式灭火器。这类灭火器中的灭火剂是由与其同贮于一个容器内的压缩气体或灭火剂蒸气的压力所驱动的。

7.2.1.2 灭火器的使用

(1) 清水灭火器

清水灭火器中充装的是清洁的水，为了提高灭火性能，往往在清水中加入适量添加剂，如抗冻剂、润湿剂、增黏剂等。国产的清水灭火器采用贮气瓶加压方式，加压气体为液化二氧化碳。清水灭火器只有手提式，没有推车式。

使用方法：将清水灭火器提至火场，在距离燃烧物10 m处，将灭火器直立放稳。摘下保险帽，用手掌拍击开启杆顶端的凸头。这时贮气瓶的密膜片被刺破，二氧化碳气体进入筒体内，迫使清水从喷嘴喷出。此时应立即一只手提起灭火器，另一只手托住灭火器的底圈，将喷射的水流对准燃烧最猛烈处喷射。随着灭火器喷射距离的缩短，操作者应逐渐向燃烧物靠近，使水流始终喷射在燃烧处，直到将火扑灭。在喷射过程中，灭火器应始终与地面保持大致的垂直状态，切勿颠倒或横卧，否则会使加压气体泄出而灭火剂不能喷射出来。

(2) 空气泡沫灭火器

空气泡沫灭火器又称机械泡沫灭火器，是指充装空气泡沫灭火剂的灭火器。它主要用于扑救B类物质(如汽油、煤油、柴油、植物油、油脂等)的初起火灾，也可用于扑救A类物质(如木材、竹器、棉花、织物、纸张等)的初起火灾。其中，抗溶空气泡沫灭火器能够扑救极性溶剂如甲醇、乙醚、丙酮等溶剂的火灾。空气泡沫灭火器不能扑救带电设备火灾和轻金属火灾。

空气泡沫灭火器按空气泡沫原液与清水的混合先后，有预混型和分装型两种形式。预混型是指空气泡沫原液与清水，预先按比例混合后，一起装入灭火器内。分装型是指空气泡沫原液与清水，在灭火器内分别封装，在使用时两种液体按比例混合。按照加压方式，空气泡沫灭火器分为贮压式和贮气瓶式。

① 空气泡沫灭火器的使用方法

空气泡沫灭火器在使用时，应手提灭火器提把迅速赶到火场。在距燃烧物 6 m 左右，先拔出保险销，一手握住开启压把，另一手握住喷枪，将灭火器密封开启，空气泡沫即从喷枪喷出。泡沫喷出后应对准燃烧最猛烈处喷射。如果扑救的是可燃液体火灾，当可燃液体呈流淌状燃烧时，喷射的泡沫应由远而近地覆盖在燃烧液体上；当可燃液体在容器中燃烧时，应将泡沫喷射在容器的内壁上，使泡沫沿壁淌入可燃液体表面而加以覆盖。应避免将泡沫直接喷射在可燃液体表面上，以防止射流的冲击力将可燃液体冲出容器而扩大燃烧范围，增大灭火难度。灭火时，随着喷射距离的减缩，使用者应逐渐向燃烧处靠近，并始终让泡沫喷射在燃烧物上，直至将火扑灭。在使用过程中，应一直紧握开启压把，不能松开。也不能将灭火器倒置或横卧，否则会中断喷射。

② 空气泡沫灭火器的维修保养

A. 灭火器安放位置应保持干燥、通风，防止筒体受潮；应避免日光暴晒及强辐射热，以免影响灭火器的正常使用。

B. 灭火器存放的环境温度应在 4～45 ℃范围内。

C. 灭火器应按制造厂规定的要求和检查周期进行定期检查，且检查应由经过训练的专人进行。

D. 灭火器一经开启，即使喷出不多，也必须按规定要求进行再充装。再充装应由专业部门按制造厂规定的要求和方法进行，不得随便更换灭火剂品种、重量和驱动气体种类及压力。

E. 灭火器每次再充装前，其主要受压部件，如器头、筒体，应按规定进行水压试验，合格者方可继续使用。水压试验不合格，不准用焊接等方法修复使用。

F. 经维修部门修复的灭火器，应有消防监督部门认可标记，并注上维修单位的名称和维修日期。

(3) 干粉灭火器

干粉灭火器是指内部充装干粉灭火剂的灭火器。主要适用于扑救易燃液体、可燃气体和电气设备的初起火灾，常用于加油站、汽车库、实验室、变配电室、煤气站、液化气站、油库、船舶、车辆、工矿企业及公共建筑等场所。

① 手提式干粉灭火器

使用方法：手提式干粉灭火器在使用时，应手提灭火器的提把迅速赶到火场，在距离起火点 5 m 左右处放下灭火器。在室外使用时注意占据上风方向。使用前先把灭火器上下颠倒几次，使筒内干粉松动。如果使用的是内装式或贮压式干粉灭火器，应先拔下保险销，一只手握住喷嘴，另一只手用力按下压把，干粉便会从喷嘴喷射出来。如果使用的是外置式干粉灭火器，应一只手握住喷嘴，另一只手拔起提环，握住提柄，干粉便会从喷嘴喷射出来。干粉灭火器在喷粉灭火过程中应始终保持直立状态，不能横卧或颠倒，否则不能喷射。

维护保养：干粉灭火器应放置在保护物体附近干燥通风和取用方便的地方。要注意防止受潮和日晒，灭火器各连接件不得松动，喷嘴塞盖不能脱落，保证密封性能。灭火器应按制造厂的规定要求定期检查，如发现灭火剂结块或贮气量不足时，应更换灭火剂或补充气量。

灭火器一经开启必须进行再充装。再充装应由经过训练的专人按制造厂的规定、要求和方法进行，不得随便更换灭火剂的品种和重量，充装后的贮气瓶应进行气密性试验，不合格的不得使用。

满五年或每次再充装前，灭火器应进行1.5倍设计压力的水压试验，合格的方可使用。经修复的灭火器，应有消防监督部门认可的标记，并注明维修单位名称和修复日期。

② 推车式干粉灭火器

使用方法：推车式干粉灭火器一般由两人操作。使用时应将灭火器迅速拉到或推到火场，在离起火点10 m处停下，一人将灭火器放稳，然后拔出保险销，迅速打开二氧化碳钢瓶；另一人取下喷枪，展开喷射软管，然后一只手握住喷枪枪管，另一只手扣动扳机。将喷嘴对准火焰根部，喷粉灭火。

维护检查：检查车架的转动部件是否松动，操作是否灵活可靠。经常检查干粉有无结块现象，如果发现有结块时，应立即更换灭火剂。定期检查二氧化碳气体重量，如果发现重量减少十分之一时，应立即补气。检查密封件和安全阀装置，如果发现事故须修复，待修好后方可使用。干粉贮罐满五年时，需经2500 kPa水压试验；二氧化碳钢瓶经22.5 MPa的水压试验，合格后方可继续使用。以后每隔两年，必须进行水压试验等检查。

(4) 二氧化碳灭火器

① 手提式二氧化碳灭火器

使用方法：二氧化碳灭火器在使用时，随着压下压把，二氧化碳灭火器开启，液态的二氧化碳在其蒸气压力的作用下，经虹吸管和喷射连接管从喷嘴喷出。由于压力的突然降低，二氧化碳液体迅速汽化，但因汽化需要的热量供不应求，二氧化碳液体在汽化时不得不吸收本身的热量，结果一部分二氧化碳凝结成雪花状固体，温度下降至－78.5 ℃。所以从灭火器喷出的是二氧化碳气体和固体的混合物。当雪花状的二氧化碳覆盖在燃烧物上时立刻汽化(升华)，对燃烧物有一定的冷却作用。但二氧化碳灭火时的冷却作用不大，它主要依靠稀释空气的原理，把燃烧区空气中的氧浓度降低到维持物质燃烧的极限氧浓度以下，从而使燃烧窒息。

手提式灭火器使用时，可手提灭火器的提把，或把灭火器扛在肩上，迅速赶到火场。在距起火点大约5 m处放下灭火器，一只手握住喇叭形喷筒根部的手柄，将喷筒对准火焰，另一只手压下压把，二氧化碳就喷射出来了。

当扑救流散流体火灾时，应使二氧化碳射流由近而远向火焰喷射。如果燃烧面积较大，操作者可左右摆动喷筒，直至把火扑灭。当扑救容器内火灾时，操作者应从容器上部的一侧向容器内喷射，但不要使二氧化碳直接冲击到液面上，以免将可燃物冲出容器而扩大火灾。

② 推车式二氧化碳灭火器

使用方法：推车式二氧化碳灭火器在使用时，一般应由两人操作。先把灭火器拉到或推到火场，在距起火点大约10 m处停下。一人迅速卸下安全帽，然后逆时针方向旋转手轮，把手轮开到最大位置。另一人则迅速取下喇叭喷筒，展开喷射软管后，双手紧握喷筒根部的手柄，将喇叭喷筒对准火焰喷射，其灭火方法与手提式灭火器相同。

二氧化碳灭火器的维护保养：

A. 二氧化碳灭火器不应放置在采暖或加热设备附近和阳光强烈照射的地方，存放温度不宜超过42 ℃。

B. 每年检查一次重量，手提式灭火器的年泄漏量不得大于灭火剂额定充装量的5%或

50g(取两者中的较小者);推车式灭火器的年泄漏量不得大于灭火剂充装量的5%。超过规定泄漏量的,应检修后按规定的充装量重灌。

C. 满五年进行一次水压试验,合格后方可使用。以后,每隔两年,必须进行试验等检查。

D. 灭火器一经开启,必须重新充装。其维修及再充装应由专业单位承担。在搬运过程中,应轻拿轻放,防止撞击。

7.2.2 消火栓的管理

消火栓是消防供水的重要设备,它分为室内消火栓和室外消火栓两种。

7.2.2.1 室内消火栓

室内消火栓是建筑物内的一种固定灭火供水设备。它包括消火栓及消火栓箱。室内消火栓和消火栓箱通常设于楼梯间、走廊和室内的墙壁上。箱内有水带、水枪并与消火栓出口连接,消火栓则与建筑物内消防给水管线连接。发生火灾时,按开启方向转动手轮,水枪即喷射出水流。

室内消火栓由手轮、阀盖、阀杆、车体、阀座和接口等组成。使用室内消火栓时,应先打开消火栓箱,取出水带和水枪,把消火栓阀门手轮往开启方向旋转,即可出水灭火。

维护保养消火栓时应注意:

(1) 定期检查室内消火栓是否完好,有无生锈、漏水现象。

(2) 检查接口垫圈是否完整无缺。

(3) 消火栓阀杆上应加注润滑油。

(4) 定期进行放水检查,以确保火灾发生时能及时打开放水。

需要使用室内消火栓箱时,根据箱门的开启方式,有用钥匙开启、击碎门玻璃或扭动锁头开启。如果消火栓没有"紧急按钮",应将其下的拉环向外拉出,再按顺时针方向转动旋钮,打开箱门。打开箱门后,取下水枪,按动水泵启动按钮,旋转消火栓手轮,即开启消火栓,铺设水带进行射水。

灭火后,要把水带洗净晾干,按盘卷或折叠方式放入箱内,再把水枪卡在枪夹内,装好箱锁,换好玻璃,关好箱门。

7.2.2.2 室外消火栓

室外消火栓与城镇自来水管网相连接,它既可供消防车取水,又可连接水带、水枪,直接出水灭火。室外消火栓有地上消火栓和地下消火栓两种。地上消火栓适用于气候温暖地区,而地下消火栓则适用于气候寒冷地区。

(1) 地上消火栓

地上消火栓主要由弯座、阀座、排水阀、法兰接管启闭杆、本体和接口等组成。在使用地上消火栓时,用消火栓钥匙扳头套在启闭杆上端的轴心头之后,按逆时针方向转动消火栓钥匙,阀门即可开启,水由出水口流出。按顺时针方向转动消火栓钥匙,阀门便关闭,水不再从出水口流出。

维护保养地上消火栓时应做到:

① 每月或重大节日前,应对消火栓进行一次检查。

② 清除启闭杆端部周围杂物。

③ 将专用消火栓钥匙套于杆头,检查是否合适,并转动起闭杆,加注润滑油。

④ 用砂布擦除出水口螺纹上的积锈,检查闷盖内橡胶垫圈是否完好。

⑤ 打开消火栓,检查供水情况,要放净锈水后再关闭,并观察有无漏水现象,发现问题及时检修。

(2) 地下消火栓

地下消火栓和地上消火栓的作用相同,都是为消防车及水枪提供压力水,所不同的是,地下消火栓安装在地面下。由于地下消火栓安装在地面下,所以,不易冻结,也不易被损坏。

地下消火栓的使用可参照地上消灭栓进行。但由于地下消火栓目标不明显,故应在地下消火栓附近设立明显标志。使用时,打开消火栓井盖,拧开闷盖,接上消火栓与吸水管的连接口或接上水带,用专用扳手打开阀塞即可出水,用毕要恢复原状。

7.2.3 火灾自动报警设备的使用与维护

7.2.3.1 火灾自动报警设备

火灾自动报警设备由火灾探测器、区域报警器和自动报警器组成。火灾发生时,探测器将火灾信号(烟雾、高温、光辐射)转换成电信号,传递给区域报警器,再由区域报警器将信号转输到集中报警器。

常用的火灾探测器有以下四种:

(1) 感烟式火灾探测器

感烟式火灾探测器是对可见的或不可见的烟雾粒子作出响应的火灾探测器。感烟式火灾探测器有离子感烟式、光电感烟式和激光感烟式等形式。

(2) 感温式火灾探测器

感温式火灾探测器适宜安装在起火后产生烟雾较小的场所,但平时温度较高的场所不适宜安装这种火灾探测器。

(3) 光辐射探测器

物质燃烧时,不仅产生烟雾和放出热量,同时也产生可见的或不可见的光辐射。光辐射探测器就是利用起火时产生的光辐射来感知火灾的。根据火焰辐射光谱所在的区域,光辐射探测器可分为紫外光辐射探测器和红外光辐射探测器两种。

(4) 可燃气体探测器

可燃气体探测器安装在可燃气体可能泄漏同时又有可能发生燃烧和爆炸的场所,当可燃气体浓度达到危险值时,探测器就会及时报警,以促使人们及早采取措施,进行处理。

7.2.3.2 火灾自动报警设备的使用

火灾自动报警设备,是建筑物特别是高层建筑物和重要建筑群中必不可少的重要消防设施。因此,火灾自动报警设备一旦投入使用,就要严格管理。

整个系统必须有专人负责,坚持昼夜值班制度。无关人员不得随意触动,切实保证全部系统处于正常运行状态。

此外,维护管理人员必须做到以下几点:

(1) 值班人员对火灾自动报警系统的报警部位和本单位各火警监护场所对应的编排应清楚明了。

(2) 设备投入正常使用后,为确保可靠运行,必须严格按定期检查制度进行检查。

(3) 每天检查:通过手动检查装置,检查火灾报警器各项功能(如火警功能、故障功能)是否正常，有无指示灯损坏。

(4) 每周检查：进行主、备电源自动转换试验。

(5) 每半年检查：对所有火灾探测器进行一次实效模拟实验，对失效的火灾探测器应及时更换；对电缆、接线盒、设备作直观检查，清理尘埃。

由于火灾自动报警装置连续不间断运行，加之误报原因比较复杂，因此，报警装置发出少量误报在所难免，所以要求值班人员一旦接到报警，应先消音并立即赶往现场，待确认火灾后，方可采取灭火措施，启动其他外控灭火装置，并向消防部门和主管领导汇报。

7.2.4 自动灭火系统及其维护

7.2.4.1 自动喷水灭火设备

自动喷水灭火设备可分为喷雾水冷却设备、喷雾水灭火设备和喷洒水灭火设备。

(1) 喷洒水灭火设备

喷洒水灭火设备分为自动喷水灭火设备和洒水灭火设备。

喷洒水灭火设备由自动洒水头、供水管网、报警阀、水源等组成。

火灾发生时，重力水箱或水泵通过供水管网和报警阀，将带有一定压力的水输送到自动喷洒水头，自动喷洒水头开启后即出水灭火。

自动喷洒水灭火设备主要用于扑救一般固体物质火灾和对设备进行冷却，不适于扑救易燃、可燃液体火灾和气体火灾。

(2) 喷雾水冷却设备和灭火设备

喷雾水冷却设备和灭火设备主要由自动喷水头、供水管道、报警阀、水泵和水源等组成。

这种设备是利用压力供水装置或水泵，通过供水管道和报警阀，将带有一定压力的水输送到自动喷水头。自动喷水头开启后，使水雾化喷出。

喷雾水冷却设备主要用于石油和化工企业的采油、炼油和储油设备，以及工业企业的易燃、可燃液体和气体容器。这种设备防止这些容器在火焰的辐射作用下，由于易燃可燃液体汽化或可燃气体受热膨胀，使容器内的压力迅速升高，超过其机械强度而发生物理性爆炸，或者冲淡冷却设备保护范围以内的可燃气体浓度，防止发生化学性爆炸。

7.2.4.2 水幕设备

水幕设备是能喷出幕帘状水流的管网设备。

水幕设备的保护对象一般是门、窗以及舞台的垂幕等，一些大的立面、屋顶或成套设备中也可采用。

7.2.4.3 检查与维护保养

为使自动喷水灭火设备和水幕设备经常处于完好状态，应加强检查与维护保养工作。要建立各种制度，确定专人负责，加强检查和维护保养。

(1) 喷头的检查与维护保养

如果发现喷头有腐蚀、漏水、堵塞等现象，应对所有的喷头进行检查，对达不到要求的，应进行更换。

使用超过 25 年后，要对全部喷头进行抽查，对不符合要求的，应进行更换。

经常保持喷头的清洁，以免尘埃沉积而起隔热作用，影响喷头的效能。清除尘埃和污物时，不要用酸或碱溶液洗刷，也不要用热水或热溶液洗刷。对轻质粉尘，可用扫帚清除。对易形成结垢尘埃，如喷漆雾粒、水泥粉等就不易清除，只能分期分批拆换喷头，集中清理。

(2) 管系的检查和维护

如果发现管系有腐蚀现象，应对管系进行耐压试验。试验时，可用系统内的供水泵，也可采用移动式水泵，试验压力一般为 5～6 kg/cm^2。

发现因管内生锈结垢或外来物而引起管系堵塞时，必须及时进行清理。

(3) 供水设备的检查

蓄水池的检查：检查蓄水池是否有过多的沉淀物，在金属结构的蓄水设备内壁应涂刷防锈漆，一般情况下，蓄水池每 3 年清洗一次。

水泵的检查：水泵应定期启动，检查其工作状态和性能，对离心泵，还应检查引水设备；试验水泵时，应打开排水阀，不使水进入管系。

水泵动力的检查：如果采用电力作为水泵的动力，应检查是否有停电的应急措施；如果采用内燃机为动力，应检查内燃机的工作状态和燃油储存情况，燃油应有供 3 小时运转所需的储备量。

(4) 报警阀的检查

报警阀应定期检查、试验。

7.2.5 二氧化碳灭火设备

二氧化碳灭火原理是通过减少空气中氧的含量，使其达不到支持燃烧的浓度。

喷洒二氧化碳进行灭火的设备叫做二氧化碳灭火设备。二氧化碳灭火设备按其用途，分为全充满灭火设备和局部应用设备两类。

(1) 全充满灭火设备

全充满灭火设备适用于保护容积不大且密封性较好的房间。灭火时，现场不能有人，以免中毒。

(2) 局部应用设备

局部应用设备仅对保护对象的特定部分或特定设施释放二氧化碳灭火剂。

当被保护对象有较大的开口部分，而又无法密闭，用全充满设备又不能达到灭火效果时，或保护对象规模庞大，用全充满设备不仅二氧化碳用量很大，且有可能造成人员生命危险的情况下，采用局部应用设备比较适宜。

局部应用设备由钢瓶、配管、喷头或灭火短管等组成。

当保护部位发生火灾后，利用手动启动设备开启钢瓶，二氧化碳便会进入配管，从喷头或灭火短管中喷洒而出进行灭火。

(3) 维护和保养

使用二氧化碳灭火设备，每周应作一次巡视检查。检查内容为：设备有无泄漏；管道系统有无损坏；全部控制开关调定位置是否妥善；所有元件自动和手动控制阀有无损坏，是否完整好用。

此外，用户与安装单位应签订定期维修合同。

灭火设备每年至少检修一次，自动探测和报警系统每年至少检查两次。在检查后 30 天内，应把有关检查报告送交用户。

对于新安装的设备，或安装后长期未作检查的设备，应进行各种功能试验，包括进行手动或自动喷射试验。

7.2.6 干粉灭火系统

干粉灭火系统主要用于扑救可燃气体和可燃、易燃液体火灾，也适用于扑救电气设备火灾。

根据设置干粉灭火系统场所的要求，干粉灭火系统分为自动式、半自动式和手动式（移动式）三种。

(1) 自动干粉灭火系统

自动干粉灭火系统由干粉罐、动力气瓶、减压阀、输粉管道、喷嘴以及火灾探测器、启动瓶和报警器等组成。当被保护对象着火后，温度上升到一定数值时，火灾探测器便发出信号，启动气瓶打开，同时喇叭发出警报。

这时，启动气瓶中的气体把先导动力气瓶打开，使先导动力气瓶中的高压气体进入集气管，管中的压力迅速上升，使其余动力气瓶同时打开。高压气体经减压后，即进入干粉罐。与此同时，集气管中的少量气体，一部分进入气动放大器，一部分进入定压发信器。

当干粉罐压力上升到规定压力时，定压发信器给出信号，使气动放大器动作。气体通过放大器推动汽缸，把球阀打开，使干粉罐中的粉气混合流经过喷嘴喷洒到保护对象表面。

(2) 半自动干粉灭火设备

这种灭火设备与自动干粉灭火设备的组成基本相似，只是报警装置与灭火设备不联动。当保护对象着火时，需要操作人员启动灭火设备的控制装置进行灭火。

手动干粉灭火系统的工作原理和操作与推车式干粉灭火器相同。

(3) 维护和保养

干粉灭火系统的日常管理应做到：

① 在装置区要设详细操作说明，操作人员必须严格遵守操作规程，对各部件勤加检查，确保完好。

② 日常管理必须做到严格认真、一丝不苟。因为干粉灭火系统的喷粉时间一般仅为 1 分钟左右，如某一部分一时的误动作，就会引起全套装置的误动作，造成不必要的损失。

③ 按规定的品种和数量灌装干粉灭火剂，不得任意变动。

④ 灌装干粉最好在晴天进行，尽量避免阴雨天操作，并应一次装完，立即密封，避免受潮，以延长使用期限。

⑤ 定期检查动力气瓶的压力是否在规定的范围内（130～150kg/cm^2），如果低于规定值时，要找出漏气原因，并立即更换或修复。检查喷嘴的位置和方向是否正确，喷嘴上有无积存的污物，密封是否完好。经常检查阀门、减压器、压力表是否都处于正常状态。干粉灭火剂每隔2～3年要进行开罐取样检查，当发现结块时，应取出烘干、粉碎，并重新灌装。

7.2.7 泡沫灭火系统

泡沫灭火系统主要有液上喷射和液下喷射两大类型。按所用的泡沫灭火剂，分为空气泡沫灭火系统和化学泡沫灭火系统两种。按设备的安装方式，分为固定式泡沫灭火系统、半固定式泡沫灭火系统和移动式泡沫灭火系统三种。

(1) 固定式泡沫灭火系统

固定式泡沫灭火系统由消防水泵、泡沫液罐、比例混合器、泡沫管线和泡沫产生器(或泡沫喷头)组成。

固定式泡沫灭火系统按启动方式,分为自动泡沫灭火系统和半自动泡沫灭火系统。

自动泡沫灭火系统:这种灭火系统与自动报警设备联动,当保护对象发生火灾时,火灾探测器首先报警,将控制阀打开,使水箱中的水通过管道,水流报警启动器打开水泵,再将泡沫混合液送给泡沫产生器,产生泡沫灭火。

如果自动设备发生故障,可使用手动开关启动泡沫灭火设备。

半自动泡沫灭火系统:当保护对象发生火灾时,值班员要迅速合闸启动水泵,打开水泵出水口阀门,并将泡沫比例混合器指针旋转到需要的泡沫液量指数上。在水泵的压力作用下,混合器即可将泡沫液按比例与水混合后,经泡沫管线输送给泡沫产生器,产生泡沫灭火。

(2) 维护和保养

对于泡沫灭火系统的维护和保养要注意以下几点:

① 消防泵每周必须运转一次,以确保其正常运转。

② 应经常开启和关闭阀门,以保证好用。在冬季,对管线和阀门等各部件应采取防冻措施。

③ 泡沫比例混合器和泡沫产生器应保持清洁、完好,发现损坏应及时维修或更换。

④ 泡沫比例混合器和泡沫产生器每次使用后应用清水冲洗,并且每年涂刷一次防水油漆。

⑤ 应保证消防水源充足,补水设施良好。

⑥ 消防泵站应由熟悉全套设备操作的专门人员轮流值班,并建立制度,严格执行。

7.3 施工现场防火

施工现场应建立防火领导小组,成立义务消防队,健全防火检查制度,严格执行“预防为主、消防结合”的方针。

7.3.1 场地防火

根据施工总平面图布置防火器材及部署防火工作。

(1) 配电房、木工房、油漆及易燃品仓库,必须设立足够的消防器材。

(2) 各操作楼面(包括脚手架及室内),均设相应的消防器材。

(3) 指定专人负责消防器材的布设和更新,并组织员工学习防火知识及交底。

(4) 电焊作业严格执行“十不烧”原则,焊割作业点与氧乙炔瓶距离不得小于 10 m,与易燃物品的距离不得小于 30 m,达不到此要求的应执行动火审批制度,并采取有效的安全隔离措施。

(5) 乙炔发生器与氧气瓶的距离不得小于 2 m,使用时两者距离不得小于 5 m,与明火距离要大于 10 m。

(6) 主体施工时,在木板及易燃品区域应配备专职和兼职防火监督员,负责巡回检查消防安全情况,配备对讲机联络,并结合工程进展需要增减消防器材。

(7) 生活宿舍里，严禁任意动用明火，必须动火时，须经审批；严禁员工用电炉、电炒锅等高功率电器及用碘钨灯或灯泡烘晒衣物和取暖。

7.3.2 电气防火

(1) 配电房地面应安装绝缘地板，配置灭火器材，禁止烟火。在电气装置和线路周围不准堆放易燃易爆物品、腐蚀材料和其他杂物。

(2) 现场配置的各种保护器、电路、设备等应有可靠的接零接地保护，确保电气绝缘。

(3) 加强电气防火教育，进行电气防火知识教育和宣传，建立防火安全检查制度，每月例行检查，发现问题及时处理。

(4) 在电气防火重点处设置禁止标志。

7.3.3 施工现场各部门、专业防火措施

7.3.3.1 木工棚防火须知

(1) 木工棚内严禁吸烟。

(2) 木工棚内严禁动用明火。

(3) 木工棚内不准堆放易燃易爆等危险物品。

(4) 夜间作业不得使用碘钨灯照明。

(5) 下班前必须将木屑、刨花、零星木块清除干净。

(6) 下班时必须切断电源。

(7) 必须配备消防灭火器材。

7.3.3.2 仓库防火安全管理措施

(1) 严格执行《仓库防火安全管理规则》。库房管理措施包括：门窗设置必须牢固，大型和要害物件必须按规定设置报警器和避雷针。易燃易爆物品必须单独设置仓库存放，配备足够的消防器材。

(2) 配备相应的值班巡逻力量，认真执行值班、巡逻制度。

(3) 各种材料应分类分规格存放整齐。

(4) 仓库管理人员离库时，应随时关窗、断电、锁门。

(5) 管理员应认真执行各类物资器具的收、发、领、退、核制度，做到账、卡、物相符。

(6) 提货单、凭证、印章有专人保管，已发货的单据应当场盖注销章。

(7) 仓库内严禁用碘钨灯取暖，不准私烧火炉、电炉。严禁火种进入。

(8) 仓库通道禁止堆放障碍物，保持消防道路畅通。

(9) 按标准配备足够的消防器材，经常进行防火安全检查，发现危险隐患，必须及时采取措施，予以消除。

(10) 仓库内严禁吸烟和带有火种的人进入。仓库附近动火须经审批。

(11) 下班前应作巡视检查，关窗、断电、锁门，根据需要安排值班人员。

7.3.3.3 施工现场防火措施

(1) 各单位在编制施工组织设计时，施工总平面图、施工方法和施工技术均要符合消防安全要求。

(2) 施工现场应明确划分用火作业、易燃材料堆场、仓库、易燃废品集中站和生活区等

区域。

(3) 施工现场夜间应有照明设备；保持消防车通道畅通无阻，加强值班巡逻。

(4) 施工作业期间需搭设临时性建筑物，必须经施工企业技术负责人批准，施工结束应及时拆除，但不得在高压架空线下面搭设临时性建筑物或堆放可燃物品。

(5) 施工现场应配备足够的消防器材，指定专人维护、管理、定期更新，保证完整好用。

(6) 在土建施工时，应先将消防器材和设施配备好，有条件的，应敷设好室外消防水管和消火栓。

(7) 焊、割作业点与氧气瓶、电石桶和乙炔发生器等危险物品的距离不得小于 10 m，与易燃易爆物品的距离不得小于 30 m；如果达不到上述要求，应执行动火审批制度，并采取有效的安全隔离措施。

(8) 乙炔发生器和氧气瓶的存放距离不得小于 2 m；使用时，两者的距离不得小于 5 m。

(9) 施工现场用电，应严格执行《施工现场电气安全管理规定》，加强电源管理，防止发生电气火灾。

7.3.3.4 禁火区域划分及审批规定

施工现场的动火作业，必须执行审批制度。凡属下列情况之一的为一级动火：

(1) 禁火区域内；

(2) 油罐、油箱、油槽车和储存过可燃气体、易燃液体的容器以及连接在一起的辅助设备；

(3) 各种受压设备；

(4) 危险性较大的登高焊、割作业；

(5) 比较密封的室内、容器内、地下室等场所；

(6) 现场堆有大量可燃和易燃物质的场所。

一级动火作业由所在单位行政负责人填写动火申请表，编制安全技术措施方案，报公司保卫部门及消防部门审查批准后，方可动火。

凡属下列情况之一的为二级动火：

(1) 在具有一定危险因素的非禁火区域进行临时焊、割等用火作业；

(2) 小型油箱等容器；

(3) 一般登高焊、割等用火作业。

二级动火作业由所在工地、车间的负责人填写动火申请表，编制安全技术措施方案，报本单位主管部门审查批准后，方可动火。

在非固定的、无明显危险因素的场所进行用火作业，均属三级动火作业。

三级动火作业由所在班组填写动火申请表，经工地、车间负责人及主管人员审查批准后，方可动火。

古建筑和重要文物单位等场所动火作业，按一级动火手续上报审批。

7.3.3.5 特殊建筑施工现场防火措施

(1) 24 m 高度以上的高层建筑施工现场，应设置具有足够扬程的高压水泵或其他防火设备和设施，并根据施工现场的实际情况，增设临时消防水箱，保证有足够的消防水源。

(2) 高层建筑施工楼面应配备专职防火监护人员，巡回检查各施工点的消防安全情况。

(3) 进入内装饰阶段，要明确规定吸烟点。

(4) 高层建筑和地下工程施工现场应备有通信报警装置，便于及时报告险情。

(5) 严禁在屋顶用明火熔化沥青。

(6) 古建筑和重要文物单位，应由主管部门、使用单位会同施工单位共同制定消防安全措施，报上级管理部门和当地公安消防部门批准后，方可开工。

7.3.3.6 灭火器材配备措施

(1) 临时搭设的建筑物区域内应按规定配备消防器材。一般临时设施区，每 100 m^2 配备两只 10 L 灭火器；大型临时设施总面积超过 1200 m^2 的，应备有专供消防用的太平桶、积水桶(池)、黄砂池等器材设施；上述设施周围不得堆放物品。

(2) 临时木工间、油漆间、机具间等，每 25 m^2 应配置一只种类合适的灭火器；油库、危险品仓库应配备足够数量、种类合适的灭火器。

7.3.3.7 焊、割作业“十不烧”规定

焊、割作业“十不烧”规定详见 2.2.10 节。

7.4 某工程消防安全专项方案

7.4.1 工程概况

(1) 工程概况：本招标项目为某项目三期工程建设项目，已由成都市高新区经贸发展局“成高经审[2008]105 号、成高经招标[2008]66 号文”批准建设。

(2) 建设单位：成都某置业有限公司。

(3) 项目名称：某工程三期南地块施工总承包工程。

(4) 工程地点：高新区天府大道与大源一线交界处。

(5) 质量要求：达到国家现行合格标准。

(6) 工程规模：工程三期南地块建筑面积约 146408 m^2。

(7) 工程质量：符合国家现行验收合格标准。

(8) 承包范围。

土建工程：基坑降水、基础土方开挖及外运、基坑护壁支护、基坑维护、基础、主体结构、砌体、屋面等；

装饰工程：室内装饰、外墙面砖、门等；

安装工程：生活给水及排水、雨水、消火栓系统，低压柜出线后的动力及照明配电箱安装，电缆敷设，照明及应急照明工程，防雷接地工程等。

(9) 计划工期：450 日历天(以开工报告起至工程竣工报告批准之日止的日历天)。

(10) 建筑概况如表 7.1 所示。

表 7.1 某工程三期建筑概况

建筑名称		项目三期 2 号楼	项目三期 3 号楼
新建建筑规模	总建筑面积	145374 m^2	1034 m^2
	地上建筑面积	124238 m^2	1034 m^2
	地下建筑面积	21136 m^2	

续表 7.1

建筑名称	项目三期 2 号楼	项目三期 3 号楼
建筑层数	14 层/-1 层	3 层
建筑高度	61.10 m	13.90 m
建筑类别及防火设计等级	一类高层建筑	多层建筑
耐火等级	一级	一级
建筑等级	一级	三级
地下室防水等级	二级	—
屋面防水等级	Ⅱ级	Ⅱ级
结构类型	框架-剪力墙结构	框架结构
抗震设防烈度	7 度	7 度
建筑主体结构设计使用年限	50 年	50 年

为加强本工程施工现场防火安全管理，确保本工程建设顺利进行，根据有关法律、法规等要求，特设立施工现场防火领导小组。

7.4.2 编制依据

(1) 项目三期南地块工程施工组织总设计。

(2)《建筑施工安全检查标准》(JGJ 59—99)。

(3) 成都市现行的有关安全生产和文明施工规定。

(4) 环境安全体系标准，即《环境安全管理手册》和《环境安全管理体系程序文件》。

(5) 合同约定的安全生产、文明施工要求。

7.4.3 施工现场消防安全组织建设

(1) 现场建立安全消防领导小组，吸收业主方参加，健全消防检查制度，对全体职工加强消防意识教育，认真贯彻落实消防法，组织职工建立义务消防队。消防队员必须掌握各类火灾的扑救方法和消防器材的用途及正确的使用方法。

(2) 安全科全权负责落实施工现场各类消防器材的布置。任何人不得随意挪用，同时安全员定期进行检查、维修、更换，确保消防器材的完好性。

(3) 安全员每天对现场以及仓库等重点防火部位进行检查。发现隐患及时整改，并建立健全消防档案，切实做好消防安全管理工作。

(4) 所有现场材料的堆放必须通过安全员的检查，切实按项目部有关规定执行。

(5) 现场设置报警电话并在有关场所张贴悬挂，公布于众。安全科定期组织人员进行培训、演习。

(6) 对进入本工程现场施工的所有单位，不论承包形式如何，均签订消防安全责任书，并加强对分包单位的监督作用。

(7) 有专人定期检查、管理灭火器具，绘制消防设施、器材放置平面图，做好各类安全生产、消防安全台账，如实反映现场安全生产管理状况。凡是检查中发现的问题，必须定人、定时间、定措施整改，整改后进行验证，消除事故隐患。

7.4.4 现场防火要求

（1）现场布置施工用水管道时，考虑消防用水，采用 65 mm 直径自来水管，利用消防水池，用口径 65 mm、扬程 65 m 的高压泵加压供水，沿管笼垂直向上布设消防管，并在每层设一只消防龙头，配置水带和水枪及施工水龙头。在各层楼梯口配置 2 只手提（贮压式）干粉灭火器。施工时确保楼梯畅通。

（2）保证现场道路混凝土硬化、通畅；道路上严禁堆放钢管、模板、砖块、黄沙、石子等，必须保证消防车道畅通；在木工棚和钢筋工棚处均各配置 2 只手提（贮压式）干粉灭火器。做到及早发现火情，及时扑救。

（3）高压泵用电单独引自总电箱。

（4）配电间配置手提（贮压式）干粉灭火器。

（5）食堂、木工间、机修间等均按面积配置手提（贮压式）干粉灭火器。

（6）易燃易爆物品必须有专库存放、专人负责。保持阴凉通风，夏季室内温度达 35 ℃必须采取降温措施。库房电气必须符合防爆要求。

（7）建立健全施工现场各类安全管理制度。消防器材需求量如表 7.2 所示。

表 7.2 消防器材需求量

序　号	品　名	数　量	备　注
1	65 mm 口径高压离心泵	2 台	
2	消防箱	80 只	含水带和水枪
3	手提（贮压式）干粉灭火器	200 只	

7.4.5 施工现场用火防火安全管理

（1）明火作业审批

① 动火必须由项目部防火第一责任人审批，必要时报当地消防部门备案，并说明用明火时间、部位、动火原因和动火前的防范准备工作，经批准人检查防火措施和安全交底落实后，签发动火证方可动用明火。

② 动用明火作业时间有效审批期限为 3 天，一张动火证只能使用一个动火部位，如果超出审批期限或更换明火作业部位须重新审批。

③ 明火作业的班组要有专人负责安全防火工作，施工现场动用明火作业批准人，要做好防火安全交底，并在安全台账中做好记录。

④ 动用明火表一式三份，一份施工现场项目存档，一份作业班组留存备查，一份交单位保卫部门存档。

（2）明火作业安全防护措施

① 明火作业操作人员必须持有效操作（上岗）证件。操作时严格遵守本工种的安全防火操作规范，并落实好明火作业现场的防火措施（如放置灭火器材、黄沙、湿草包、铁皮等），清除

动用明火部位四周可燃物。

② 监火人员在明火作业时不得擅自离开动火部位，并时刻保持警惕，有特殊情况要离开时需指定代替人员，并交代清楚注意事项。

③ 明火作业操作人员、监火人员要会使用消防灭火器和有扑救初起火灾的经验，会报火警电话“119”和向消防部门讲清楚起火地点及燃烧情况。

④ 在进行电气焊时，为避免火灾，一定要清除周围可燃物，氧气瓶与乙炔瓶之间应保持5 m以上距离，乙炔瓶应距火源 10 m，夏季应防日光暴晒。

7.4.6 施工现场临时宿舍、工棚防火安全管理

(1) 临时宿舍、工棚应与施工主体建筑保持足够的防火间距，在防火间距内严禁堆放材料。

(2) 临时宿舍每幢最大面积不得超过 600 m^2，每个宿舍分区不得超过 100 人，每 25 人须设一道分隔墙，每个分区应有两个疏散出口，易燃材料工棚不得超过 400 m^2，不燃材料工棚不得超过 700 m^2，主体建筑内在施工期间不得住人。

(3) 严禁工棚内住人，严禁在易燃工棚内吸烟、动用明火。

(4) 临时宿舍内严禁使用电炉和私拉乱接电线，禁用大功率灯泡照明或用碘钨灯、柴火取暖烘烤。

(5) 临时宿舍内不准搭灶烧煮食物和使用电炊具，严禁在床上吸烟和乱丢烟蒂、火柴梗。

(6) 临时宿舍、工棚禁止采用石棉屋面和隔墙。

(7) 临时宿舍每层配备 2 只灭火器，必要时可配备专供消防用的太平桶、积水桶、黄沙等器材设施。

7.4.7 应急措施

(1) 当发生火灾事故时，项目防火领导小组成员要及时组织义务消防队员和施工人员赶赴火场，义务消防队员必须做到在发生任何情况下都能临危不乱，切实按项目部制定的灭火方案执行。

(2) 当项目施工人员发现火灾时，应向周围人员大声呼喊报警，召集其他人员前来参加扑救。初起火灾时，一般燃烧范围小，火势较弱，因此，刚发现火灾时必须做到一面及时抢救，一面打 119 报警。报警时要说清起火地点、路名、门牌号、单位名称、被烧物资和火势情况。报警后，应派人接应消防车辆。

(3) 当项目义务消防队接到报警后，立即按事先指定分工及疏散计划实施人员疏散及灭火工作。义务消防队队员分组使用该项目所有的灭火器具，及时灭火。同时启动地下室消防水泵，向着火楼层供水，使用消防水及灭火器具灭火。

(4) 火灾较大时立即成立指挥部，下设灭火作战组、抢救疏散组、安全保卫组、后勤保障组、医疗救护组，一般火灾时可不成立。

(5) 消防领导小组负责火灾现场及周围的安全保卫、危险区域的警戒，对现场抢救出的人、物进行管理和疏散，预防破坏、哄抢、盗窃等案件的发生，扑救过程中及扑救工作结束后对火灾现场加以保护。

(6) 灭火作战组负责扑救火灾。抢救疏散组负责抢救被困人员及贵重物资，在人员集中

的场所，要有计划、有组织地疏散人员，抢险救灾按照“先人员，后物资，先重点，后一般”的原则进行。抢险人员要戴齐防护用具，注意自身安全，防止发生意外事故。

(7) 后勤保障组负责火场上器材装备、供水排水、供电照明、运输工具、食品衣物等灭火工作所需的各种物质供应保障工作。

(8) 医疗救护小组主要负责火场上各种受伤人员的抢救、医治、转移工作，并协助做好防中毒、防中暑等防护工作，将所有受伤人员立即送往医院抢救。

(9) 义务消防队员在灭火总指挥的统一调度下，首先迅速查明火场情况、燃烧物质及周围的情况，特别是要了解有无剧毒、爆炸等危险品，火势大小、有无毒性气体、火场电源是否切断等内容。查明后，义务消防队员按照日常演练及分工，按照“先控制，后消灭，分清主次，救人第一”的原则，针对不同的燃烧物质，采用针对性的方法组织扑救。灭火时要加强个人的防护意识，防止意外事故的发生。

(10) 如果发生电气火灾，或者火势威胁到电气线路时，或电气设备影响灭火人员安全时，首先要及时切断电源，再进行灭火。

(11) 易燃易爆物品处于或可能受到火灾威胁时，应将其迅速转移到安全地带，并派人专管。

(12) 火场有有毒气体时，要迅速查明火场中毒气的性质、扩散范围、来源和数量，以此为依据来决定能否在佩戴防毒面具和防护用具的情况下，安全地出入火场进行各种扑救工作。

(13) 在场的义务消防队员或施工人员如已将初起火灾扑灭，应注意保护好现场，以便公安保卫部门调查火灾原因和损失情况。如果火势扩大，无力将火扑灭，一方面要采取积极措施制止火势蔓延，另一方面要积极配合消防部门灭火。

(14) 火灾中，如果有人被大火围困，特别是被围困在楼上时，应设法采取一切措施营救和疏散。

(15) 在建筑物入口处，物资疏散安全区，进入着火楼层的通道、楼梯口等处都设置纠察人员，不准无关人员进入警戒区，以保证灭火救人工作的顺利进行。

(16) 火灾扑灭后，应清洗参战工具，并对参战人员进行体检，消除余毒，减少后患。

(17) 火灾扑灭后，由消防领导小组和安全员共同对火灾原因进行调查并提出处理意见。

7.4.8 消防教育

组织职工进行消防知识的学习，并在工程开工前期，选择一个比较好的天气进行一次消防演习，组织消防人员及职工进行有序的救火演习，通过消防演习提高职工的消防意识。

复习思考题

1. 消防安全三级检查制度包括哪些内容？
2. 如何正确使用空气泡沫灭火器？
3. 维护、保养消火栓应注意哪些事项？
4. 干粉灭火系统的日常管理有哪些内容？
5. 简述施工现场的防火要求。

附录一　建设工程安全生产管理条例

第一章　总　　则

第一条　为了加强建设工程安全生产监督管理，保障人民群众生命和财产安全，根据《中华人民共和国建筑法》、《中华人民共和国安全生产法》，制定本条例。

第二条　在中华人民共和国境内从事建设工程的新建、扩建、改建和拆除等有关活动及实施对建设工程安全生产的监督管理，必须遵守本条例。

本条例所称建设工程，是指土木工程、建筑工程、线路管道和设备安装工程及装修工程。

第三条　建设工程安全生产管理，坚持安全第一、预防为主的方针。

第四条　建设单位、勘察单位、设计单位、施工单位、工程监理单位及其他与建设工程安全生产有关的单位，必须遵守安全生产法律、法规的规定，保证建设工程安全生产，依法承担建设工程安全生产责任。

第五条　国家鼓励建设工程安全生产的科学技术研究和先进技术的推广应用，推进建设工程安全生产的科学管理。

第二章　建设单位的安全责任

第六条　建设单位应当向施工单位提供施工现场及毗邻区域内供水、排水、供电、供气、供热、通信、广播电视等地下管线资料，气象和水文观测资料，相邻建筑物和构筑物、地下工程的有关资料，并保证资料的真实、准确、完整。

建设单位因建设工程需要，向有关部门或者单位查询前款规定的资料时，有关部门或者单位应当及时提供。

第七条　建设单位不得对勘察、设计、施工、工程监理等单位提出不符合建设工程安全生产法律、法规和强制性标准规定的要求，不得压缩合同约定的工期。

第八条　建设单位在编制工程概算时，应当确定建设工程安全作业环境及安全施工措施所需费用。

第九条　建设单位不得明示或者暗示施工单位购买、租赁、使用不符合安全施工要求的安全防护用具、机械设备、施工机具及配件、消防设施和器材。

第十条　建设单位在申请领取施工许可证时，应当提供建设工程有关安全施工措施的资料。

依法批准开工报告的建设工程，建设单位应当自开工报告批准之日起15日内，将保证安全施工的措施报送建设工程所在地的县级以上地方人民政府建设行政主管部门或者其他有关部门备案。

第十一条　建设单位应当将拆除工程发包给具有相应资质等级的施工单位。

建设单位应当在拆除工程施工15日前，将下列资料报送建设工程所在地的县级以上地方人民政府建设行政主管部门或者其他有关部门备案：

（一）施工单位资质等级证明；

（二）拟拆除建筑物、构筑物及可能危及毗邻建筑的说明；

（三）拆除施工组织方案；

（四）堆放、清除废弃物的措施。

实施爆破作业的，应当遵守国家有关民用爆炸物品管理的规定。

第三章　勘察、设计、工程监理及其他有关单位的安全责任

第十二条　勘察单位应当按照法律、法规和工程建设强制性标准进行勘察，提供的勘察文件应当真实、准确，满足建设工程安全生产的需要。

勘察单位在勘察作业时，应当严格执行操作规程，采取措施保证各类管线、设施和周边建筑物、构筑物的安全。

第十三条 设计单位应当按照法律、法规和工程建设强制性标准进行设计，防止因设计不合理导致生产安全事故的发生。

设计单位应当考虑施工安全操作和防护的需要，对涉及施工安全的重点部位和环节在设计文件中注明，并对防范生产安全事故提出指导意见。

采用新结构、新材料、新工艺的建设工程和特殊结构的建设工程，设计单位应当在设计中提出保障施工作业人员安全和预防生产安全事故的措施建议。

设计单位和注册建筑师等注册执业人员应当对其设计负责。

第十四条 工程监理单位应当审查施工组织设计中的安全技术措施或者专项施工方案是否符合工程建设强制性标准。

工程监理单位在实施监理过程中，发现存在安全事故隐患的，应当要求施工单位整改；情况严重的，应当要求施工单位暂时停止施工，并及时报告建设单位。施工单位拒不整改或者不停止施工的，工程监理单位应当及时向有关主管部门报告。

工程监理单位和监理工程师应当按照法律、法规和工程建设强制性标准实施监理，并对建设工程安全生产承担监理责任。

第十五条 为建设工程提供机械设备和配件的单位，应当按照安全施工的要求配备齐全有效的保险、限位等安全设施和装置。

第十六条 出租的机械设备和施工机具及配件，应当具有生产(制造)许可证、产品合格证。

出租单位应当对出租的机械设备和施工机具及配件的安全性能进行检测，在签订租赁协议时，应当出具检测合格证明。

禁止出租检测不合格的机械设备和施工机具及配件。

第十七条 在施工现场安装、拆卸施工起重机械和整体提升脚手架、模板等自升式架设设施，必须由具有相应资质的单位承担。

安装、拆卸施工起重机械和整体提升脚手架、模板等自升式架设设施，应当编制拆装方案、制定安全施工措施，并由专业技术人员现场监督。

施工起重机械和整体提升脚手架、模板等自升式架设设施安装完毕后，安装单位应当自检，出具自检合格证明，并向施工单位进行安全使用说明，办理验收手续并签字。

第十八条 施工起重机械和整体提升脚手架、模板等自升式架设设施的使用达到国家规定的检验检测期限的，必须经具有专业资质的检验检测机构检测。经检测不合格的，不得继续使用。

第十九条 检验检测机构对检测合格的施工起重机械和整体提升脚手架、模板等自升式架设设施，应当出具安全合格证明文件，并对检测结果负责。

第四章 施工单位的安全责任

第二十条 施工单位从事建设工程的新建、扩建、改建和拆除等活动，应当具备国家规定的注册资本、专业技术人员、技术装备和安全生产等条件，依法取得相应等级的资质证书，并在其资质等级许可的范围内承揽工程。

第二十一条 施工单位主要负责人依法对本单位的安全生产工作全面负责。施工单位应当建立健全安全生产责任制度和安全生产教育培训制度，制定安全生产规章制度和操作规程，保证本单位安全生产条件所需资金的投入，对所承担的建设工程进行定期和专项安全检查，并做好安全检查记录。

施工单位的项目负责人应当由取得相应执业资格的人员担任，对建设工程项目的安全施工负责，落实安全生产责任制度、安全生产规章制度和操作规程，确保安全生产费用的有效使用，并根据工程的特点组织制定安全施工措施，消除安全事故隐患，及时、如实报告生产安全事故。

第二十二条 施工单位对列入建设工程概算的安全作业环境及安全施工措施所需费用，应当用于施工安全防护用具及设施的采购和更新、安全施工措施的落实、安全生产条件的改善，不得挪作他用。

第二十三条 施工单位应当设立安全生产管理机构，配备专职安全生产管理人员。

专职安全生产管理人员负责对安全生产进行现场监督检查。发现安全事故隐患，应当及时向项目负责人和安全生产管理机构报告；对违章指挥、违章操作的，应当立即制止。

专职安全生产管理人员的配备办法由国务院建设行政主管部门会同国务院其他有关部门制定。

第二十四条 建设工程实行施工总承包的，由总承包单位对施工现场的安全生产负总责。

总承包单位应当自行完成建设工程主体结构的施工。

总承包单位依法将建设工程分包给其他单位的，分包合同中应当明确各自的安全生产方面的权利、义务。总承包单位和分包单位对分包工程的安全生产承担连带责任。

分包单位应当服从总承包单位的安全生产管理，分包单位不服从管理导致生产安全事故的，由分包单位承担主要责任。

第二十五条 垂直运输机械作业人员、安装拆卸工、爆破作业人员、起重信号工、登高架设作业人员等特种作业人员，必须按照国家有关规定经过专门的安全作业培训，并取得特种作业操作资格证书后，方可上岗作业。

第二十六条 施工单位应当在施工组织设计中编制安全技术措施和施工现场临时用电方案，对下列达到一定规模的危险性较大的分部分项工程编制专项施工方案，并附具安全验算结果，经施工单位技术负责人、总监理工程师签字后实施，由专职安全生产管理人员进行现场监督：

（一）基坑支护与降水工程；

（二）土方开挖工程；

（三）模板工程；

（四）起重吊装工程；

（五）脚手架工程；

（六）拆除、爆破工程；

（七）国务院建设行政主管部门或者其他有关部门规定的其他危险性较大的工程。

对前款所列工程中涉及深基坑、地下暗挖工程、高大模板工程的专项施工方案，施工单位还应当组织专家进行论证、审查。

本条第一款规定的达到一定规模的危险性较大工程的标准，由国务院建设行政主管部门会同国务院其他有关部门制定。

第二十七条 建设工程施工前，施工单位负责项目管理的技术人员应当对有关安全施工的技术要求向施工作业班组、作业人员作出详细说明，并由双方签字确认。

第二十八条 施工单位应当在施工现场入口处、施工起重机械、临时用电设施、脚手架、出入通道口、楼梯口、电梯井口、孔洞口、桥梁口、隧道口、基坑边沿、爆破物及有害危险气体和液体存放处等危险部位，设置明显的安全警示标志。安全警示标志必须符合国家标准。

施工单位应当根据不同施工阶段和周围环境及季节、气候的变化，在施工现场采取相应的安全施工措施。施工现场暂时停止施工的，施工单位应当做好现场防护，所需费用由责任方承担，或者按照合同约定执行。

第二十九条 施工单位应当将施工现场的办公、生活区与作业区分开设置，并保持安全距离；办公、生活区的选址应当符合安全性要求。职工的膳食、饮水、休息场所等应当符合卫生标准。施工单位不得在尚未竣工的建筑物内设置员工集体宿舍。

施工现场临时搭建的建筑物应当符合安全使用要求。施工现场使用的装配式活动房屋应当具有产品合格证。

第三十条 施工单位对因建设工程施工可能造成损害的毗邻建筑物、构筑物和地下管线等，应当采取专项防护措施。

施工单位应当遵守有关环境保护法律、法规的规定，在施工现场采取措施，防止或者减少粉尘、废气、废水、固体废物、噪声、振动和施工照明对人和环境的危害和污染。

在城市市区内的建设工程，施工单位应当对施工现场实行封闭围挡。

第三十一条 施工单位应当在施工现场建立消防安全责任制度，确定消防安全责任人，制定用火、用电、使用易燃易爆材料等各项消防安全管理制度和操作规程，设置消防通道、消防水源，配备消防设施和灭火器材，并在施工现场入口处设置明显标志。

第三十二条 施工单位应当向作业人员提供安全防护用具和安全防护服装，并书面告知危险岗位的操作规程和违章操作的危害。

作业人员有权对施工现场的作业条件、作业程序和作业方式中存在的安全问题提出批评、检举和控告，有权拒绝违章指挥和强令冒险作业。

在施工中发生危及人身安全的紧急情况时，作业人员有权立即停止作业或者在采取必要的应急措施后撤离危险区域。

第三十三条 作业人员应当遵守安全施工的强制性标准、规章制度和操作规程，正确使用安全防护用具、机械设备等。

第三十四条 施工单位采购、租赁的安全防护用具、机械设备、施工机具及配件，应当具有生产（制造）许可证、产品合格证，并在进入施工现场前进行查验。

施工现场的安全防护用具、机械设备、施工机具及配件必须由专人管理，定期进行检查、维修和保养，建立相应的资料档案，并按照国家有关规定及时报废。

第三十五条 施工单位在使用施工起重机械和整体提升脚手架、模板等自升式架设设施前，应当组织有关单位进行验收，也可以委托具有相应资质的检验检测机构进行验收；使用承租的机械设备和施工机具及配件的，由施工总承包单位、分包单位、出租单位和安装单位共同进行验收。验收合格的方可使用。

《特种设备安全监察条例》规定的施工起重机械，在验收前应当经有相应资质的检验检测机构监督检验合格。

施工单位应当自施工起重机械和整体提升脚手架、模板等自升式架设设施验收合格之日起30日内，向建设行政主管部门或者其他有关部门登记。登记标志应当置于或者附着于该设备的显著位置。

第三十六条 施工单位的主要负责人、项目负责人、专职安全生产管理人员应当经建设行政主管部门或者其他有关部门考核合格后方可任职。

施工单位应当对管理人员和作业人员每年至少进行一次安全生产教育培训，其教育培训情况记入个人工作档案。安全生产教育培训考核不合格的人员，不得上岗。

第三十七条 作业人员进入新的岗位或者新的施工现场前，应当接受安全生产教育培训。未经教育培训或者教育培训考核不合格的人员，不得上岗作业。

施工单位在采用新技术、新工艺、新设备、新材料时，应当对作业人员进行相应的安全生产教育培训。

第三十八条 施工单位应当为施工现场从事危险作业的人员办理意外伤害保险。

意外伤害保险费由施工单位支付。实行施工总承包的，由总承包单位支付意外伤害保险费。意外伤害保险期限自建设工程开工之日起至竣工验收合格止。

第五章 监督管理

第三十九条 国务院负责安全生产监督管理的部门依照《中华人民共和国安全生产法》的规定，对全国建设工程安全生产工作实施综合监督管理。

县级以上地方人民政府负责安全生产监督管理的部门依照《中华人民共和国安全生产法》的规定，对本行政区域内建设工程安全生产工作实施综合监督管理。

第四十条 国务院建设行政主管部门对全国的建设工程安全生产实施监督管理。国务院铁路、交通、水利等有关部门按照国务院规定的职责分工，负责有关专业建设工程安全生产的监督管理。

县级以上地方人民政府建设行政主管部门对本行政区域内的建设工程安全生产实施监督管理。县级以上地方人民政府交通、水利等有关部门在各自的职责范围内，负责本行政区域内的专业建设工程安全生产的监督管理。

第四十一条 建设行政主管部门和其他有关部门应当将本条例第十条、第十一条规定的有关资料的主要内容抄送同级负责安全生产监督管理的部门。

第四十二条 建设行政主管部门在审核发放施工许可证时，应当对建设工程是否有安全施工措施进行审查，对没有安全施工措施的，不得颁发施工许可证。

建设行政主管部门或者其他有关部门对建设工程是否有安全施工措施进行审查时，不得收取费用。

第四十三条 县级以上人民政府负有建设工程安全生产监督管理职责的部门在各自的职责范围内履行安全监督检查职责时，有权采取下列措施：

（一）要求被检查单位提供有关建设工程安全生产的文件和资料；

（二）进入被检查单位施工现场进行检查；

（三）纠正施工中违反安全生产要求的行为；

（四）对检查中发现的安全事故隐患，责令立即排除；重大安全事故隐患排除前或者排除过程中无法保证安全的，责令从危险区域内撤出作业人员或者暂时停止施工。

第四十四条 建设行政主管部门或者其他有关部门可以将施工现场的监督检查委托给建设工程安全监督机构具体实施。

第四十五条 国家对严重危及施工安全的工艺、设备、材料实行淘汰制度。具体目录由国务院建设行政主管部门会同国务院其他有关部门制定并公布。

第四十六条 县级以上人民政府建设行政主管部门和其他有关部门应当及时受理对建设工程生产安全事故及安全事故隐患的检举、控告和投诉。

第六章 生产安全事故的应急救援和调查处理

第四十七条 县级以上地方人民政府建设行政主管部门应当根据本级人民政府的要求，制定本行政区域内建设工程特大生产安全事故应急救援预案。

第四十八条 施工单位应当制定本单位生产安全事故应急救援预案，建立应急救援组织或者配备应急救援人员，配备必要的应急救援器材、设备，并定期组织演练。

第四十九条 施工单位应当根据建设工程施工的特点、范围，对施工现场易发生重大事故的部位、环节进行监控，制定施工现场生产安全事故应急救援预案。实行施工总承包的，由总承包单位统一组织编制建设工程生产安全事故应急救援预案，工程总承包单位和分包单位按照应急救援预案，各自建立应急救援组织或者配备应急救援人员，配备救援器材、设备，并定期组织演练。

第五十条 施工单位发生生产安全事故，应当按照国家有关伤亡事故报告和调查处理的规定，及时、如实地向负责安全生产监督管理的部门、建设行政主管部门或者其他有关部门报告；特种设备发生事故的，还应当同时向特种设备安全监督管理部门报告。接到报告的部门应当按照国家有关规定，如实上报。

实行施工总承包的建设工程，由总承包单位负责上报事故。

第五十一条 发生生产安全事故后，施工单位应当采取措施防止事故扩大，保护事故现场。需要移动现场物品时，应当做出标记和书面记录，妥善保管有关证物。

第五十二条 建设工程生产安全事故的调查、对事故责任单位和责任人的处罚与处理，按照有关法律、法规的规定执行。

第七章 法律责任

第五十三条 违反本条例的规定，县级以上人民政府建设行政主管部门或者其他有关行政管理部门的工作人员，有下列行为之一的，给予降级或者撤职的行政处分；构成犯罪的，依照刑法有关规定追究刑事责任：

（一）对不具备安全生产条件的施工单位颁发资质证书的；

（二）对没有安全施工措施的建设工程颁发施工许可证的；

（三）发现违法行为不予查处的；

（四）不依法履行监督管理职责的其他行为。

第五十四条 违反本条例的规定，建设单位未提供建设工程安全生产作业环境及安全施工措施所需费用的，责令限期改正；逾期未改正的，责令该建设工程停止施工。

建设单位未将保证安全施工的措施或者拆除工程的有关资料报送有关部门备案的，责令限期改正，给予警告。

第五十五条 违反本条例的规定，建设单位有下列行为之一的，责令限期改正，处20万元以上50万元以下的罚款；造成重大安全事故，构成犯罪的，对直接责任人员，依照刑法有关规定追究刑事责任；造成损失的，依法承担赔偿责任：

（一）对勘察、设计、施工、工程监理等单位提出不符合安全生产法律、法规和强制性标准规定的要求的；

（二）要求施工单位压缩合同约定的工期的；

（三）将拆除工程发包给不具有相应资质等级的施工单位的。

第五十六条 违反本条例的规定，勘察单位、设计单位有下列行为之一的，责令限期改正，处10万元以上30万元以下的罚款；情节严重的，责令停业整顿，降低资质等级，直至吊销资质证书；造成重大安全事故，构成犯罪的，对直接责任人员，依照刑法有关规定追究刑事责任；造成损失的，依法承担赔偿责任：

（一）未按照法律、法规和工程建设强制性标准进行勘察、设计的；

（二）采用新结构、新材料、新工艺的建设工程和特殊结构的建设工程，设计单位未在设计中提出保障施工作业人员安全和预防生产安全事故的措施建议的。

第五十七条 违反本条例的规定，工程监理单位有下列行为之一的，责令限期改正；逾期未改正的，责令停业整顿，并处10万元以上30万元以下的罚款；情节严重的，降低资质等级，直至吊销资质证书；造成重大安全事故，构成犯罪的，对直接责任人员，依照刑法有关规定追究刑事责任；造成损失的，依法承担赔偿责任：

（一）未对施工组织设计中的安全技术措施或者专项施工方案进行审查的；

（二）发现安全事故隐患未及时要求施工单位整改或者暂时停止施工的；

（三）施工单位拒不整改或者不停止施工，未及时向有关主管部门报告的；

（四）未依照法律、法规和工程建设强制性标准实施监理的。

第五十八条 注册执业人员未执行法律、法规和工程建设强制性标准的，责令停止执业3个月以上1年以下；情节严重的，吊销执业资格证书，5年内不予注册；造成重大安全事故的，终身不予注册；构成犯罪的，依照刑法有关规定追究刑事责任。

第五十九条 违反本条例的规定，为建设工程提供机械设备和配件的单位，未按照安全施工的要求配备齐全有效的保险、限位等安全设施和装置的，责令限期改正，处合同价款1倍以上3倍以下的罚款；造成损失的，依法承担赔偿责任。

第六十条 违反本条例的规定，出租单位出租未经安全性能检测或者经检测不合格的机械设备和施工机具及配件的，责令停业整顿，并处5万元以上10万元以下的罚款；造成损失的，依法承担赔偿责任。

第六十一条 违反本条例的规定，施工起重机械和整体提升脚手架、模板等自升式架设设施安装、拆卸单位有下列行为之一的，责令限期改正，处5万元以上10万元以下的罚款；情节严重的，责令停业整顿，降低资质等级，直至吊销资质证书；造成损失的，依法承担赔偿责任：

（一）未编制拆装方案、制定安全施工措施的；

（二）未由专业技术人员现场监督的；

（三）未出具自检合格证明或者出具虚假证明的；

（四）未向施工单位进行安全使用说明，办理移交手续的。

施工起重机械和整体提升脚手架、模板等自升式架设设施安装、拆卸单位有前款规定的第（一）项、第

(三)项行为，经有关部门或者单位职工提出后，对事故隐患仍不采取措施，因而发生重大伤亡事故或者造成其他严重后果，构成犯罪的，对直接责任人员，依照刑法有关规定追究刑事责任。

第六十二条 违反本条例的规定，施工单位有下列行为之一的，责令限期改正；逾期未改正的，责令停业整顿，依照《中华人民共和国安全生产法》的有关规定处以罚款；造成重大安全事故，构成犯罪的，对直接责任人员，依照刑法有关规定追究刑事责任：

（一）未设立安全生产管理机构、配备专职安全生产管理人员或者分部分项工程施工时无专职安全生产管理人员现场监督的；

（二）施工单位的主要负责人、项目负责人、专职安全生产管理人员、作业人员或者特种作业人员，未经安全教育培训或者经考核不合格即从事相关工作的；

（三）未在施工现场的危险部位设置明显的安全警示标志，或者未按照国家有关规定在施工现场设置消防通道、消防水源、配备消防设施和灭火器材的；

（四）未向作业人员提供安全防护用具和安全防护服装的；

（五）未按照规定在施工起重机械和整体提升脚手架、模板等自升式架设设施验收合格后登记的；

（六）使用国家明令淘汰、禁止使用的危及施工安全的工艺、设备、材料的。

第六十三条 违反本条例的规定，施工单位挪用列入建设工程概算的安全生产作业环境及安全施工措施所需费用的，责令限期改正，处挪用费用20%以上50%以下的罚款；造成损失的，依法承担赔偿责任。

第六十四条 违反本条例的规定，施工单位有下列行为之一的，责令限期改正；逾期未改正的，责令停业整顿，并处5万元以上10万元以下的罚款；造成重大安全事故，构成犯罪的，对直接责任人员，依照刑法有关规定追究刑事责任：

（一）施工前未对有关安全施工的技术要求作出详细说明的；

（二）未根据不同施工阶段和周围环境及季节、气候的变化，在施工现场采取相应的安全施工措施，或者在城市市区内的建设工程的施工现场未实行封闭围挡的；

（三）在尚未竣工的建筑物内设置员工集体宿舍的；

（四）施工现场临时搭建的建筑物不符合安全使用要求的；

（五）未对因建设工程施工可能造成损害的毗邻建筑物、构筑物和地下管线等采取专项防护措施的。

施工单位有前款规定第(四)项、第(五)项行为，造成损失的，依法承担赔偿责任。

第六十五条 违反本条例的规定，施工单位有下列行为之一的，责令限期改正；逾期未改正的，责令停业整顿，并处10万元以上30万元以下的罚款；情节严重的，降低资质等级，直至吊销资质证书；造成重大安全事故，构成犯罪的，对直接责任人员，依照刑法有关规定追究刑事责任；造成损失的，依法承担赔偿责任：

（一）安全防护用具、机械设备、施工机具及配件在进入施工现场前未经查验或者查验不合格即投入使用的；

（二）使用未经验收或者验收不合格的施工起重机械和整体提升脚手架、模板等自升式架设设施的；

（三）委托不具有相应资质的单位承担施工现场安装、拆卸施工起重机械和整体提升脚手架、模板等自升式架设设施的；

（四）在施工组织设计中未编制安全技术措施、施工现场临时用电方案或者专项施工方案的。

第六十六条 违反本条例的规定，施工单位的主要负责人、项目负责人未履行安全生产管理职责的，责令限期改正；逾期未改正的，责令施工单位停业整顿；造成重大安全事故、重大伤亡事故或者其他严重后果，构成犯罪的，依照刑法有关规定追究刑事责任。

作业人员不服管理、违反规章制度和操作规程冒险作业造成重大伤亡事故或者其他严重后果，构成犯罪的，依照刑法有关规定追究刑事责任。

施工单位的主要负责人、项目负责人有前款违法行为，尚不够刑事处罚的，处2万元以上20万元以下的罚款或者按照管理权限给予撤职处分；自刑罚执行完毕或者受处分之日起，5年内不得担任任何施工单位的主要负责人、项目负责人。

第六十七条　施工单位取得资质证书后，降低安全生产条件的，责令限期改正；经整改仍未达到与其资质等级相适应的安全生产条件的，责令停业整顿，降低其资质等级直至吊销资质证书。

第六十八条　本条例规定的行政处罚，由建设行政主管部门或者其他有关部门依照法定职权决定。

违反消防安全管理规定的行为，由公安消防机构依法处罚。

有关法律、行政法规对建设工程安全生产违法行为的行政处罚决定机关另有规定的，从其规定。

第八章　附　　则

第六十九条　抢险救灾和农民自建低层住宅的安全生产管理，不适用本条例。

第七十条　军事建设工程的安全生产管理，按照中央军事委员会的有关规定执行。

第七十一条　本条例自2004年2月1日起施行。

附录二　建筑施工安全检查评分表(JGJ 59—2011)(部分)

附表 1　建筑施工安全检查评分汇总表

企业名称：　　　　　　　　　　　　资质等级：　　　　　　　　　　　　年　月　日

单位工程（施工现场）名称	建筑面积（m^2）	结构类型	总计得分（满分分值100分）	项目名称及分值									
				安全管理（满分10分）	文明施工（满分15分）	脚手架（满分10分）	基坑工程（满分10分）	模板支架（满分10分）	高处作业（满分10分）	施工用电（满分10分）	物料提升机与施工升降机（满分10分）	塔式起重机与起重吊装（满分10分）	施工机具（满分5分）

评语：

检查单位		负责人		受检项目		项目经理	

附表 2　安全管理检查评分表

<table>
<tr><th>序号</th><th colspan="2">检查项目</th><th>扣分标准</th><th>应得分数</th><th>扣减分数</th><th>实得分数</th></tr>
<tr><td>1</td><td rowspan="7">保证项目</td><td>安全生产责任制</td><td>未建立安全生产责任制扣 10 分
安全生产责任制未经责任人签字确认扣 3 分
未制定各工种安全技术操作规程扣 10 分
未按规定配备专职安全员扣 10 分
工程项目部承包合同中未明确安全生产考核指标扣 8 分
未制定安全资金保障制度扣 5 分
未编制安全资金使用计划及实施扣 2～5 分
未制定安全生产管理目标（伤亡控制、安全达标、文明施工）扣 5 分
未进行安全责任目标分解扣 5 分
未建立安全生产责任制、责任目标考核制度扣 5 分
未按考核制度对管理人员定期考核扣 2～5 分</td><td>10</td><td></td><td></td></tr>
<tr><td>2</td><td>施工组织设计</td><td>施工组织设计中未制定安全措施扣 10 分
危险性较大的分部分项工程未编制安全专项施工方案扣 3～8 分
未按规定对专项方案进行专家论证扣 10 分
施工组织设计、专项方案未经审批扣 10 分
安全措施、专项方案无针对性或缺少设计计算扣 6～8 分
未按方案组织实施扣 5～10 分</td><td>10</td><td></td><td></td></tr>
<tr><td>3</td><td>安全技术交底</td><td>未采取书面安全技术交底扣 10 分
交底未做到分部分项扣 5 分
交底内容针对性不强扣 3～5 分
交底内容不全面扣 4 分
交底未履行签字手续扣 2～4 分</td><td>10</td><td></td><td></td></tr>
<tr><td>4</td><td>安全检查</td><td>未建立安全检查（定期、季节性）制度扣 5 分
未留有定期、季节性安全检查记录扣 5 分
事故隐患的整改未做到定人、定时间、定措施扣 2～6 分
对重大事故隐患改通知书所列项目未按期整改和复查扣 8 分</td><td>10</td><td></td><td></td></tr>
<tr><td>5</td><td>安全教育</td><td>未建立安全培训、教育制度扣 10 分
新入场工人未进行三级安全教育和考核扣 10 分
未明确具体安全教育内容扣 6～8 分
变换工种时未进行安全教育扣 10 分
施工管理人员、专职安全员未按规定进行年度培训考核扣 5 分</td><td>10</td><td></td><td></td></tr>
<tr><td>6</td><td>应急预案</td><td>未制定安全生产应急预案扣 10 分
未建立应急救援组织、配备救援人员扣 3～6 分
未配置应急救援器材扣 5 分
未进行应急救援演练扣 5 分</td><td>10</td><td></td><td></td></tr>
<tr><td></td><td>小计</td><td></td><td>60</td><td></td><td></td></tr>
</table>

续附表 2

序号	检查项目		扣分标准	应得分数	扣减分数	实得分数
7	一般项目	分包单位安全管理	分包单位资质、资格、分包手续不全或失效扣 10 分 未签定安全生产协议书扣 5 分 分包合同、安全协议书，签字盖章手续不全扣 2～6 分 分包单位未按规定建立安全组织、配备安全员扣 3 分	10		
8		特种作业持证上岗	一人未经培训从事特各作业扣 4 分 一人特种作业人员资格证书未延期复核扣 4 分 一人未持操证上岗扣 2 分	10		
9		生产安全事故处理	生产安全事故未按规定报告扣 3～5 分 生产安全事故未按规定进行调查分析处理，制定防范措施扣 10 分 未办理工伤保险扣 5 分	10		
10		安全标志	主要施工区域、危险部位、设施未按规定悬挂安全标志扣 5 分 未绘制现场安全标志布置总平面图扣 5 分 未按部位的现场设施的改变调整安全标志设置扣 5 分	10		
		小计		40		
检查项目合计				100		

附表 3　文明施工检查评分表

序号	检查项目		扣分标准	应得分数	扣减分数	实得分数
1	保证项目	现场围挡	在市区主要路段的工地周围未设置高于 2.5m 的封闭围挡扣 10 分 一般路段的工地周围未设置高于 1.8m 的封团围挡扣 10 分 围挡材料不坚固、不稳定、不整洁、不美观扣 5～7 分 围挡没有沿工地四周连续设置扣 3～5 分	10		
2		封闭管理	施工现场出入口未设置大门扣 3 分 未设置门卫室扣 2 分 未设门卫或未建立门卫制度扣 3 分 进入施工现场不佩戴工作卡扣 3 分 施工现场出入口未标有企业名称或标识，且未设置车辆冲洗设施扣 3 分	10		
3		施工场地	现场主要道路未进行硬化处理扣 5 分 现场道路不畅通、路面不平整坚实扣 5 分 现场作业、运输、存放材料等采取的防尘措施不齐全、不合理扣 5 分 排水设施不齐全或排水不通畅、有积水扣 4 分 未采取防止泥浆、污水、废水外流或堵塞下水道和排水河道措施扣 3 分 未设置吸烟处、随意吸烟扣 2 分 温暖季节未进行绿化布置扣 3 分	10		

续附表 3

序号	检查项目		扣分标准	应得分数	扣减分数	实得分数
4	保证项目	现场材料	建筑材料、构件、料具不按总平面布局码放扣 4 分 材料布局不合理、堆放不整齐、未标明名称、规格扣 2 分 建筑物内施工垃圾的清运，未采用合理器具或随意凌空抛掷扣 5 分 未做到工完场地清扣 3 分 易燃易爆物品未采取防护措施或未进行分类存放扣 4 分	10		
5		现场住宿	在建工程、伙房、库房兼做住宿扣 8 分 施工作业区、材料存放区与办公区、生活区不能明显划分扣 6 分 宿舍未设置可开启式窗户扣 4 分 未设置床铺、床铺超过 2 层、使用通铺、未设置通道或人员超编扣 6 分 宿舍未采取保暖和防煤气中毒措施扣 5 分 宿舍未采取消暑和防蚊措施扣 5 分 生活用品摆放混乱、环境不卫生扣 3 分	10		
6		现场防火	未制定消防措施、制度或未配备灭火器材扣 10 分 现场临时设施的材质和选址不符合环保、消防要求扣 8 分 易燃材料随意码放、灭火器材布局、配置不合理或灭火器材失效扣 5 分 未设置消防水源(高层建筑)或不能满足消防要求扣 8 分 未办理动火审批手续或无动火监护人员扣 5 分	10		
		小计		60		
7	一般项目	治安综合治理	生活区未给作业人员设置学习和娱乐场所扣 4 分 未建立治安保卫制度、责任未分解到人扣 3～5 分 治安防范措施不利，常发生失盗事件扣 3～5 分	8		
8		施工现场标牌	大门口处设置的“五牌一图”内容不全、缺一项扣 2 分 标牌不规范、不整齐扣 3 分 未张挂安全标语扣 5 分 未设置宣传栏、读报栏、黑板报扣 4 分	8		
9		生活设施	食堂与厕所、垃圾站、有毒有害场所距离较近扣 6 分 食堂未办理卫生许可证或未办理炊事人员健康证扣 5 分 食堂用燃气罐未单独设置存放时间或存放间通风条件不好扣 4 分 食堂的卫生环境差、未配备排风、冷藏、隔油地、防鼠等设施扣 4 分 厕所的数量或布局不满足现场人员需求扣 6 分 厕所不符合卫生要求扣 4 分 不能保证现场人员卫生饮水扣 8 分 未设置淋浴室或淋浴室不能满足现场人员需求扣 4 分 未建立卫生责任制度、生活垃圾未装容器或未及时清理扣 3～5 分	8		

续附表 3

<table>
<tr><th>序号</th><th colspan="2">检查项目</th><th>扣分标准</th><th>应得分数</th><th>扣减分数</th><th>实得分数</th></tr>
<tr><td>10</td><td rowspan="3">一般项目</td><td>保健急救</td><td>现场未制定相应的应急预案或预案实际操作性差扣 6 分
未设置经培训的急救人员或未设置急救器材扣 4 分
未开展卫生防病宣传教育或未提供必备防护用品扣 4 分
未设置保健医药箱扣 5 分</td><td>8</td><td></td><td></td></tr>
<tr><td>11</td><td>社区服务</td><td>夜间未经许可施工扣 8 分
施工现场焚烧各类废弃物扣 8 分
未采取防粉尘、防噪音、防光污染措施扣 5 分
未建立施工不扰民措施扣 5 分</td><td>8</td><td></td><td></td></tr>
<tr><td></td><td>小计</td><td></td><td>40</td><td></td><td></td></tr>
<tr><td colspan="3">检查项目合计</td><td></td><td>100</td><td></td><td></td></tr>
</table>

附表 4 扣件式钢管脚手架检查评分表

<table>
<tr><th>序号</th><th colspan="2">检查项目</th><th>扣分标准</th><th>应得分数</th><th>扣减分数</th><th>实得分数</th></tr>
<tr><td>1</td><td rowspan="4">保证项目</td><td>施工方案</td><td>架体搭设未编制施工方案或搭设高度超过 24m 未编制专项施工方案扣 10 分
架体搭设高度超过 24m，未进行设计计算或未按规定审核、审批扣 10 分
架体搭设高度超过 50m，专项施工方案未按规定组织专家论证或未按专家论证意见组织实施扣 10 分
施工方案不完整或不能指导施工作业扣 5～8 分</td><td>10</td><td></td><td></td></tr>
<tr><td>2</td><td>立杆基础</td><td>立杆基础不平、不实、不符合方案设计要求扣 10 分
立杆底部无底座、垫板或垫板的规格不符合规范要求每一处扣 2 分
未按规范要求设置纵、横向扫地杆扣 5～10 分
扫地杆的设置和固定不符合规范要求扣 5 分
未设置排水措施扣 8 分</td><td>10</td><td></td><td></td></tr>
<tr><td>3</td><td>架体与建筑结构拉结</td><td>架体与建筑结构拉结不符合规范要求每处扣 2 分
连墙件距主节点距离不符合规范要求每处扣 4 分
架体底层第一步纵向水平杆处未按规定设置连墙件或未采用其他可靠措施固定每处扣 2 分
搭设高度超过 24m 的双排脚手架，未采用刚性连墙件与建筑结构可靠连接扣 10 分</td><td>10</td><td></td><td></td></tr>
<tr><td>4</td><td>杆件间距与剪刀撑</td><td>立杆、纵向水平杆、横向水平杆间距超过规范要求每处扣 2 分
未按规定设置纵向剪刀撑或横向斜撑每处扣 5 分
剪刀撑未沿脚手架高度连续设置或角度不符合要求扣 5 分
剪刀撑斜杆的接长或剪刀撑斜杆与架体杆件固定不符合要求每处扣 2 分</td><td>10</td><td></td><td></td></tr>
</table>

续附表 4

序号	检查项目		扣分标准	应得分数	扣减分数	实得分数
5	保证项目	脚手板与防护栏杆	脚手板未满铺或铺设不牢、不稳扣 7～10 分 脚手板规格或材质不符合要求扣 7～10 分 每有一处探头板扣 2 分 架体外侧未设置密目式安全网封闭或网间不严扣 7～10 分 作业层未在高度 1.2m 和 0.6m 处设置上、中两道防护栏杆扣 5 分 作业层未设置高度不小于 180mm 的挡脚板扣 5 分	10		
6		交底与验收	架体搭设前未进行交底或交底未留有记录扣 5 分 架体分段搭设分段使用未办理分段验收扣 5 分 架体搭设完毕未办理验收手续扣 10 分 未记录量化的验收内容扣 5 分	10		
		小计		60		
7	一般项目	横向水平杆设置	未在立杆与纵向水平杆交点处设置横向水平杆每处扣 2 分 未按脚手板铺设的需要增加设置横向水平杆每处扣 2 分 横向水平杆只固定一端每处扣 1 分 单排脚手架横向水平杆插入墙内小于 18cm 每处扣 2 分	10		
8		杆件搭接	纵向水平杆搭接长度小于 1m 或固定不符合要求每处扣 2 分 立杆除顶层顶步外采用搭接每处扣 4 分	10		
9		架体防护	作业层未用安全平网双层兜底，且以下每隔 10m 未用安全平网封闭扣 10 分 作业层与建筑物之间未进行封闭扣 10 分	10		
10		脚手架材质	钢管直径、壁厚、材质不符合要求扣 5 分 钢管弯曲、变形、锈蚀严重扣 4～5 分 扣件未进行复试或技术性能不符合标准扣 5 分	5		
11		通道	未设置人员上下专用通道扣 5 分 通道设置不符合要求扣 1～3 分	5		
		小计		40		
检查项目合计				100		

附表 5　满堂式脚手架检查评分表

序号	检查项目		扣分标准	应得分数	扣减分数	实得分数
1	保证项目	施工方案	未编制专项施工方案或未进行设计计算扣 10 分 专项施工方案未按规定审核、审批扣 10 分	10		

续附表 5

序号	检查项目		扣分标准	应得分数	扣减分数	实得分数
2	保证项目	架体基础	架体基础不平、不实、不符合专项施工方案要求扣 10 分 架体底部未设置垫木或垫木的规格不符合要求扣 10 分 架体底部未按规范要求设置底座每处扣 1 分 架体底部未按规范要求设置扫地杆扣 5 分 未设置排水措施扣 5 分	10		
3		架体稳定	架体四周与中间未按规范要求设置竖向剪刀撑或专用斜杆扣 10 分 未按规范要求设置水平剪刀撑或专用水平斜杆扣 10 分 架体高宽比大于 2 时未按要求采取与结构刚性连接或扩大架体底脚等措施扣 10 分	10		
4		杆件锁件	架体搭设高度超过规范或设计要求扣 10 分 架体立杆间距、水平杆步距超过规范要求扣 10 分 杆件接长不符合要求每处扣 2 分 架体搭设不牢或杆件结点紧固不符合要求每处扣 1 分	10		
5		脚手板	脚手板不满铺或铺设不牢、不稳扣 5 分 脚手板规格或材质不符合要求扣 5 分 采用钢脚手板时挂钩未挂扣在水平杆上或挂钩未处于锁住状态每处扣 2 分	10		
6		交底与验收	架体搭设前未进行交底或交底未留有记录扣 6 分 架体分段搭设分段使用未办理分段验收扣 6 分 架体搭设完毕未办理验收手续扣 6 分 未记录量化的验收内容扣 5 分	10		
		小计		60		
7	一般项目	架体防护	作业层脚手架周边，未在高度 1.2m 和 0.63m 处设置上、中两道防护栏杆扣 10 分 作业层外侧未设置 180mm 高挡脚板扣 5 分 作业层未用安全平网双层兜底，且以下每隔 10m 未用安全平网封闭扣 5 分	10		
8		材质	钢管、构配件的规格、型号、材质或产品质量不符合规范要求扣 10 分 杆件弯曲、变形、锈蚀严重扣 10 分	10		
9		荷载	施工荷载超过设计规定扣 10 分 荷载堆放不均匀每处扣 5 分	10		
10		通道	未设置人员上下专用通道扣 10 分 通道设置不符合要求扣 5 分	10		
		小计		40		
检查项目合计				100		

附表 6　基坑支护、土方作业检查评分表

序号	检查项目		扣分标准	应得分数	扣减分数	实得分数
1	保证项目	施工方案	深基坑施工未编制支护方案扣 20 分 基坑深度超过 5m 未编制专项支护设计扣 20 分 开挖深度 3m 及以上未编制专项方案扣 20 分 开挖深度 5m 及以上专项方案未经过专家论证扣 20 分 支护设计及土方开挖方案未经审批扣 15 分 施工方案针对性差不能指导施工扣 12～15 分	20		
2	保证项目	临边防护	深度超过 2m 的基坑施工未采取临边防护措施扣 10 分 临边及其他防护不符合要求扣 5 分	10		
3	保证项目	基坑支护及支撑拆除	坑槽开挖设置安全边坡不符合安全要求扣 10 分 特殊支护的作法不符合设计方案扣 5～8 分 支护设施已产生局部变形又未采取措施调整扣 6 分 混凝土支护结构未达到设计强度提前开挖，超挖扣 10 分 支撑拆除没有拆除方案扣 10 分 未按拆除方案施工扣 5～8 分 用专业方法拆除支撑，施工队伍没有专业资质扣 10 分	10		
4	保证项目	基坑降排水	高水位地区深基坑未设置有效降水措施扣 10 分 深基坑边界周围地面未设置排水沟扣 10 分 基坑施工未设置有效排水措施扣 10 分 深基础施工采用坑外降水，未采取防止临近建筑和管线沉降措施扣 10 分	10		
5	保证项目	坑边荷载	积土、料具堆放距槽边距离小于设计规定扣 10 分 机械设备施工与槽边距离不符合要求且未采取措施扣 10 分	10		
	保证项目	小计		60		
6	一般项止	上下通道	人员上下未设置专用通道扣 10 分 设置的通道不符合要求扣 6 分	10		
7	一般项止	土方开挖	施工机械进场未经验收扣 5 分 挖土机作业时，有人员进入挖土机作业半径内扣 6 分 挖土机作业位置不牢、不安全扣 10 分 司机无证作业扣 10 分 未按规定程序挖土或超挖扣 10 分	10		
8	一般项止	基坑支护变形监测	未按规定进行基坑工程监测扣 10 分 未按规定对毗邻建筑物和重要管线和道路进行沉降观测扣 10 分	10		
9	一般项止	作业环境	基坑内作业人员缺少安全作业面扣 10 分 垂直作业上下未采取隔离防护措施扣 10 分 光线不足，未设置足够照明扣 5 分	10		
	一般项止	小计		40		
检查项目合计				100		

附表 7　模板支架检查评分表

序号	检查项目		扣分标准	应得分数	扣减分数	实得分数
1	保证项目	施工方案	未按规定编制专项施工方案或结构设计未经设计计算扣15分 专项施工方案未经审核、审批扣15分 超过一定规模的模板支架，专项施工方案未按规定组织专家论证扣15分 专项施工方案未明确混凝土浇筑方式扣10分	15		
2		立杆基础	立杆基础承载力不符合设计要求扣10分 基础未设排水设施扣8分 立杆底部未设置底座、垫板或垫板规格不符合规范要求每处扣3分	10		
3		支架稳定	支架高宽比大于规定值时，未按规定要求设置连墙杆扣15分 连墙杆设置不符合规范要求每处扣5分 未按规定设置纵、横向及水平剪刀撑扣15分 纵、横向及水平剪刀撑设置不符合规范要求扣5～10分	15		
4		施工荷载	施工均布荷载超过规定值扣10分 施工荷载不均匀，集中荷载超过规定值扣10分	10		
5		交底与验收	支架搭设(拆除)前未进行交底或无交底记录扣10分 支架搭设完毕未办理验收手续扣10分 验收无量化内容扣5分	10		
		小计		60		
6	一般项目	立杆设置	立杆间距不符合设计要求扣10分 立杆未采用对接连接每处扣5分 立杆伸出顶层水平杆中心线至支撑点的长度大于规定值每处扣2分	10		
7		水平杆设置	未按规定设置纵、横向扫地杆或设置不符合规范要求每处扣5分 纵、横向水平杆间距不符合规范要求每处扣5分 纵、横向水平杆件连接不符合规范要求每处扣5分	10		
8		支架拆除	混凝土强度未达到规定值，拆除模板支架扣10分 未按规定设置警戒区或未设置专人监护扣8分	10		
9		支架材质	杆件弯曲、变形、锈蚀超标扣10分 构配件材质不符合规范要求扣10分 钢管壁厚不符合要求扣10分	10		
		小计		40		
检查项目合计				100		

附表 8 “三宝、四口”及临边防护检查评分表

序号	检查项目	扣分标准	应得分数	扣减分数	实得分数
1	安全帽	作业人员不戴安全帽每人扣 2 分 作业人员未按规定佩戴安全帽每人扣 1 分 安全帽不符合标准每项扣 1 分	10		
2	安全网	在建工程外侧未采用密目式安全网封闭或网间不严扣 10 分 安全网规格、材质不符合要求扣 10 分	10		
3	安全带	作业人员未系挂安全带每人扣 5 分 作业人员未按规定系挂安全带每人扣 3 分 安全带不符合标准每条扣 2 分	10		
4	临边防护	工作面临边无防护每处扣 5 分 临边防护不严或不符合规范要求每处扣 5 分 防护设施未形成定型化、工具化扣 5 分	10		
5	洞口防护	在建工程的预留洞口、楼梯口、电梯井口，未采取防护措施每处扣 3 分 防护措施、设施不符合要求或不严密每处扣 3 分 防护设施未形成定型化、工具化扣 5 分 电梯井内每隔两层(不大于 10m)未按规定设置安全平网每处扣 5 分	10		
6	通道口防护	未搭设防护棚或防护不严、不牢固可靠每处扣 5 分 防护棚两侧未进行防护每处扣 6 分 防护棚宽度不大于通道口宽度每处扣 4 分 防护棚长度不符合要求每处扣 6 分 建筑物高度超过 30m，防护棚顶未采用双层防护每处扣 5 分 防护棚的材质不符合要求每处扣 5 分	10		
7	攀登作业	移动式梯子的梯脚底部垫高使用每处扣 5 分 折梯使用未有可靠拉撑装置每处扣 5 分 梯子的制作质量或材质不符合要求每处扣 5 分	5		
8	悬空作业	悬空作业处未设置防护栏杆或其他可靠的安全设施每处扣 5 分 悬空作业所用的索具、吊具、料具等设备，未经过技术鉴定或验证、验收每处扣 5 分	5		

续附表 8

序号	检查项目	扣分标准	应得分数	扣减分数	实得分数
9	移动式操作平台	操作平台的面积超过 $10m^2$ 或高度超过 5m 扣 6 分 移动式操作平台，轮子与平台的连接不牢固可靠或立柱底端距离地面超过 80mm 扣 10 分 操作平台的组装不符合要求扣 10 分 平台台面铺板不严扣 10 分 操作平台四周未按规定设置防护栏杆或未设置登高扶梯扣 10 分 操作平台的材质不符合要求扣 10 分	10		
10	物料平台	物料平台未编制专项施工方案或未经设计计算扣 10 分 物料平台搭设不符合专项方案要求扣 10 分 物料平台支撑架未与工程结构连接或连接不符合要求扣 8 分 平台台面铺板不严或台面层下方未按要求设置安全平网扣 10 分 材质不符合要求扣 10 分 物料平台未在明显处设置限定荷载标牌扣 3 分	10		
11	悬挑式钢平台	悬挑式钢平台未编制专项施工方案或未经设计计算扣 10 分 悬挑式钢平台的搁支点与上部拉结点，未设置在建筑物结构上扣 10 分 斜拉杆或钢丝绳，未按要求在平台两边各设置两道扣 10 分 钢平台未按要求设置固定的防护栏杆和挡脚板或栏板扣 10 分 钢平台台面铺板不严，或钢平台与建筑结构之间铺板不严扣 10 分 平台上未在明显处设置限定荷载标牌扣 6 分	10		
检查项目合计			100		

附表 9　施工用电检查评分表

序号	检查项目		扣分标准	应得分数	扣减分数	实得分数
1	保证项目	外电防护	外电线路与在建工程(含脚手架)、高大施工设备、场内机动车道之间小于安全距离且未采取防护措施扣 10 分 防护设施和绝缘隔离措施不符合规范扣 5～10 分 在外电架空线路正下方施工、建造临时设施或堆放材料物品扣 10 分	10		

续附表 9

序号	检查项目		扣分标准	应得分数	扣减分数	实得分数
2	保证项目	接地与接零保护系统	施工现场专用变压器配电系统未采用 TN-S 接零保护方式扣 20 分 配电系统未采用同一保护方式扣 10～20 分 保护零线引出位置不符合规范扣 10～20 分 保护零线未装设开关、熔断器或与工作零线混接扣 10～20 分 保护零线材质、规格及颜色标记不符合规范每处扣 3 分 电气设备未接保护零线每处扣 3 分 工作接地与重复接地的设置和安装不符合规范扣 10～20 分 工作接地电阻大于 4Ω,重复接地电阻大于 10Ω 扣 10～20 分 施工现场防雷措施不符合规范扣 5～10 分	20		
3		配电线路	线路老化破损,接头处理不当扣 10 分 线路未设短路、过载保护扣 5～10 分 线路截面不能满足负荷电流每处扣 2 分 线路架设或埋设不符合规范扣 5～10 分 电缆沿地面明敷扣 10 分 使用四芯电缆外加一根线替代五芯电缆扣 10 分 电杆、横担、支架不符合要求每处扣 2 分	10		
4		配电箱与开关箱	配电系统未按“三级配电、二级漏电保护”设置扣 10～20 分 用电设备违反“一机、一闸、一漏、一箱”每处扣 5 分 配电箱与开关箱未安装漏电保护器每处扣 5 分 漏电保护器参数不匹配或失灵每处扣 3 分 配电箱与开关箱内闸具损坏每处扣 3 分 配电箱与开关箱进线和出线混乱每处扣 3 分 配电箱与开关箱内未绘制系统接线图和分路标记每处扣 3 分 配电箱与开关箱未设门锁、未采取防雨措施每处扣 3 分 配电箱与开关箱安装位置不当、周围杂物多等不便操作每处扣 3 分 分配电箱与开关箱的距离、开关箱与用电设备的距离不符合规范每处扣 3 分	20		
		小计		60		

续附表 9

序号	检查项目		扣分标准	应得分数	扣减分数	实得分数
5	一般项目	配电室与配电装置	配电室建筑耐火等级低于3级扣15分 配电室未配备合格的消防器材扣3～5分 配电室、配电装置布设不符合规范扣5～10分 配电装置中的仪表、电器元件设置不符合规范或损坏、失效扣5～10分 备用发电机组未与外电线路进行连锁扣15分 配电室未采取防雨雪和小动物侵入的措施扣10分 配电室未设警示标志、工地供电平面图和系统图扣3～5分	15		
6		现场照明	照明用电与动力用电混用每处扣3分 特殊场所未使用36V及以下安全电压扣15分 手持照明灯未使用36V以下电源供电扣10分 照明变压器未使用双绕组安全隔离变压器扣15分 照明专用回路未安装漏电保护器每处扣3分 灯具金属外壳未接保护零线每处扣3分 灯具与地面、易燃物之间小于安全距离每处扣3分 照明线路接线混乱和安全电压线路接头处未使用绝缘布包扎扣10分	15		
7		用电档案	未制定专项用电施工组织设计或设计缺乏针对性扣5～10分 专项用电施工组织设计未履行审批程序，实施后未组织验收扣5～10分 接地电阻、绝缘电阻和漏电保护器检测记录未填写或不填写不真实扣3分 安全技术交底、设备设施验收记录未填写或填写不真实扣3分 定期巡视检查、隐患整改记录未填写或填写不真实扣3分 档案资料不齐全、未设专人管理扣5分	10		
		小计		40		
检查项目合计				100		

附表 10　物料提升机检查评分表

序号	检查项目		扣分标准	应得分数	扣减分数	实得分数
1	保证项目	安全装置	未安装起重量限制器、防坠安全器扣15分 起重量限制器、防坠安全器不灵敏扣15分 安全停层装置不符合规范要求，未达到定型化扣10分 未安装上限定位开关的扣15分 上限位开关不灵敏、安全越程不符合规范要求的扣10分 物料提升机安装高度超过30m，未安装渐进式防坠安全器、自动停层、语音及影像信号装置每项扣5分	15		

续附表 10

<table>
<tr><th>序号</th><th colspan="2">检查项目</th><th>扣分标准</th><th>应得分数</th><th>扣减分数</th><th>实得分数</th></tr>
<tr><td>2</td><td rowspan="5">保证项目</td><td>防护措施</td><td>未设置防护围栏或设置不符合规范要求扣 5 分
未设置进料口防护棚或设置不符合规荡要求扣 5～10 分
停层平台两侧未设置防护栏杆、挡脚板每处扣 5 分，设置不符合规范要求每处扣 2 分
停层平台脚手板铺设不严、不牢每处扣 2 分
未安装平台门或平台门不起作用每处扣 5 分，平台门安装不符合规范要求、未达到定型化每处扣 2 分
吊笼门不符合规范要求扣 10 分</td><td>15</td><td></td><td></td></tr>
<tr><td>3</td><td>附墙架与缆风绳</td><td>附墙架结构、材质、间距不符合规范要求扣 10 分
附墙架未与建筑结构连接或附墙架与脚手架连接扣 10 分
缆风绳设置数量、位置不符合规范扣 5 分
缆风绳未使用钢丝或未与地锚连接每处扣 10 分
钢丝绳直径小于 8mm 扣 4 分，角度不符合 45°～60°要求每处扣 4 分
安装高度 30m 的物料提升机使用缆风绳扣 10 分
地锚设置不符合规范要求每处扣 5 分</td><td>10</td><td></td><td></td></tr>
<tr><td>4</td><td>钢丝绳</td><td>钢丝绳磨损、变形、锈蚀达到报废标准扣 10 分
钢丝绳夹设置不符合规范要求每处扣 5 分
吊笼处于最低位置，卷筒上钢丝绳少于 3 圈扣 10 分
未设置钢丝绳过路保护或钢丝绳拖地扣 5 分</td><td>10</td><td></td><td></td></tr>
<tr><td>5</td><td>安装与验收</td><td>安装单位未取得相应资质或特种作业人员未持证上岗扣 10 分
未制定安装（拆卸）安全专项方案扣 10 分，内容不符合规范要求扣 5 分
未履行验收程序或验收表未经责任人签字扣 5 分
验收表填写不符合规范要求每项扣 2 分</td><td>10</td><td></td><td></td></tr>
<tr><td></td><td>小计</td><td></td><td>60</td><td></td><td></td></tr>
<tr><td>6</td><td rowspan="2">一般项目</td><td>导轨架</td><td>基础设置不符合规范扣 10 分
导轨架垂直度偏差大于 0.15%扣 5 分
导轨结合面阶差大于 1.5mm 扣 2 分
井架停层平台通道处未进行结构加强的扣 5 分</td><td>10</td><td></td><td></td></tr>
<tr><td>7</td><td>动力与传动</td><td>卷扬机、曳引机安装不牢固扣 10 分
卷筒与导轨架底部导向轮的距离小于 20 倍卷筒宽度，未设置排绳器扣 5 分
钢丝绳在卷筒上排列不整齐扣 5 分
滑轮与导轨架、吊笼未采用刚性连接扣 10 分
滑轮与钢丝绳不匹配扣 10 分
卷筒、滑轮未设置防止钢丝绳脱出装置扣 5 分
曳引钢丝绳为 2 根及以上时，未设置曳引力平衡装置扣 5 分</td><td>10</td><td></td><td></td></tr>
</table>

续附表 10

序号	检查项目		扣分标准	应得分数	扣减分数	实得分数
8	一般项目	通信装置	未按规范要求设置通信装置扣 5 分 通信装置未设置语音和影像显示扣 3 分	5		
9		卷扬机操作棚	卷扬机未设置操作棚的扣 10 分 操作棚不符合规范要求的扣 5～10 分	10		
10		避雷装置	防雷保护范围以外未设置避雷装置的扣 5 分 避雷装置不符合规范要求的扣 3 分	5		
		小计		40		
检查项目合计				100		

附表 11　塔式起重机检查评分表

序号	检查项目		扣分标准	应得分数	扣减分数	实得分数
1	保证项目	载荷限制装置	未安装起重量限制器或不灵敏扣 10 分 未安装力矩限制器或不灵敏扣 10 分	10		
2		行程限位装置	未安装起升高度限位器或不灵敏扣 10 分 未安装幅度限位器或不灵敏扣 6 分 回转不设集电器的塔式起重机未安装回转限位器或不灵敏扣 6 分 行走式塔式起重机未安装行走限位器或不灵敏扣 8 分	10		
3		保护装置	小车变幅的塔式起重机未安装断绳保护及断轴保护装置或不符合规范要求扣 8～10 分 行走及小车变幅的轨道行程末端未安装缓冲器及止挡装置或不符合规范要求扣 6～10 分 起重臂根部绞点高度大于 50m 的塔式起重机未安装风速仪或不灵敏扣 4 分 塔式起重机顶部高度大于 30m 且高于周围建筑物未安装障碍指示灯扣 4 分	10		
4		吊钩、滑轮、卷筒与钢丝绳	吊钩未安装钢丝绳防脱勾装置或不符合规范要求扣 8 分 吊钩磨损、变形、疲劳裂纹达到报废标准扣 10 分 滑轮、卷筒未安装钢丝绳防脱装置或不符合规范要求扣 4 分 滑轮及卷筒的裂纹、磨损达到报废标准扣 6～8 分 钢丝绳磨损、变形、锈蚀达到报废标准扣 6～10 分 钢丝绳的规格、固定、缠绕不符合说明书及规范要求扣 5～8 分	10		

续附表 11

<table>
<tr><th>序号</th><th colspan="2">检查项目</th><th>扣分标准</th><th>应得分数</th><th>扣减分数</th><th>实得分数</th></tr>
<tr><td>5</td><td rowspan="3">保证项目</td><td>多塔作业</td><td>多塔作业未制定专项施工方案扣 10 分，施工方案未经审批或方案针对性不强扣 6～10 分
任意两台塔式起重机之间的最小架设距离不符合规范要求扣 10 分</td><td>10</td><td></td><td></td></tr>
<tr><td>6</td><td>安装、拆卸与验收</td><td>安装、拆卸单位未取得相应资质扣 10 分
未制定安装、拆卸专项方案扣 10 分，方案未经审批或内容不符合规范要求扣 5～8 分
未履行验收程序或验收表未经责任人签字扣 5～8 分
验收表填写不符合规范要求每项扣 2～4 分
特种作业人员未持证上岗扣 10 分
未采取有效联络信号扣 7～10 分</td><td>10</td><td></td><td></td></tr>
<tr><td></td><td>小计</td><td></td><td>60</td><td></td><td></td></tr>
<tr><td>7</td><td rowspan="5">一般项目</td><td>附着</td><td>塔式起重机高度超过规定不安装附着装置扣 10 分
附着装置水平距离或间距不满足说明书要求而未进行设计计算和审批的扣 6～8 分
安装内爬式塔式起重机的建筑承载结构未进行受力计算扣 8 分
附着装置安装不符合说明书及规范要求扣 6～10 分
附着后塔身垂直度不符合规范要求扣 8～10 分</td><td>10</td><td></td><td></td></tr>
<tr><td>8</td><td>基础与轨道</td><td>基础未按说明书及有关规定设计、检测、验收扣 8～10 分
基础未设置排水措施扣 4 分
路基箱或枕木铺设不符合说明书及规范要求扣 4～8 分
轨道铺设不符合说明书及规范要求扣 4～8 分</td><td></td><td></td><td></td></tr>
<tr><td>9</td><td>结构设施</td><td>主要结构件的变形、开焊、裂纹、锈蚀超过规范要求扣 8～10 分
平台、走道、梯子、栏杆等不符合规范要求扣 4～8 分
主要受力构件高强螺栓使用不符合规范要求扣 6 分
销轴连接不符合规范要求扣 2～6 分</td><td>10</td><td></td><td></td></tr>
<tr><td>10</td><td>电气安全</td><td>未采用 TN-S 接零保护系统供电扣 10 分
塔式起重机与架空线路小于安全距离又未采取防护措施扣 10 分
防护措施不符合要求扣 4～6 分
防雷保护范围以外未设置避雷装置的扣 10 分
避雷装置不符合规范要求扣 5 分
电缆使用不符合规范要求扣 4～6 分</td><td>10</td><td></td><td></td></tr>
<tr><td></td><td>小计</td><td></td><td>40</td><td></td><td></td></tr>
<tr><td colspan="3">检查项目合计</td><td></td><td>100</td><td></td><td></td></tr>
</table>

附表 12　施工机具检查评分表

序号	检查项目	扣分标准	应得分数	扣减分数	实得分数
1	平刨	平刨安装后未进行验收合格手续扣 3 分 未设置护手安全装置扣 3 分 传动部位未设置防护罩扣 3 分 未做保护接零、未设置漏电保护器每处扣 3 分 未设置安全防护棚扣 3 分 无人操作时未切断电源扣 3 分 使用平刨和圆盘锯合用一台电机的多功能木工机具，平刨和圆盘锯两项扣 12 分	12		
2	圆盘锯	电锯安装后未留有验收合格手续扣 3 分 未设置锯盘护罩、分料器、防护挡板安全装置和传动部位未进行防护每缺一项扣 3 分 未做保护接零、未设置漏电保护器每处扣 3 分 未设置安全防护棚扣 3 分 无人操作时未切断电源扣 3 分	10		
3	手持电动工具	Ⅰ类手持电动工具未采取保护接零或漏电保护器扣 8 分 使用Ⅰ类手持电动工具不按规定穿戴绝缘用品扣 4 分 使用手持电动工具随意接长电源线或更换插头扣 4 分	8		
4	钢筋机械	机械安装后未留有验收合格手续扣 5 分 未做保护接零、未设置漏电保护器每处扣 5 分 钢筋加工区无防护棚，钢筋对焊作业区未采取防止火花飞溅措施，冷拉作业区未设置防护栏每处扣 5 分 传动部位未设置防护罩或限位失灵每处扣 3 分	10		
5	电焊机	电焊机安装后未留有验收合格手续扣 3 分 未做保护接零、未设置漏电保护器每处扣 3 分，未设置二次空载降压保护器或二次侧漏电保护器每处扣 3 分 一次线长度超过规定或不穿管保护扣 3 分 二次线长度超过规定或未采用防水橡皮护套铜芯软电缆扣 3 分 电源不使用自动开关扣 2 分 二次线接头超过 3 处或绝缘层老化每处扣 3 分 电焊机未设置防雨罩、接线柱未设置防护罩每处扣 3 分	8		
6	搅拌机	搅拌机安装后未留有验收合格手续扣 4 分 未做保护接零、未设置漏电保护器每处扣 4 分 离合器、制动器、钢丝绳达不到要求每项扣 2 分 操作手柄未设置保险装置扣 3 分 未设置安全防护棚和作业台不安全扣 4 分 上料斗未设置安全挂钩或挂钩不使用扣 3 分 传动部位未设置防护罩扣 4 分 限位不灵敏扣 4 分 作业平台不平稳扣 3 分	8		

续附表 12

序号	检查项目	扣分标准	应得分数	扣减分数	实得分数
7	气瓶	氧气瓶未安装减压器扣 5 分 各种气瓶未标明标准色标扣 2 分 气瓶间距小于 5 米、距明火小于 10 米又未采取隔离措施每处扣 2 分 乙炔瓶使用或存放时平放扣 3 分 气瓶存放不符合要求扣 3 分 气瓶未设置防振圈和防护帽每处扣 2 分	8		
8	翻斗车	翻斗车制动装置不灵敏扣 5 分 无证司机驾车扣 5 分 行车载人或违章行车扣 5 分	8		
9	潜水泵	未做保护接零、未设置漏电保护器每处扣 3 分 漏电动作电流大于 15mA、负荷线未使用专用防水橡皮电缆每处扣 3 分	6		
10	振捣器具	未使用移动式配电箱扣 4 分 电缆长度超过 30 米扣 4 分 操作人员未穿戴好绝缘防护用品扣 4 分	8		
11	桩工机械	机械安装后未留有验收合格手续扣 3 分 桩工机械未设置安全保护装置扣 3 分 机械行走路线地耐力不符合说明书要求扣 3 分 施工作业未编制方案扣 3 分 桩工机械作业违反操作规程扣 3 分	6		
12	泵送机械	机械安装后未留有验收合格手续扣 4 分 未做保护接零、未设置漏电保护器每处扣 4 分 固定式混凝土输送泵未制作良好良好的设备基础扣 4 分 移动式混凝土输送泵车未安装在平坦坚实的地坪上扣 4 分 机械周围排水不通畅的扣 3 分、积灰扣 2 分 机械产生的噪声超过建筑施工场界噪声限值扣 3 分 整机不清洁、漏油、漏水每发现一处扣 2 分	8		
检查项目合计			100		

附录三　建筑安全标志(部分)

当心拌倒

当心爆炸
Caution,explosion

当心触电

当心电缆
Caution, cable

当心吊物

当心弧光

当心滑跌

当心火灾

当心机械伤人

当心落物

当心碰头

当心坠落

禁止触摸
No touching

当心扎脚

地上消火栓

禁止攀登
高压危险!

注意安全

配电重地
闲人莫入

下有电缆
注意安全

参考文献

[1] 曾跃飞.建筑工程质量检验与安全管理[M].北京:高等教育出版社,2007.

[2] 武明霞.建筑安全技术与管理[M].北京:机械工业出版社,2007.

[3] 王唯瑞,唐伟.安全员手册.3版[M].北京:中国建筑工业出版社,2011.

[4] 江苏省建设教育协会组织.安全员专业管理实务[M].北京:中国建筑工业出版社,2016.

[5] 周和荣.安全员专业知识与实务[M].北京:中国环境科学出版社,2007.

[6] 冯小川.安全管理与生产技术[M].北京:中国环境科学出版社,2007.

[7] 王起全.安全生产管理知识[M].北京:气象出版社,2015.

[8] 李世荣,兰定筠.建筑工业安全生产管理条例实施指南[M].北京:中国建筑工业出版社,2004.

[9] 赵挺生,李小瑞,邓明.建筑工程安全管理[M].北京:中国建筑工业出版社,2006.

[10] 曾澄波.建筑工程安全技术与管理[M].武汉:武汉理工大学出版社,2014.